SUPPLÉMENT

A LA PREMIÈRE ÉDITION

DU TRAITÉ

DE LA JURIDICTION

CIVILE-JUDICIAIRE

DU JUGE DE PAIX.

Tout exemplaire non revêtu de ma signature, sera réputé contrefaite.

Autres ouvrages du même auteur:

Synopsie du Code civil annoté, en cent tableaux, précédés d'un discours préliminaire et suivis de trois tables ; 1 vol. grand in-4°, relié sur onglets ; — Paris, 1841.

Synopsie de la loi du 25 mai 1838, sur les justices de paix, avec texte et table en regard ; un tableau, papier Jésus vélin collé, *in plano*; — Paris 1842.

Traité de la juridiction civile-judiciaire du juge de paix, édition augmentée d'un Supplément ; 1 fort vol. in-8°; — Paris 1843.

NOTA. Cette *édition augmentée* remplacera désormais la *première édition* qui parut, en 1824, à la librairie de Nève, et qui, dès longtemps, est épuisée.

Pour paraître incessamment:

Synopsie de la juridiction du juge de paix, ou nomenclature systématique et raisonnée des nombreuses attributions de ce magistrat, tour à tour, investi d'une juridiction, ou civile-judiciaire, ou civile-extra-judiciaire, ou de police judiciaire, ou de simple police.

Synopsies des Codes,
- *de procédure civile,*
- *de commerce,*
- *d'instruction criminelle,*
- *pénal,*
- *forestier,*
- *de pêche fluviale.*

Chalon-S.-S., Imp. de MONTALAN.

SUPPLÉMENT

A LA PREMIÈRE ÉDITION

DU

TRAITÉ DE LA JURIDICTION

CIVILE-JUDICIAIRE

DU JUGE DE PAIX,

Par M. Brossard,

Magistrat, Docteur en Droit, Membre correspondant de la Société Royale
d'émulation d'Abbeville.

CE SUPPLÉMENT CONTIENT :

1° L'examen de diverses objections adressées à l'auteur depuis
la publication de son Traité, sous la législation de 1790 ;

2° Le Commentaire, la Table et la Synopsie de la Loi du 25
mai 1838, sur les Justices de paix.

PARIS,

E. GUILBERT, libraire,

Acquéreur du fonds

DE M. NÈVE, LIBRAIRE DE LA COUR DE CASSATION,

Rue J. J. Rousseau, n° 3.

1843.

AVANT-PROPOS.

A la sollicitation de l'un de mes amis les plus intimes, et pour son usage particulier, j'avais mis en tableaux synoptiques l'excellent ouvrage du président Henrion de Pansey, sur la *compétence des juges de paix*.

Bien que simplifiées par l'analyse, les hautes théories du savant magistrat offrirent, à mon ami, des difficultés, pour la solution desquelles il me demanda une exposition de principes que je ne pus lui refuser; ce nouveau travail fut mon *Traité de la juridiction civile-judiciaire du juge de paix* (1).

Longuement élaboré sous les yeux d'hommes spéciaux qui voulurent bien m'aider de leurs lumières, ce Traité obtint l'approbation du célèbre président qui m'en avait fourni le

---

(1) Paris, Nève, 1824, 1 vol. in-8°

sujet (1), et celle, non moins précieuse pour moi, de mon ancien professeur, de l'illustre Proudhon (2).

---

(1)   Paris le 10 juin 1824.

« J'ai, Monsieur, reçu votre *Traité* concernant « les justices de paix ; je l'ai lu avec beaucoup de « plaisir ; c'est un bon ouvrage ; vous avez mis cette « matière à la portée des intelligences les plus « communes, et, en cela, vous avez bien mérité, « non seulement des juges de paix, mais de toute la « société.

« J'ai l'honneur, Monsieur, de vous assurer de « ma reconnaissance et de ma considération bien « sincères.

HENRION. »

(2)   Dijon, le 12 septembre 1824.

Le doyen de la faculté de droit de Dijon,
A M. Brossard, substitut du procureur du roi au tribunal civil de Beaune.

« Mon cher ami,

« Vous avez eu la bonté de m'adresser, il y a déjà « un peu longtemps, votre *Traité de la juridiction* « des juges de paix, et jusqu'à présent je suis en « retard de vous témoigner toute ma reconnaissance « pour ce précieux cadeau. Le fait est que j'avais « envie de le lire avant de répondre à ce témoignage « de votre bienveillance ; mais mes occupations « pressantes de chaque instant, ne m'en ont pas

A des autorités si imposantes, deux hommes remarquables, et comme magistrats, et comme orateurs : MM. de Marchangy (1), et de Vatimesnil (2), ne dédaignèrent point de joindre

---

« laissé le moment; aussi je vais l'emporter avec moi
« à la campagne pour le voir à fond; cependant je
« l'ai déjà parcouru, et c'est pour moi une grande
« satisfaction de pouvoir vous dire, qu'indépendam-
« ment du fond des choses qui m'a paru bien, mais
« bien traité, il y a une pureté, une clarté de style
« qui, en mettant votre livre à la portée de tout
« lecteur, ne peuvent manquer de le rendre éminem-
« ment utile.

« Je me glorifie, Monsieur et cher ami, de vous
« avoir eu pour élève, et je vous embrasse de tout
« mon cœur.

PROUDHON. »

(1) On peut voir, en tête du *Traité de la juridiction civile-judiciaire du juge de paix*, édition de 1824, l'idée que s'en était formée cet homme habile, lorsqu'il n'en connaissait encore que l'*Avant-propos*, et, dans la *Quotidienne* du 3 août 1824, le jugement qu'il avait ensuite porté de l'ouvrage lui-même.

(2) Ministère de la justice, cabinet particulier.
Paris, le 15 juin 1824.
« Monsieur,
« J'ai reçu la lettre que vous m'avez fait l'honneur
« de m'écrire en m'envoyant un exemplaire de votre

leur suffrage ; aussi mon livre ne passa-t-il pas inaperçu, et me valut-il les honneurs de la critique.

Dans un article fort étendu, inséré à la fin du volume de 1824, article sur lequel j'aurai plus tard occasion de revenir (1), l'auteur du *journal spécial des justices de paix*, M. Julhe de Foulan, ne m'épargna point les paroles amères, dont, j'aime à le croire, il eut été moins prodigue envers moi, s'il eut mieux connu

---

« *Traité de la juridiction civile-judiciaire du juge de*
« *paix* ; c'est avec le plus grand plaisir que je lirai cet
« ouvrage, premier fruit de vos veilles, dont le plan
« atteste déjà la profondeur et la solidité de vos
« études, et dont le but, éminemment utile, prouve
« aussi que vous avez été guidé, en l'écrivant, par
« l'amour du bien public.

« Je vous prie d'agréer mes remerciments de cet
« envoi, et d'être persuadé que je m'estimerai tou
« jours heureux de pouvoir applaudir aux succès
« des magistrats qui, ainsi que vous, donnent des
« preuves marquées de zèle et de talent.

« Agréez l'assurance de la considération très-dis
« tinguée avec laquelle j'ai l'honneur d'être,

H. De VATIMESNIL. »

(1) Voyez, ci-après, pages 12ᵉ à 18ᵉ et le chapitre 3 de la première partie du *supplément*.

mon caractère personnel, et surtout s'il eut étudié plus à fond mon ouvrage ; toutefois il voulut bien y mêler des éloges que je fus heureux de trouver sous la plume d'un pareil détracteur (1).

Depuis la publication de mon *Traité*, le cercle de la juridiction civile-judiciaire du juge de paix ayant été considérablement agrandi, des auteurs recommandables se sont mis à l'œuvre ; à leur tête, se fait remarquer le digne émule de Proudhon, Curasson, que la mort vient d'enlever à la science.

Dans de telles conjonctures, et à une époque

---

(1) « M. Brossard est un penseur libre et hardi qui « ne suit pas les routes battues et n'aime pas à jurer « *in verba magistri* ; nulle autorité ne lui en impose ; « il ne se paye point de mots.

« . . . il écrit purement, il divise habilement, et « il est, en général, fort de raisonnements et de « preuves.

« On ne doit point en être aux éléments pour en- « tendre M. Brossard et profiter de ses pensées ; on « doit être capable de prendre parti entre lui et les « auteurs qu'il ne cesse de combattre ; et, sous ce « rapport, son *Traité* pourra être utile aux juriscon- « sultes qui écrivent sur le droit plutôt qu'aux juges « qui l'appliquent. »

trop voisine encore d'une pareille innovation, pour que la jurisprudence des justices de paix puisse être assise sur de bien solides bases ; quand de savants jurisconsultes ont épuisé la matière et que leurs décisions attendent la sanction des tribunaux , il m'a paru prématuré d'entreprendre une seconde édition de mon ouvrage ; j'ai seulement cru devoir y joindre un *supplément* contenant, en premier lieu, l'examen des diverses objections qui m'ont été adressées , et , en second lieu, le texte annoté , la table alphabétique et la synopsie de la loi du 25 mai 1838 , sur les justices de paix.

Bien que je ne promette ici qu'un *texte annoté*, il se pourra que souvent je me laisse entraîner au-delà des bornes étroites que je semble m'être prescrites ; chaque fois, en effet, qu'une pensée développée à la tribune (1), qu'une doctrine professée par un auteur , qu'un principe proclamé dans un arrêt, me paraîtra de nature à répandre , sur la loi nou-

----

(1) « Les éléments de cette discussion ont toujours été considérés comme la source la plus pure de l'esprit des lois... » (*Des justices de paix*, par M. Benech, page 17.)

velle, une vive clarté, je m'empresserai d'en faire jouir le lecteur, et j'y puiserai l'un des éléments les plus précieux de mon commentaire.

Cette seconde partie du *supplément* de mon *Traité* prendra ainsi la *juridiction civile-judiciaire du juge de paix*, au point où l'avait fixée la loi de 1790, pour la suivre, dans sa marche progressive (2), jusqu'au point où l'a portée la loi de 1838 qui, selon la judicieuse remarque du nouvel auditeur *de la compétence des des juges de paix*, par M. Henrion de Pansey, « semble être le développement naturel de « celle de 1790; puisqu'elle en reproduit le « caractère fondamental et n'altère en rien les « principes sur lesquels l'institution avait été « fondée... »

Aussi, dans un rapport plein de logique et de verve, M. Gasparin s'est-il écrié : « N'est-il pas

---

(1) « Entre les théories anciennes et celles qui viennent prendre leur place, il y a une liaison intime, une transition sagement ménagée, une sorte de filiation que l'on doit chercher à constater. C'est une chaîne dont les anneaux sont faits pour relier le présent au passé. » (*Des justices de paix*, par M. Benech, page 17).

« admirable qu'après un demi-siècle, ayant à
« retoucher la loi sur les justices de paix, on
« n'ait à proposer que l'extension, déjà prévue
« par le législateur de cette époque, de la
« compétence de ces tribunaux, et que l'ex-
« périence n'ait fait désirer aucune modifica-
« tion à l'esprit général de cette institution ?

« Rien de plus hasardeux, Messieurs, que
« ces conceptions *a priori* que l'on veut in-
« troduire dans la législation ; les bonnes lois
« sont, en général, celles qui consacrent et
« régularisent des habitudes déjà prises, des
« opinions déjà généralisées dans les masses,
« des faits au-devant desquels s'élancent les
« nations ; mais il est toujours dangereux de
« livrer un peuple à l'expérience, et l'on se
« charge d'une grave responsabilité en es-
« sayant de l'assujettir à des systèmes abs-
« traits, conçus dans le silence de la médita-
« tion ; les tentatives de ce genre, et elles ont
« été nombreuses de nos jours, n'ont pas toutes
« eu le succès de celle qui nous occupe ; mais,
« il faut en convenir, dans cette occasion, il
« a été complet...

« Ainsi, Messieurs, le temps a prononcé,
« et l'institution des justices de paix, avec les
« attributions déterminées par l'Assemblée

« Constituante, se trouve solidement établie
« sur la double base de la raison et de l'ex-
« périence (1). »

Entre les observations qui m'ont été adressées depuis la publication de mon *Traité* , les
unes , que je qualifierai d'*objections*, parce
qu'elles portent sur le fond du droit, feront
l'objet de la première partie du présent *sup-*
plément , les autres, que je qualifierai de *cri-*
tiques parce qu'elles n'ont trait qu'à la forme
de l'ouvrage , doivent trouver ici leur réfutation.

Entre les nombreuses critiques par lesquelles M. Julhe de Foulan a cru devoir tem-
pérer ce qu'avaient de trop flatteur pour moi
les quelques lignes dont je viens, il n'y a qu'un
instant, de faire trophée (2) ; j'en citerai trois :

1re Critique.

« *On sent, en lisant M. Brossard, que c'est*
« *un docteur qui écrit, et un jeune docteur, à en*
« *juger par le style tranchant qu'il prend quel-*
« *quefois et dont voici un exemple :*

---

(1) Rapport fait, à la Chambre des pairs, par M.
Gasparin , dans la séance du 19 juin 1837.

(2) Voyez, plus haut, page 9, à la note.

« L'appel de ce jugement, dit-il (1), page
« xvij de son *Avant-propos*, ayant été déféré
« au tribunal civil de Beaune, j'ai porté la
« parole à-peu-près en ces termes :

« On pourrait s'étonner qu'une décision, au
« fond, si équitable, à laquelle, pour être
« parfaitement régulière, il n'a manqué que
« d'être qualifiée *en premier* et non *en dernier*
« *ressort*, ait pu naître d'un interlocutoire,
« d'un déclinatoire, d'un considérant, qui hau-
« tement attestent l'oubli des principes les
« plus fondamentaux de la matière; on pour-
« rait, dis-je, s'étonner d'une pareille décision,
« si l'on ne voyait clairement que les circons-
« tances ont tout fait, et qu'à elles seules le
« juge de paix est redevable de ne s'être pas
« égaré.

« Quoi de plus illégal, en effet, que l'*inter-*
« *locutoire* par lequel les frères T..........,
« simples cultivateurs d'un héritage, ont été
« admis à l'exercice d'une action interdite,

---

(1) Lorsqu'on cite un passage, dans le dessein de
le critiquer, on devrait, ce me semble, le transcrire
littéralement; je rétablis donc ici, dans toute son
exactitude, le texte que M. de Foulan avait altéré.

« dans le cas particulier, au propriétaire lui-
« même ?

« Quoi de plus ridicule que le *déclinatoire*
« par lequel ces mêmes frères T.......... ont
« eux-mêmes réclamé contre l'enquête mons-
« trueuse à laquelle ils avaient été admis ?

« Quoi de plus absurde, enfin, que le *con-*
« *sidérant* par lequel le juge de paix appuie sa
« décision, sur ce qu'il ne s'agit pas, au pro-
« cès, *de la prétention à l'exercice d'une servi-*
« *tude, soit continue, soit discontinue ?* etc.

« *Ce langage n'est-il pas un peu doctoral et*
« *impérieux,* » reprend M. de Foulan.

Réponse.

Pour être autorisé à conclure que, par fois,
mon style est *doctoral* et *impérieux*, peut-
être n'aurait-il pas fallu se borner à citer un
seul exemple; car si, par aventure, cet exemple était l'unique, il eût fallu en conclure que
c'était une exception au style général de l'ouvrage; et, présentée ainsi, la critique se fut
presque changée en éloge.

Or, je mets au défi de citer, dans tout le
corps de l'ouvrage, un seul passage où je me
sois servi d'expressions peu mesurées.

Je dis *dans tout le corps de l'ouvrage*; car le

passage incriminé n'en fait point partie ; c'est une simple note où , pour faire ressortir des difficultés qui souvent se rencontrent dans la saine appréciation de certaines actions (1) , je me suis permis un style quelque peu incisif, tout en me gardant bien de nommer le juge de paix dont je signalais la méprise.

Je suis trop sensible aux traits lancés contre moi , pour me permettre jamais d'en lancer contre personne , à moins d'y être contraint par la nécessité d'une légitime défense.

2ᵉ Critique.

« . . . . *Et ce n'est pas seulement dans ses* « *discours que* **M. Brossard** *est dédaigneux et* « *tranchant ; c'est aussi dans son silence ; il sem-* « *ble ou il veut ignorer l'existence de presque* « *tous les écrivains qui, avant lui , ont employé*

---

(1) Deux pages plus haut, j'avais dit : « pour « preuve de ce que j'avance , qu'on me permette de « citer un exemple de ces difficultés ; je les puiserai, « de préférence, parmi les actions possessoires ; at- « tendu que , parmi les autres espèces d'actions , il « ne s'en trouve aucune , peut-être , dont l'usage « soit aussi fréquent dans les justices de paix , au- « cune, cependant, dont les vrais principes soient « plus généralement ignorés. »

« *leurs veilles à traiter des justices de paix : les*
« *Guichard, les Bousquet, les Carré, les Le-*
« *vasseur, les Barbedette, les Biret, paraissent*
« *lui être absolument inconnus.* »

Réponse.

Si je voulais faire parade d'érudition, je présenterais ici l'analyse des divers ouvrages énumérés par M. Julhe de Foulan, et je montrerais, 1° que l'un d'eux (Bousquet) traite exclusivement de la *juridiction civile-extrajudiciaire* du juge de paix ; 2° qu'aucun des autres ne traite de la *juridiction civile-judiciaire* d'une manière exclusive, ni surtout avec cette profondeur de vues qui caractérise l'ouvrage de M. Henrion de Pansey ; mais je me bornerai à faire observer qu'on affaiblit ses idées en les disséminant, et qu'à force de vouloir se pénétrer des pensées des autres, on finit par n'avoir plus de pensée à soi.

3ᵉ Critique.

« *Mais si M. Brossard ne parle d'aucun de*
« *ses prédécesseurs, même les plus connus, en*
« *revanche, il n'est presqu'aucune page . . . où*
« *il ne cite M. Poncet de Dijon, que personne*
« *ne connaît, excepté peut-être quelque juge*

« *de paix de Bourgogne ; il n'est occupé qu'à*
« *l'approuver ou à l'attaquer, et l'on peut dire*
« *que son Traité est une espèce de thèse qu'il*
« *soutient tour à-tour pour ou contre lui ; en*
« *sorte qu'il faudrait commencer par acheter*
« *M. Poncet pour lire M. Brossard ; c'est son*
« *professeur de droit, à la bonne heure ! mais*
« *qu'importe au public ?*

Réponse.

Si, par mon silence, je m'étais montré *dédaigneux* envers les auteurs cités par M. de Foulan, ainsi que me le reproche celui-ci dans l'objection à laquelle je viens de répondre, était-ce une raison à M. de Foulan pour se montrer dédaigneux envers M. Poncet ; et cela, non pas simplement par son silence, mais bien par des paroles que ma qualité d'ancien élève de M. Poncet me fait un devoir de ne pas laisser sans réponse.

A entendre M. de Foulan, le *Traité des actions* de M. Poncet n'aurait été composé que pour les juges de paix, et ne serait connu tout au plus que de quelque juge de paix de Bourgogne ; mais Carré, l'un des auteurs que citait il n'y a qu'un moment M. de Foulan, l'auteur qui, par son ouvrage intitulé *le droit Fran-*

çais *dans ses rapports avec la juridiction des juges de paix*, les résume tous, le docte Carré, en un mot, était-il un juge de paix de Bourgogne? Hé bien, au moment même où M. de Foulan écrivait, à mon sujet, contre M. Poncet, ces lignes dédaigneuses, Carré étudiait et méditait l'ouvrage de M. Poncet; ouvrage qu'il qualifie de *Traité ex-professo*, sur la matière, auquel il renvoie *ceux* des lecteurs *qui se proposeraient d'approfondir les différentes doctrines sur les actions* (1); et le professeur de Rennes soutenait, *pour ou contre* le professeur de Dijon, *une espèce de thèse* (2) à laquelle je me tiens fort honoré d'avoir préludé. Or, ce que je dis ici de Carré, je pourrais le dire également de M. Blondeau, doyen de la faculté de droit de Paris (3), et de l'une des lumières de la Cour de cassation, de M. Troplong (4).

---

(1) *Les lois sur l'organisation et la compétence des juridictions civiles*, 2ᵉ part., liv. 2, tit. 1ᵉʳ, note finale.

(2) *Ibid.*, art. 231 et 236.

(3) Dissertation insérée dans *la Thémis*, tom. 4, p. 133.

(4) *Commentaire de la vente*, nº 627 et *Commentaire de la prescription*, nº 306.

Une dernière critique m'a été adressée par mon ancien professeur lui-même, par M. Poncet, qui craint, dit-il (1), « *qu'à l'exemple de* « *celui de M. Henrion de Pansey, . . . mon* « *livre ne soit au-dessus de la portée de la plu-* « *part des juges de paix. . . auxquels*, à son « *avis, des leçons pratiques conviendraient ef-* « *fectivement mieux que des principes de théorie,* « *lesquels se rattachent toujours plus ou moins* « *aux connaissances de droit que la loi n'exige* « *pas d'eux.* »

Je puis, à mon insçu, avoir donné dans l'écueil que moi-même j'avais signalé ; mais que l'on veuille bien réfléchir à la difficulté de la position dans laquelle je me suis trouvé.

Je ne m'étais proposé que de rendre accessible, à un plus grand nombre de lecteurs, le savant ouvrage de M. Henrion de Pansey : mais, pour le faire comprendre aux autres, il fallait d'abord le bien saisir moi-même, et, pour cela, je devais l'étudier d'après les enseignements de la science. Or, quand il m'est arrivé de ne point partager ses doctrines, il a bien fallu consciencieusement les combattre ,

____

(1) Voyez la lettre citée plus bas, page 42.

et, pour les combattre, recourir à des déduc-
tions scientifiques.

J'aurai donc peut-être fait mieux que ce que
j'avais le dessein de faire ; un livre de controverse, au lieu d'un livre de pure application;
où est le mal?

Mais, dit-on, je ne serai pas entendu?

M. Henrion de Pansey l'a été si peu, que son
livre a obtenu un immense succès, et qu'il en
est à sa onziéme édition!

Qu'un livre de pure pratique suffise aux juges de paix, pour les diriger dans l'exercice
de leur *juridiction civile extra-judiciaire*, où il
n'est question que d'actes à dresser, de formalités à remplir; qu'un tel livre leur suffise
encore pour les guider dans l'esprit des attributions que la loi leur confère, comme *officiers de police judiciaire*, ou comme *juges de
simple police;* cela se conçoit; mais, pour leur
applanir les difficultés souvent très-ardues
qu'ils rencontrent, à chaque pas, dans l'exercice de leur *juridiction civile-judiciaire* ; cela
ne peut que difficilement se concevoir (1).

______

(1) « Ceux qui ne connaissent les justices de paix
« que par les idées simples du bon et vertueux Thou

Au surplus, il faut bien en convenir, si quelques personnes ont cru que les connaissances des juges de paix étaient généralement peu en rapport avec les lumières que suppose leur *juridiction civile-judiciaire* (1), ces connaissances ont grandi avec les études plus fortes que nécessitent les exigences toujours croissantes de notre système d'instruction publique (2); autrement nos législateurs de

---

« ret, sont dans une étrange erreur sur l'importance
« que reçut, dès le principe, cette utile institution ;
« la plupart des attributions du projet actuel, les plus
« difficiles à apprécier en droit et en fait (j'ai nommé
« les actions possessoires), sont écrites dans la loi de
« 1790... » (*Rapport fait, à la Chambre des députés,
par M. Amilhau, dans la séance du 6 avril* 1838).

(1) « Il faut aussi faire justice de cette guerre si
« vive sur les personnes, qui porterait un étranger à
« croire que le défaut de savoir et d'intelligence est
« la condition ordinaire d'une magistrature qui rend,
« depuis plus de quarante années, de nombreux et
« importants services...» (*Rapport fait, à la Chambre
des députés, par M. Amilhau, dans la séance du 6
avril* 1838).

(2) « La composition personnelle des justices de
« paix se trouve en rapport avec l'état auquel l'ins-
« truction et les lumières sont parvenues dans cha-

1838 se seraient étrangement mépris dans la nouvelle extension qu'ils ont donnée à la juridiction de ces magistrats (1).

« que contrée.... On peut affirmer que généralement « la composition personnelle des justices de paix est « très-satisfaisante... » (*Rapport fait, à la Chambre des députés, par M. Renouard, dans la séance du 29 mars 1837*).

(1) « Il faut le dire encore, à titre de légitime es- « pérance pour l'avenir, on remarque, depuis quel- « ques années, parmi les candidats pour ces places, « un nombre toujours croissant de personnes aux- « quelles une sérieuse consistance sociale est anté- « rieurement acquise..... Beaucoup d'hommes im- « portants comprennent tout ce que les fonctions de « juge de paix peuvent leur donner d'influence dans « leur canton, et la chose publique gagne à leur « concours. » (*Rapport fait, à la Chambre des députés, par M. Renouard, dans la séance du 29 mars 1837*).

SUPPLÉMENT

A la première édition

DU TRAITÉ DE LA JURIDICTION

CIVILE-JUDICIAIRE

DU JUGE DE PAIX.

———— ⁂ ————

Ce supplément se divisera en deux parties respectivement consacrées ; savoir :

La première, à l'examen des diverses objections qui m'ont été adressées depuis la publication du *Traité*.

La seconde, au texte annoté, à la table alphabétique et à la synopsie de la loi du 25 mai 1838, sur les justices de paix.

1

PREMIÈRE PARTIE.

Examen de diverses objections.

Ces objections seront puisées :

1° Dans une lettre qui m'a été adressée par M. Carrier, alors professeur à la faculté de droit de Dijon ;

2° Dans une autre lettre qui m'a été adressée par M. Poncet, alors professeur à la même faculté ;

3° Dans un article de M. Julhe de Foulan, auteur du *Journal spécial des justices de paix*.

L'examen de ces diverses objections fera le sujet des trois chapitres suivants.

CHAPITRE PREMIER.

Lettre de M. Carrier à l'auteur.

« Dijon, 6 juillet 1824.

« Monsieur,

« J'ai lu, avec beaucoup de satisfaction, votre ou-
« vrage sur la *juridiction civile-judiciaire du juge de*
« *paix*. Toutes les questions sont traitées avec clarté
« et solidité.

« Néanmoins, je ne partage pas votre opinion sur
« la nature de l'action de l'acheteur, ni sur celle de
« l'action possessoire.

« Je pense que la première action est pure per-
« sonnelle; car elle descend du contrat de vente ; et,
« les actions provenant des contrats sont toutes per-
« sonnelles.

« Cette action n'est pas réelle, dernière action qui
« ne peut être dirigée que contre celui qui a la pos-
« session civile, qui possède *animo domini* ; en effet,
« on reconnaît comme possesseur, à titre de pro-
« priétaire, celui contre lequel on forme une action
« pétitoire; c'est pour cela que l'article 26 du Code
« de procédure civile porte que *le demandeur au péti-*
« *toire ne sera plus recevable à agir au possessoire.*

« Or, le vendeur, qui a transmis tous les droits de
« propriété et même de possession qu'il avait sur la
« chose vendue, qui s'est dessaisi, en faveur de l'ac-
« quéreur, de la possession civile, n'a plus dès lors
« cette possession civile; il ne possède plus pour lui,
« mais, pour l'acquéreur; il ne peut plus se considé-
« rer comme propriétaire, ni posséder, à titre de
« maître, *animo domini*; il n'a plus qu'une posses-
« sion naturelle, qu'une simple détention. L'acqué-
« reur ne peut donc pas diriger contre lui une action
« réelle, une action pétitoire.

« Il est vrai que la propriété du fonds vendu est
« transmise à l'acquéreur, par l'effet du contrat mê-
« me, et avant toute tradition; mais, résulte-t-il de là
« qu'on puisse intenter une action pétitoire contre
« le vendeur? Non sans doute ; il en résulte seu-

« lement que l'acquéreur, auquel le vendeur aurait
« déclaré ne pouvoir faire la délivrance du fonds
« vendu, parce que ce fonds serait possédé par un
« tiers, pourrait diriger une action réelle contre ce
« tiers investi de la possession civile.

« Je pense aussi que l'action possessoire est vrai-
« ment mixte; parce qu'on ne peut demander le
« maintien ou la réintégrande dans sa possession,
« sans demander, en même temps, la réparation du
« dommage causé par le trouble ou la violence; ré-
« paration qui est principalement, dans le premier
« cas, la maintenue, et, dans le second, la réinté-
« grande; les dommages-intérêts n'étant qu'une ré-
« paration accessoire.

« Alors même donc que le possesseur civil, troublé
« ou spolié, ne concluerait point à des dommages-
« intérêts, il réclamerait toujours, contre l'auteur
« du trouble ou de la violence, l'exécution de l'obli-
« gation personnelle de réparer le dommage causé
« par les faits de trouble ou de violence; il demande-
« rait donc, tout à la fois, le maintien ou la réinté-
« gration dans son droit réel de possession, et l'exé-
« cution de l'engagement personnel résultant, envers
« lui, des faits de trouble ou de violence.

« Au reste, j'ai pris beaucoup de plaisir à la lec-
« ture de votre livre ; je vous prie d'en recevoir
« mes remercîments et de me croire

« Votre dévoué serviteur,

« CARRIER, professeur. »

Dans les deux sections qui suivent, je me propose

de répondre aux deux objections soulevées par la lettre, d'ailleurs si honorable pour moi, du savant professeur.

SECTION PREMIÈRE.

Première objection.

Cétte objection se réfère au passage que voici :

« **51.** En résumé : qu'une action dérive d'un droit « sur la chose ; qu'elle s'adresse immédïatement à la « chose ; qu'enfin, elle suive la chose en quelques « mains que passe celle-ci : telles sont les signes in-« faillibles à la réunion desquels on reconnaîtra cette « action pour être purement réelle.

« **52.** Soit, pour exemple, l'action résultant du « contrat de vente.

« Cette action, purement personnelle chez les « Romains, où la vente ne conférait à elle seule « aucun droit sur la chose, mais autorisait seule-« ment l'acquéreur à demander la délivrance qui « seule pouvait lui conférer le droit réel et le « rendre propriétaire ; cette action, dis-je, est au « contraire purement réelle parmi nous ; l'article « 1583 du code civil déclarant la propriété acquise, « de droit, à l'acheteur, à l'égard du vendeur, dès « l'instant qu'on est d'accord de la chose et du « prix (1).

Tel est le passage contre lequel s'élève M. Carrier.

Dans un premier paragraphe que j'intitulerai : *Discussion*, je reproduirai chacun des arguments de M.

---

(1) Voyez page 22 du *Traité*.

Carrier, en les faisant suivre d'autant de raisons de douter ; dans un second, que j'intitulerai : *Décision* , je dirai pourquoi j'ai fini par me ranger à l'opinion de M. Carrier.

§ Ier.

DISCUSSION.

N° Ier—.1er *Argument.*

L'action en délivrance dérive du contrat de vente ; or, les actions qui dérivent des contrats sont purement personnelles ; donc, etc.

Raison de douter.

Bien que les contrats soient une source abondante d'actions purement personnelles (1), il ne s'en suit pas qu'ils ne donnent lieu qu'à des actions de cette espèce (2) ; l'action hypothécaire (3) , par exemple, n'est-elle pas purement réelle ? Et cependant cette action ne peut naître explicitement que d'un *contrat* (c. art. 2127), lorsqu'elle ne résulte pas implicitement, soit du fait du mariage , soit de l'acceptation de certaines fonctions (c. art. 2121), soit de l'adition d'hérédité (c. art. 1017), soit enfin de la comparution en justice (c. art. 2123).

N° 2.—2e *Argument.*

Si elle était *réelle,* l'action en délivrance d'un immeuble serait *pétitoire ;* car elle a trait à la propriété, non à la simple possession. Or, l'action pétitoi-

---

(1) Voyez le n° 34 du *Traité*.
(2) Voyez le n° 34 du *Traité*.
(3) Voyez le n° 89 du *Traité*.

re ne peut être intentée que contre celui qui possède à titre de propriétaire, *animo domini* ; ainsi le suppose l'article 26 du Code de procédure civile. Mais, comment le vendeur posséderait-il *animo domini* ? Evidemment il possède pour l'acquéreur. Donc l'action en délivrance n'est pas *pétitoire*. Donc cette action n'est pas *réelle*.

Raison de douter.

Possède-t-il véritablement pour l'acquéreur, celui qui, n'étant, ni son fermier, ni son locataire, s'obstine cependant à retenir l'immeuble vendu ? Si, généralement, l'action pétitoire suppose, dans celui contre qui elle est intentée, la *saisine*, c'est-à-dire la possession civile et caractérisée *animo domini* ; cette sorte d'action ne peut-elle donc jamais être intentée contre un détenteur inhabile à se prévaloir du bénéfice de la *saisine* ? En ce cas, ce serait un avantage, pour un possesseur, d'être privé d'un tel bénéfice ; puisqu'alors il se trouverait à l'abri de toute poursuite au pétitoire.

Si l'article 26 du Code de procédure civile interdit l'exercice de l'action *possessoire* à quiconque s'est d'abord pourvu au *pétitoire*, ce n'est pas que le défendeur au *pétitoire* ait nécessairement pour lui la *saisine* ; c'est uniquement parce que le demandeur au *pétitoire* a implicitement reconnu qu'il ne l'avait pas lui-même.

N° 3. — 3ᵉ *Argument.*

On conçoit qu'intentée par l'acquéreur contre un tiers détenteur auquel le vendeur aurait frauduleusement transféré la possession de l'immeuble déjà vendu, l'action en revendication de cet immeuble serait purement réelle ; le tiers-détenteur ne s'étant obligé à rien, envers un acquéreur avec lequel jamais il n'a contracté ; mais, intentée contre le vendeur, l'action en délivrance consiste à demander l'exécution d'un engagement personnel, d'un contrat.

Raison de douter.

On accorde que l'action de l'acquéreur d'un immeuble est *réelle* lorsqu'elle est dirigée contre un tiers-détenteur. Or, il ne peut en être ainsi que parce que, indépendamment de toute espèce de tradition, un droit *réel* a été conféré. Pourquoi donc dénierait-on ce caractère à l'action de l'acquéreur, lorsqu'elle est intentée contre le vendeur lui-même ? La translation du droit *réel* n'est-elle pas complète, dès l'instant que la vente est consommée par le consentement respectivement intervenu, entre les parties, sur la chose et sur le prix ? Et dès-lors, l'action de l'acquéreur, pour obtenir le relâchement de cet immeuble, n'est-elle pas réelle contre tout détenteur, vendeur ou autre ?

Je dis *contre tout détenteur* ; car si, accidentellement, le vendeur se trouvait dans l'impossibilité de délivrer l'immeuble vendu, l'action de l'acquéreur dégénérerait en pure personnelle contre un tel vendeur qui, évidemment, ne pourrait être condamné qu'à des dommages-intérêts.

§ II.

DÉCISION.

Longtemps j'ai flotté incertain entre les considérations opposées qui font l'objet du précédent paragraphe, et, de même que je ne pouvais me rendre aux arguments employés par M. Carrier, je
ne le pouvais pas davantage, à d'autres arguments
employés, soit par M. Poncet (1), soit par M. Carré (2);
parce que je voyais, d'une part, M. Poncet s'appliquer principalement à relever une erreur échap-
pée à la Cour de cassation en qualifiant de *mixte*
l'action *empti*, et, d'autre part, M. Carré se fonder
sur la doctrine professée, par Pothier, dans un temps
où régnait la maxime : *non nudis titulis sed traditio-
nibus dominia rerum transferuntur.*

Enfin, une réflexion qui m'a été suggérée dans
une discussion purement verbale, m'a fait abandonner mon ancienne opinion, pour adopter l'opinion
contraire; et cette réflexion, la voici :

Le droit réel, JUS IN RE, ne peut dériver de la
vente qu'autant qu'elle n'est entachée d'aucun vice
radical, soit commun à tous les contrats, tels que
l'erreur, la violence, le dol (c. art. 1109), soit particulier au contrat de vente, tel que l'absence du droit
de propriété dans la personne du vendeur (c. art.

----

(1) *Traité des actions*, n° 123,

(2) *Les lois de l'organisation et de la compétence des juridictions civiles*, 2ᵉ part., liv. 2, tit. 1ᵉʳ, chap. 1ᵉʳ, art. 237,
n° 225.

1599). Or, la question de validité d'un contrat quelconque ne peut être compétemment jugée que par le tribunal du domicile du défendeur, tant que celui-ci du moins n'a pas renoncé à un tel avantage. Donc, l'action de l'acquéreur, contre son vendeur, pour mettre celui-ci à même de critiquer, à son gré, le contrat de vente, doit être portée devant le tribunal du domicile du vendeur ; en d'autres termes, l'action *empti* est *purement personnelle* (pr. art. 59).

Cette manière d'envisager la nature de l'action *empti* est en parfaite harmonie avec la doctrine professée par M. Grenier, développant ainsi le sens de l'article 2159 du Code civil (1) :

« . . . Cet article n'embrasse pas tous les cas qui « peuvent donner lieu à l'action en main-levée ou en « radiation devant un tribunal autre que celui dans « l'arrondissement duquel l'inscription aura été prise. « En effet, cette action peut être personnelle et réelle « tout-à-la-fois, ou, pour mieux dire, elle est tou-« jours réelle, en ce qu'elle tend à libérer l'immeuble « qui en est affecté ; *mais, ce qu'il y a de réel peut* « *être subordonné à une action purement personnelle qui* « *devient préjudicielle, et alors la compétence doit se* « *fixer sous le rapport de la personnalité.*

« Ainsi, *s'il arrive que le débiteur veuille attaquer le* « *titre* en vertu duquel l'inscription a été prise, *en* « *rescision ou en nullité, pour cause de dol, fraude ou* « *erreur, ou pour cause d'incapacité, comme s'il s'a-* « *git d'une obligation souscrite par une femme ma-*

---

(1) *Traité des hypothèques*, tom. 1ᵉʳ, p. 188.

« riée, ou par un mineur , sans les formalités requises ;
« cette demande pourra être portée devant le tribunal du
« domicile du créancier ; parce qu'il est évident qu'il ne
« s'agit alors que d'une action personnelle ; et, cette
« action étant admise, la radiation de l'inscription
« en sera une suite. La cour de cassation a rendu un
« arrêt dans ce sens , le 1er Floréal an XII (1) ».

A vrai dire, M. Troplong (2) n'adopte pas pleinement cette opinion de Grenier; car il pense qu'une
telle action est véritablement *mixte;* mais, quelque
respect que m'inspirent les décisions d'un tel jurisconsulte, celle-ci me paraît difficile à concilier avec
le passage où, quelques lignes plus haut, M. Troplong s'exprime ainsi: « Il arrive très-souvent que la
« demande en main-levée n'est que *l'accessoire d'une*
« *contestation préjudicielle, relative à l'appréciation du*
« *titre, et rentrant dans la classe des actions personnel-*
« *les...* »

A vrai dire encore, un arrêt de la Cour impériale
de Paris, du 9 mars 1813 (3), décide: « *qu'aux termes*
« *de l'article 2159 du code civil , la radiation doit être*
« *demandée au tribunal dans le ressort duquel l'inscrip-*
« *tion a été faite , quels que fussent d'ailleurs les causes*
« *et les moyens de la demande ; la loi n'admettant au-*
« *cune distinction à cet égard* ».

---

(1) *Sirey*, tom. 20, 1re part., p. 472, et *Journal du palais*, 3'
édit., tom. 3, p. 709.

(2) *Commentaire des priviléges et hypothèques*, tom. 3.,
nº 732.

(3) *Journal du palais* , 3e édition, tom. 11 , p. 186.

Supposé que, basée sur un texte formel, cette argumentation fut assez puissante pour motiver, en matière de radiation d'inscription, une dérogation aux principes généraux, toujours est-il qu'aucun texte n'en motiverait une semblable en matière d'action *empti*.

SECTION SECONDE.

Seconde objection.

Cette objection se réfère aux passages que voici (1):

« 60. L'action *mixte parfaite* est celle qui, présen-
« tant les deux caractères de personnalité et de réa-
« lité, et cela, sans aucune prédominence de l'un sur
« l'autre, les offre tellement unis et confondus qu'on
« ne peut les concevoir séparés.

« 61. Est-il des actions de cette espèce?

. . . .

« 66. Affligé d'un tel cahos, M. Poncet a conçu le
« noble et hardi projet de rappeler la jurisprudence
« à des principes plus fixes; et le système qu'il a
« proposé, à cet égard, est sans doute fort ingénieux.

« 67. Ce système peut être ramené à deux propo-
« sitions. Nous allons successivement les exposer...

« 68. Première proposition.

« Sont mixtes et seules mixtes, sous le double rap-
« port de leur nature et de leur objet, l'action en
« bornage, celle en partage, et *l'action possessoire*.

« 73. *L'action possessoire* est *mixte* aussi bien par
« sa nature que par son objet.

74. *Par sa nature :* elle dérive tout à la fois du

---

(1) Voyez pages 26 à 37 du *Traité*.

« droit de possession prétendu par celui qui a été
« troublé ou dépouillé, et du trouble ou de la spolia-
« tion qui est un fait personnel et obligatoire, de la
« part de celui qui en est l'auteur.

« 75. *Par son objet :* elle a simultanément pour but
« la cessation du trouble ou de la spoliation, et la
« réparation du tort causé.

76. Tels sont les motifs sur lesquels se fonde M.
« Poncet, pour établir sa première proposition...

« 77. Ma première objection consiste à dire que,
« du propre aveu de M. Poncet, l'action possessoire
« doit être qualifiée de *réelle immobilière.*

« 78. Ma seconde objection consiste à dire que, de
« toutes les actions réelles, il n'en est aucune, peut-
« être, qui ne présente le double caractère que M.
« Poncet prétend appartenir aux actions mixtes, ex-
« clusivement. Cette seconde objection a besoin de
« quelques développements.

« 79. Afin de fixer les idées, considérons, par
« exemple, l'action résultant, pour l'acquéreur, du
« contrat de vente; action que nous avons dit être
« *purement réelle* (1). En premier lieu, ne dérive-t-elle
« pas, à la fois, et du droit de propriété sur la chose
« vendue, droit immédiatement transmis, à l'acqué-
« reur, par le contrat de vente, et de l'obligation

---

(1) Action qu'à la section précédente, nous avons reconnu
être *purement personnelle* ; ce qui ne laisse pas moins subsis-
ter, dans toute sa force, l'argument ici développé. Car, que
l'action, dont nous argumentons ici, soit *purement personnelle*, au lieu d'être *purement réelle* ; toujours est-il que personne jamais ne l'a qualifiée de *mixte.*

« imposée, par la loi, au vendeur, de délivrer la
« chose vendue?... En second lieu, n'a-t-elle pas
« simultanément pour but, et l'exécution de cette
« obligation légale, et la revendication de cette pro-
« priété?..

« 80. Pour atténuer notre seconde objection, M.
« Poncet dira-t-il que, si l'action résultant, pour le
« vendeur, du contrat de vente, a simultanément
« pour but, et l'exécution de l'obligation légale, et
« la revendication de la propriété, toujours, est-il
« incontestable qu'elle ne dérive pas en même temps,
« et de la propriété transmise par le contrat, et de
« l'obligation imposée par la loi; celle-ci n'étant que
« la suite et la conséquence de celle-la; et celle-la,
« par conséquent, ayant une priorité d'origine qui
« détruit toute idée d'action mixte?

« Nous répondrions... que l'obligation de délivrer
« est imposée au vendeur, dans le même moment où
« la propriété est transmise à l'acquéreur.

« 82. Seconde proposition.

« Est mixte et seule mixte, sous le triple rapport
« de son objet, de sa nature et de ses effets, l'action
« en partage d'une ou de plusieurs choses spéciales,
« indivises entre des communiers (1).

---

(1) Suivant Carré, le communier n'a le choix, entre la situation de l'immeuble à partager, et le domicile du défendeur
à l'action en partage, qu'autant que cette même action comprend
aussi des meubles (*les lois de l'organisation et de la com-*
pétence des juridictions civiles, 2ᵉ partie, liv. 2, tit. 2, art.
242); par où l'on voit que, bien loin de considérer comme *mixte*
l'action *communi dividundo*, il reconnaît seulement qu'elle

« 84. Nous le demandons à M. Poncet : cette se-
« conde proposition...., ne démontre-t-elle pas, jus-
« qu'à l'évidence, que la première proposition..... ne
« serait que l'expression d'une vérité de pure théorie;
« d'une vérité dès lors dont la connaissance ne sau-
« rait être d'aucune utilité dans la pratique ? car,
« sous ce dernier point de vue, que serait-ce qu'une
« action mixte de tout point, hormis par ses effets?

Résumons ces divers passages.

Tout en convenant que l'action possessoire n'est
point *mixte* par ses effets, puisqu'aux termes de l'article 3 du Code de procédure civile, elle ne peut

peut accidentellement se composer de la réunion de deux actions réelles connexes; l'une mobilière, qui permet de saisir le
tribunal du domicile du défendeur ; l'autre immobilière, qui
permet de saisir le tribunal du lieu de la situation; et c'est
ce que j'avais implicitement dit aux numéros 85 et 86 du
Traité.

Aussi, dans les considérations générales, placées en tête du
titre 1er du livre 2 de la 2e partie du même ouvrage, Carré
a-t-il reconnu que, de toutes les actions qualifiées *mixtes*,
soit par les lois romaines, soit par la jurisprudence de la Cour
de cassation, aucune ne présente véritablement ce caractère;
et cependant, loin d'en tirer les conséquences que j'ai cru
devoir en tirer au numero 87 du *Traité*, il a cherché une
application de l'article 59 du Code de procédure civile, en ce
qui touche l'action *mixte*, dans la définition proposée par Duparc-Poullain, et ainsi conçue :

« L'action qui a la seule chose pour objet, et qui naît d'un
« contrat passé entre le débiteur et un tiers, est l'*action mixte*;
« parce qu'elle a un mélange de réalité et de personnalité. Elle

être intentée que devant le juge de paix de la situation de l'objet litigieux, M. Poncet avait prétendu qu'elle est *mixte* sous le double rapport de sa *nature* et de son *objet*.

J'ai soutenu qu'au contraire l'action *possessoire* est purement réelle, sous tous les rapports; et, pour preuve, j'ai fait voir que, parmi les actions qu'on n'a jamais regardées comme *mixtes*, il n'en est aucune qui n'offre les caractères à l'aide desquels M. Poncet, à qui je répondrais alors, comme M. Carrier, à qui je réponds maintenant, prétendent prouver que l'action est *mixte*.

Si les motifs dont je me suis prévalu sont trouvés

« n'est pas purement réelle, quoiqu'elle ait la seule chose pour « objet direct; parce qu'elle dérive d'un contrat sans lequel « elle n'aurait pas lieu. Elle n'est pas non plus purement per- « sonnelle; parce que le contrat dont elle dérive n'est point « passé entre les deux parties, et ne forme point un véritable « lien personnel entre elles. »

Si l'on devait admettre cette définition, il en résulterait que l'on devrait qualifier de *mixte* l'action résultant d'une hypothèque conventionnelle inscrite, lorsqu'elle serait dirigée contre un tiers détenteur; cependant cette action est qualifiée de *réelle au premier chef*, par M. Troplong (*Traité de la vente* n° 629) qui n'hésite pas à taxer de paradoxale (*ibid.* n° 630) la définition proposée par Duparc-Poullain.

Mais M. Troplong ne va-t-il pas lui-même un peu loin, lorsqu'il attribue le caractère de *mixte*, dans le sens de l'article 59 du Code de procédure civile, à toutes les actions dites *personales in rem scriptæ* (Ibid. 625 à 630 et 805 à 807); actions dans lesquelles il faut, pour arriver à la chose, passer par le contrat?

concluants, ils triompheront de l'opinion professée par M. Carrier, comme ils auront triomphé de celle professée par M. Poncet.

Il y a plus; la lettre qui va faire l'objet du chapitre suivant prouve que, sur ce point, l'opinion la plus intime de M. Poncet ne différait en rien de celle que j'ai adoptée.

Je puis enfin me prévaloir de l'opinion de Carré.

« Lorsque, dit cet auteur (1), on revendique, con-
« tre le possesseur, un immeuble ou un droit réputé
« tel par la loi, *l'action réelle* est appelée pétitoire.

« *Elle est appelée possessoire, lorsqu'elle a pour seul*
« *et unique objet la posesssion d'un fonds ou d'un droit*
« *réel dont on a perdu la jouissance, ou dont on ne jouit*
« *pas paisiblement et sans trouble.* »

Pour quiconque connaît la valeur des termes, cela signifie positivement que l'action possessoire, soit quelle ait le caractère de réintégrande, soit qu'elle ait celui de simple complainte, doit être qualifiée *d'action réelle immobilière.*

---

(1) *Les lois de l'organisation et de la compétence des ju-ridictions civiles,* 2ᵉ part., liv. 2, tit 1ᵉʳ, chap. 1ᵉʳ, art 231.

CHAPITRE DEUXIÈME.

Lettre de M. Poncet à l'auteur.

« Dijon, 27 juillet 1824.

« Monsieur,

« Je vous dois des excuses pour avoir tant tardé
« à vous remercier du cadeau que vous avez bien
« voulu me faire de votre ouvrage; mes occupations
« courantes, un état de santé languissant, ont été la
« cause de ce retard; je voulais d'ailleurs faire un
« peu plus que M. de M*** et ne pas borner ma
« lecture, avant de vous écrire, à l'*Avant-propos* de
« votre livre.

« Ce livre est écrit avec clarté et élégance, je
« crains pourtant qu'à l'exemple de celui de M. Hen-
« rion de Pansey, homme habile, et que vous louez
« très-justement, il ne soit au-dessus de la portée de
« la plupart des juges de paix de France auxquels des
« leçons pratiques, sur leur juridiction, convien-
« draient effectivement mieux que des principes de
« théorie, lesquels se rattachent toujours plus ou
« moins aux connaissances de droit que la loi n'exige
« pas d'eux.

« Vous avez la bonté de faire l'éloge de mon *Traité*
« *des actions.* Ce suffrage public, Monsieur, m'est
« très-sensible de votre part, en ce qu'il est sincère,
« et qu'il prend sa source dans des sentiments qui
« m'honorent; mais soyez sûr que je ne me fais pas
« illusion sur les imperfections de cet ouvrage dont
« le défaut principal est de ne présenter qu'un cro-
« quis informe, et comme le squelette de la magnifique

« et immense matière qu'il a pour objet. A la vérité,
« je ne pouvais ni ne devais me proposer, en le pu-
« bliant, de remplir le vaste cadre que semblait indi-
« quer le titre de l'ouvrage.

« Mais, même en le restreignant, comme je l'ai fait,
« à un aperçu élémentaire, j'aurais dû le méditer
« davantage pour le rendre, je ne dis pas digne de
« l'attention du public, mais plus propre à l'instruc-
« tion élémentaire, unique objet que j'avais en vue.
« Au surplus, cette matière était neuve, j'ai fait le
« frayé, tant bien que mal, de plus habiles viendront
« qui vengeront la science, de l'imprudence de mon
« essai...

Exoriare aliquis nostris ex ossibus ultor.

« Vous voyez, par là, Monsieur, que je suis peu
« disposé à relever les censures qu'on voudrait faire
« de mon livre. Permettez-moi seulement de vous
« représenter qu'en traitant des actions mixtes, si je
« me suis mis en contradiction avec moi-même, c'est
« avec grande connaissance de cause. J'ai commencé,
« en effet, par soutenir qu'il n'y avait point d'action
« véritablement mixte. Effrayé ensuite de me trouver
« presque seul de mon avis, j'ai dû faire une con-
« cession aux préjugés, me bornant à resserrer le
« cercle de ces actions équivoques et confuses qui
« embarrassent et compliquent inutilement peut-être
« la législation et la procédure. Il a bien fallu alors
« que je donnasse le nom d'actions mixtes à celles
« qui paraissent le plus en présenter le caractère;
« aussi je ne manque jamais, dans les explications

« de mon cours , de relever moi-même cette contra-
« diction ; car il faut de la bonne foi en tout.

« Quant à l'une de vos solutions sur l'action réelle,
« je ne puis me dispenser de vous engager à réfléchir
« au véritable caractère de l'action *empti :* même
« dans les principes du Code civil, cette action n'a
« rien de réel ; elle prend sa source dans un con-
« trat, elle n'a d'autre objet direct que l'exécution de
« ce contrat. Elle est donc purement personnelle.

« La propriété, dites-vous , a été transférée par
« le contrat ; oui , mais l'action ne résulte pas du
« droit transféré ; elle résulte originairement du con-
« trat qui a transmis le droit. Si elle dérivait du droit
« de propriété , elle serait action pétitoire contre le
« vendeur. Mais l'action pétitoire n'est recevable que
« contre celui qui prétend lui-même à la propriété ,
« c'est-à-dire , qui a la possession civile. Or, après
« la vente, le vendeur ne possède plus, pour lui-même,
« à titre de maître , puisqu'il a transféré la propriété
« à l'acquéreur, par le seul effet de la vente ; il ne
« possède plus que pour l'acquéreur ; il n'est qu'un
« possesseur précaire jusqu'à l'action en délivrance.

« Je vous prie, de nouveau, Monsieur, d'agréer
« mes remerciments, ainsi que l'expression des senti-
« ments d'estime et d'affection avec lesquels j'ai
« l'honneur d'être ,

« Votre très-humble
« et obéissant serviteur ,
« PONCET. »

Comme on le voit, M. Poncet me fait une critique dont ne s'était pas avisé M. Carrier ; il trouve mon *Traité* trop scientifique ; puis , reprenant , dans un ordre inverse , les deux objections que m'avait faites son collègue , il me donne gain de cause sur le caractère de l'action *possessoire* et embrasse l'opinion de M. Carrier sur le caractère de l'action *empti*. Au reste , sa lettre tout entière respire ce ton de modestie qui rehaussait en lui l'homme de science.

Dans l'*Avant-propos* du présent supplément, j'ai répondu à la critique d'après laquelle M. Poncet craint que mon *Traité* ne soit trop scientifique (1).

Quant aux deux objections déjà discutées au chapitre précédent , je prends acte de l'aveu renouvelé par M. Poncet touchant le caractère de l'action *possessoire* , et je renouvelle moi-même la rétractation de mon opinion originaire touchant le caractère de l'action *empti* , en m'applaudissant d'avoir trouvé l'occasion de rendre hommage aux vrais principes, et de reconnaître une erreur.

CHAPITRE III.

Article de M. Julhe de Foulan.

A l'*Avant-propos* du présent supplément , j'ai reproduit, pour les combattre , celles des observations de M. de Foulan que j'ai qualifiées de *critiques*.

Au présent chapitre, je vais reproduire celles de ses observations que j'ai qualifiées d'*objections* ; les voici :

---

(1) Voyez , plus haut , pages 20 à 23.

« D'ailleurs, la doctrine de M. Brossard n'est pas
« toujours très orthodoxe...

« Il soutient, par exemple, que l'action en dé-
« nonciation de nouvel œuvre n'est pas une action
« possessoire, et il cite un arrêt de la cour de cas-
« sation, dont la fin dit positivement le contraire.

« Il n'admet pas la distinction adoptée, par tous
« les auteurs, entre la complainte et la réintégrande;
« il ne voit aucune différence entre ces deux actions.

« Il ne veut pas que le consentement des parties
« puisse proroger la compétence des juges de paix,
« ni sous le rapport de la valeur, ni sous celui du
« degré, et cela, en aucun cas, et en aucune matière. »

Les observations qu'on vient de lire formulent trois
objections auxquelles je vais successivement répondre, dans les trois sections qui suivent :

SECTION PREMIÈRE.

Première Objection.

*« Il soutient que l'action en dénonciation de nouvel
« œuvre n'est pas une action possessoire, et il cite un
« arrêt de la cour de cassation, dont la fin dit positive-
« ment le contraire. »*

Réponse.

Je n'ai jamais soutenu que l'action en dénonciation
de nouvel œuvre ne fut pas une action possessoire ;
j'ai consacré un chapitre entier (1) à démontrer « *que,*

---

(1) Voyez numéros 354 à 372 du *Traité.*

« *pour produire chez nous les effets d'une action posses-*
« *soire , la dénonciation de nouvel œuvre doit être for-*
« *mée , non d'après le mode usité chez les Romains ,...*
« *mais d'après le mode prescrit par notre Code de pro-*
« *cédure civile, pour les actions possessoires,* » Et c'est
précisément aussi ce que décide l'arrêt de la Cour
de cassation que j'ai invoqué.

Lorsqu'on me fait un reproche si amer de n'avoir
pas mentionné les ouvrages qui traitent du même
sujet que le mien, serait-on excusable d'avoir critiqué mon ouvrage sans s'être donné la peine de le
lire ?

En faveur de mon système, je puis encore invoquer
les cinq dissertations qui vont faire l'objet des cinq
paragraphes suivants :

§ Ier.

Dissertation de Sirey (1).

« Le *uti possidetis* fait le pacte fondamental du
« droit civil ; par lui, la possession fut élevée au titre
« de *propriété ;* par lui, le règne de la force et de la
« discorde fut remplacé par le règne de la *justice* et
« de la *paix* commune : aussi les premières lois et
« les premiers magistrats conservèrent-ils longtemps
« un grand respect pour ce principe fondamental ;
« alors il convenait que le *uti possidetis* ou le *statu quo,*
« ou l'*état des lieux* ne pût pas être discrétionnaire-
« ment changé, contre le gré des voisins ; et, au cas

----

(1) *Recueil général des lois et des arrêts,* tom. 20, 1re part.,
page 484.

« d'opposition de leur part, il était bien de faire
« préalablement intervenir l'autorité du magistrat.—
« Mais tout ce qui est relativement utile peut devenir
« nuisible ; les maximes pratiques les plus sages ,
« pour certains temps et certaines circonstances,
« peuvent devenir funestes , en d'autres temps et en
« d'autres circonstances. Ainsi, lorsque le droit de
« *propriété* a eu reçu la sanction des siècles et des
« nations , lorsque les droits de propriétaire ont été
« généralement et clairement déterminés par les lois
« générales , le plus grand bien social a voulu que
« chaque propriétaire eut la plus grande indépen-
« dance dans l'exercice de sa *dominité* souveraine ,
« et la plus grande latitude pour administrer, con-
« server, améliorer son patrimoine : dès lors la règle
« antique *nil innovetur* a dû cesser d'être obligatoire:
« les propriétaires ont dû avoir la faculté d'user de
« leurs propriétés, comme de leurs personnes, en
« toute *liberté*, sauf *responsabilité*, en cas d'atteinte
« aux droits privés et aux règlements publics. »

§ II.

Dissertation de M. Ledru-Rollin (1).

« La dénonciation de nouvel œuvre est une action
« qui tend à faire interdire la continuation d'un tra-
« vail commencé, soit que celui qui l'a entrepris en
« eût ou n'en eût pas le droit…Cette action a lieu, ou
« pour conserver notre propre droit, ou pour nous

______

(1) *Journal du palais*, 3ᵉ édit., tom. 16, page 29.

« garantir d'un dommage qui nous menace, ou pour
« le maintien d'un droit qui appartient au public...
« En un mot, cette action peut être intentée toutes
« les fois que l'ancien état de choses éprouve quel-
« que changement, soit par une construction que
« l'on entreprend, soit par une démolition que l'on
« commence. Du reste, en intentant cette action, il
« n'est pas nécessaire d'intimer le propriétaire en
« personne, il suffit de signifier à celui qui dirige en
« son nom les travaux, à l'un des ouvriers, ou à
« tout autre qui, étant sur les lieux, est à portée
« d'en faire part au propriétaire... parce que la dé-
« nonciation du nouvel œuvre ne se fait pas à la per-
« sonne, mais à la chose... *Dans le droit romain,*
« *cette signification avait l'effet de suspendre, de plein*
« *droit, les travaux commencés, et le juge devait refuser*
« *toute audience au défendeur jusqu'à ce qu'il eut remis*
« *les choses dans l'état où elles étaient au moment de*
« *la signification...* mais ces dispositions du droit ro-
« main n'étaient pas suivies dans notre ancienne juris-
« prudence française; c'est ce que nous apprend la note
« suivante de Charondas....., (On ne pratique en Fran-
« ce que la dernière manière, par autorité du juge,
« et, les parties étant ouies pardevant lui, il ordonne
« si la dénonciation tiendra, ou si celui qui a com-
« mencé de bâtir continuera l'œuvre en baillant cau-
« tion). *Telle était, sur cette matière, la jurisprudence*
« *des tribunaux de France, avant la publication du Code*
« *de procédure civile.* Ce Code n'a pas abrogé cette
« jurisprudence; et elle doit être encore la règle des
« tribunaux. »

§ III.

Dissertation de Carré (1).

Nota. Cette dissertation établit une distinction que rejette
M. Troplong (2), pour en établir lui-même une autre que n'admet pas Curasson (3).

« Ainsi, lorsqu'un voisin construit, sur son fonds,
« un ouvrage quelconque que l'autre voisin croit
« porter préjudice à ses droits, et que celui-ci s'op-
« pose à la continuation, il n'y aura point lieu à
« former, comme autrefois, une action particulière,
« devant le juge, afin de suspendre les travaux; mais
« on devra former, avant tout, la demande sur le
« fonds du droit, et conclure ensuite provisoirement
« à la suspension du nouvel ouvrage, jusqu'à la déci-
« sion sur le fond, sauf au juge à statuer, suivant
« les circonstances. Or, ce second chef de demande
« ne forme point une action *possessoire*, mais une de
« ces demandes *provisoires* ou *incidentes* dont parlent
« les articles 134, 337 et suivants, qui appartiennent
« au juge saisi de l'action principale...
« Mais le fond du droit, c'est-à-dire, le point de
« savoir si l'une des parties est autorisée on non à
« construire, ne constitue-t-il pas au moins une
« *action possessoire* ?

---

(1) *Les lois de l'organisation et de la compétence de la juridiction civile*, 2ᵉ part., liv. 2, tit. 1ᵉʳ, art. 231, nᵒ 210.
(2) Voyez, plus bas, page 53.
(3) Voyez, plus bas, pages 56 et 57.

« Il faut distinguer: si le propriétaire qui s'oppose
« à la construction peut être considéré comme en
« possession non précaire de jouir de la chose dans
« l'état où elle était avant le nouvel œuvre commencé,
« l'action possessoire est admissible ; dans le cas
« contraire, il faut se pourvoir devant le juge du
« pétitoire, qui alors pourra seul prononcer sur la
« suspension des travaux... »

§ IV.

Dissertation de M. Troplong (1).

Nota. Voir les notes placées en tête des §§ iii et v (2).

Droit Romain.

« . . . Lorsque quelqu'un craignait d'éprouver
« quelque dommage d'un travail commencé, sur son
« terrain, par autrui, ou même sur l'héritage voi-
« sin, par le propriétaire, il faisait opposition auprès
« des ouvriers et autres personnes qui se trouvaient
« présents... l'effet de cette dénonciation ou inter-
« diction était remarquable : elle interrompait sur-
« le-champ les travaux commencés, et, si l'on se
« permettait de les continuer, toute audience, sur le
« fond, était refusée au continuateur, jusqu'à ce
« qu'il eut remis les choses dans l'état où elles
« étaient au moment de la défense...

---

(1) *Commentaire de la prescription*, chap. 2, art. 2228, nos
313 à 328.

(2) Voyez pages 50 et 55.

« La dénonciation de nouvel œuvre, une fois faite,
« on allait devant le préteur, pour savoir si elle devait
« durer ou si elle devait être levée...

« Le préteur examinait sommairement le diffé-
« rend ; s'il reconnaissait que le demandeur était
« fondé en droit à faire la défense, il la maintenait..

« Lorsque l'auteur des travaux se croyait fondé,
« il se hâtait d'offrir et de donner caution que, s'il
« succombait, il détruirait les travaux faits et à faire
« et payerait les dommages et intérêts ; par ce moyen
« il s'exemptait d'aller plaider devant le préteur, sur
« la main-levée de la défense, et il continuait ses
« travaux, sauf à les détruire ensuite, s'il avait agi
« sans droit...

Droit Français.

« . . . On voit... d'après le récit de Boutillier,
« que la dénonciation de nouvel œuvre n'avait en vue
« qu'un dommage éventuel, et non pas un dommage
« consommé ; partant de là, il semble que les con-
« clusions véritables de cette action dussent être,
« non pas la démolition des travaux, mais leur sus-
« pension immédiate. C'est aussi d'une interruption
« de nouvel œuvre que parle sans cesse Boutillier ;
« néanmoins il laisse percer, chez le dénonçant, l'in-
« tention d'en demander plus tard la destruction...
« Prenons acte de ce nouveau point de vue, qui vient
« s'ajouter à la dénonciation de nouvel œuvre, pour
« faire remarquer qu'on commençait à la mêler avec
« la complainte.

« Plus tard... On régularisa la marche de l'ac-

« tion, en exigeant qu'il serait donné assignation,
« à la partie, de comparaître, devant le juge des lieux,
« pour voir dire que l'auteur des travaux eut à faire
« cesser l'ouvrage, jusqu'à ce qu'il en eut été autre-
« ment ordonné. Le juge , parties ouies devant lui,
« décidait si la dénonciation tiendrait, ou si celui qui
« avait commencé à bâtir continuerait, en donnant
« caution...

« . . . Dans la pratique, on confondait très-
« souvent la dénonciation de nouvel œuvre avec la
« complainte et, oubliant son origine et sa portée
« dans le droit romain, on donnait son nom à pres-
« que toutes les actions en trouble, fondées sur des
« constructions nouvelles dont on voulait demander
« la démolition...

« Ni le Code civil, ni le Code de procédure ne
« se sont occupés de la dénonciation de nouvel œu-
« vre. Ce silence a fait demander si cette action est
« exclusivement possessoire, comme l'a établi la
« jurisprudence de la cour de cassation, d'après
« MM. Henrion de Pansey et Merlin.

« M. Carré est d'avis... qu'elle n'est plus admise
« comme action spéciale et ayant des effets qui lui
« soient propres ; qu'elle n'est jamais qu'incidente
« à une action principale, soit possessoire, soit pé-
« titoire ; que c'est une simple provision qu'il faut
« demander au juge du fond, incidemment à la de-
« mande principale (1).

« . . . Pour rectifier ce qu'il y a d'inexact dans

____

(1) Voyez , plus haut , pages 50 et 51.

« les doctrines proposées jusqu'ici par les auteurs,
« je crois nécessaire d'entrer dans quelques distinc-
« tions.

« Si le nouvel œuvre est fait, par autrui, sur mon
« fonds, nul doute que l'action que j'exercerai pour
« l'arrêter dans ses commencements ne soit une ac-
« tion en complainte, si je la fonde sur un trouble
« que j'éprouve dans la possession, d'an et jour, de la
« chose qui m'appartient... Il y a un commencement
« de dommage, et j'en demande la réparation, ainsi
« que la remise des lieux dans leur ancien état... Si,
« n'y ayant pas encore commencement de dommage,
« je me borne à demander que les travaux soient
« arrêtés, sans prendre de conclusions pour le réta-
« blissement des lieux, parce qu'il n'y a rien encore
« d'assez avancé pour en avoir changé l'état, ce sera
« certainement alors une véritable dénonciation de
« nouvel œuvre, dans la pureté des lois romaines,
« mais ce ne sera pas moins une action pour me
« maintenir dans ma possession, c'est-à-dire, une
« action possessoire de la compétence des juges de
« paix...

« Que si, au lieu de fonder ma demande sur une
« possession d'an et jour, qui peut me manquer,
« quoique je sois propriétaire, je la fonde sur un
« droit de propriété et sur des titres ; ma dénoncia-
« tion de nouvel œuvre sera pétitoire, et, comme il
« m'importe d'empêcher, d'urgence, la continuation
« de travaux qui peuvent m'être très-préjudiciables,
« je m'adresserai au président du tribunal pour sta-
« tuer, par voie de référé, et ordonner provisoire-
« ment, sans préjudicier au fond, la suspension du

« nouvel œuvre.... ou bien encore on fera une de-
« mande pétitoire, et l'on concluera incidemment,
« par provision, à la suspension des travaux... »

§ V.

Dissertation de M. Curasson (1).

Nota. Cette dernière dissertation, que j'ai d'ailleurs de beaucoup abrégée, pour ne pas tomber dans des répétitions fasti-
dieuses, me parait bannir toute distinction subtile, et résumer
le droit, dans toute sa pureté.

« La dénonciation de nouvel œuvre est une action
« possessoire qui a pour objet d'empêcher la conti-
« nuation, ou de faire ordonner la destruction de
« travaux nouvellement pratiqués sur un héritage,
« lorsque ces travaux sont préjudiciables au deman-
« deur, et troublent sa possession. »

Ancien droit.

Ici l'auteur signale les trois modes usités, chez les
romains, pour réclamer contre un nouvel œuvre ;
modes entre lesquels on remarque celui qui consistait dans le simple jet d'une pierre, et il fait observer
que si le nouvel œuvre était entrepris sur le terrain
de celui qui avait à s'en plaindre, le propriétaire
pouvait, de son autorité privée, le détruire; puis,
d'un passage de Boutillier et d'une note de Charondas, il induit qu'en France, la défense de continuer

---

(1) *Traité de la compétence des juges de paix*, commentaire, art. 6, part. Irᵉ, section Irᵉ, § III.

les travaux , défense qui originairement pouvait être verbale et directement émaner de la partie intéressée, ne put, dans la suite, avoir lieu sans l'autorité du juge.

Droit actuel.

« Celui qui a lieu de se plaindre d'un nouvel œu-
« vre..., doit s'adresser au juge de paix, pour obtenir
« la discontinuation et même la démolition des tra-
« vaux ; il ne lui suffit pas de sommer l'auteur, d'in-
« timer à celui-ci la défense de continuer les tra-
« vaux ; la sommation, dans notre droit actuel, peut
« bien avoir l'effet de mettre en demeure celui à qui
« elle est signifiée; elle est même nécessaire, en cer-
« tains cas, pour faire courir les dommages-intérêts;
« mais personne n'a le droit d'intimer, de sa propre
« autorité, une défense obligatoire. »

A l'appui de cette doctrine, M. Curasson invoque l'arrêt du 11 juillet 1820, que moi-même j'ai invoqué (1); puis, après avoir passé en revue les opinions divergentes de MM. Carré, Dalloz, Favard de Lan-glade, Merlin, Garnier, Henrion de Pansey et Trop-long (2), il poursuit ainsi :

« De ces diverses opinions, la mieux fondée paraît
« être celle de MM. Merlin et Garnier. Ce dernier va
« seulement trop loin en disant que : *cette action*
« *n'existe plus aujourd'hui ;* que *le nom doit même* en
« être proscrit de la langue *du droit...* Le mot ne fait

---

(1) Voyez n° 370 du *Traité*.

(2) Voyez, plus haut, pages 53 et 54.

« rien à la chose ; il n'en est pas moins vrai que ce
« genre d'action , non-seulement rentre dans les ac-
« tions possessoires , mais se confond avec la com-
« plainte ordinaire.... »

En continuant l'examen critique des auteurs précités, M. Curasson porte sa théorie à un haut degré
d'évidence, et montre qu'elle a été adoptée par la
cour régulatrice ; enfin, il termine ainsi :

« D'après cette jurisprudence, aujourd'hui inva-
« riable, la dénonciation de nouvel œuvre ne diffère
« en rien de la complainte ; les deux actions sont de
« la même espèce ; elles proviennent de la même cau-
« se, du trouble apporté à la jouissance du deman-
« deur, et sont assujetties à la même condition. Que
« le nouvel œuvre ait été pratiqué, par le défendeur,
« sur son propre terrain, ou sur celui du demandeur,
« le juge de paix est également compétent pour or-
« donner, soit la discontinuation des travaux, s'ils
« ne sont que commencés , soit leur destruction to-
« tale , s'ils sont achevés.

« Ainsi le juge de paix ne doit pas s'attacher ici à
« la qualification de la demande ; qu'il s'agisse de
« complainte ou de dénonciation de nouvel œuvre ;
« pour entreprise pratiquée sur le terrain de l'une
« ou de l'autre des parties, le juge de paix ne doit
« s'attacher qu'aux deux points suivants : « y a-t-il
« eu trouble commis dans l'année ? et le plaignant
« avait-il la possession annale de l'héritage ou du
« droit réel dans l'exercice duquel il prétend avoir
« été troublé ?

SECTION DEUXIÈME.

Deuxième Objection.

« *Il n'admet pas la distinction adoptée, par tous les*
« *auteurs, entre la complainte et la réintégrande ; il ne*
« *voit aucune différence entre ces deux actions* (1). »

Réponse.

Et parce que, entre la complainte et la réintégrande, tous les auteurs auraient admis cette importante
distinction : qu'exigée pour exercer la complainte,
la saisine n'est point requise pour exercer la réintégrande, j'aurais été non recevable à examiner si cette distinction repose sur de bien solides bases? Il
peut y avoir eu témérité, de ma part, à m'engager
dans une pareille discussion ; mais, assurément, il y
a eu légèreté de la part de mon critique à me juger
sans m'entendre, et c'est précisément ce qu'il a fait.
Loin de répondre à aucune de mes raisons (2), il me
fournit la preuve qu'il les ignore toutes ; il ne craint
pas d'avancer qu'*entre la complainte et la réintégran-*
de, je ne vois aucune différence ; tandis qu'au contraire
j'en ai signalé deux (3) que je déclare ici réduire à
une seule ; parce que je m'aperçois qu'au n° 327, je
me suis montré oublieux de ce que j'avais soutenu,
aux n°⁵ 320 et 321 ; savoir : qu'alors que le spoliateur
se trouve avoir la saisine, on doit le condamner à

---

(1) Voyez, plus haut, page 46.
(2) Elles sont longuement développées aux n°ˢ 317 et suiv. du
Traité.
(3) Voyez, n°ˢ 325 à 327.

une simple indemnité, plutôt que de le déclarer déchu d'une possession qu'il faudrait toujours lui restituer.

Mais est-il bien vrai qu'entre la complainte et la réintégrande, tous les auteurs admettent cette importante distinction: qu'exigée pour exercer la complainte, la saisine n'est pas requise pour exercer la réintégrande?

Sans parler de M. Poncet qui ne l'admet pas et qui, à vrai dire, est demeuré parfaitement inconnu à M. de Foulan; Berriat-St-Prix et Toullier qui avaient écrit lorsque M. de Foulan a publié son article, comme MM. Carré, Troplong et Curasson, qui ont écrit depuis, ne l'admettent pas davantage.

Les six paragraphes qui suivent vont être successivement consacrés à l'exposé de l'opinion des six auteurs que je viens de citer.

§ Ier.

Opinion de M. Poncet (1).

« . . . Soit... que le défendeur ait été condamné
« dans l'action en complainte, ou dans l'action en
« réintégrande, il ne peut évidemment plus agir
« qu'au pétitoire et non au possessoire; puisqu'il a
« été jugé contre lui, indistinctement, dans tous les
« cas, ou qu'il avait troublé, ou qu'il avait dépouillé
« le véritable possesseur; par où il a été jugé qu'il
« n'avait pas lui-même la véritable possession qui est,

---

(1) *Traité des actions*, nos 61 et 62.

« . . . le seul fondement de l'action possessoire
« proprement dite.

« La réflexion que nous venons de faire ne nous
« permet pas d'admettre... une... différence... entre
« la complainte et la réintégrande, différence qui con-
« siste en ce que, pour exercer la complainte, il faut
« avoir la possession complète et caractérisée; tan-
« dis que toute possession suffit, pour être admis à
« la réintégrande.

« Que celui qui a été dépouillé doive être réintégré
« dans l'espèce de possession qu'il avait, et qu'a eu
« tort de lui enlever le spoliateur qui n'y avait aucun
« droit, point de difficulté; voilà le sens naturel de
« la maxime : *spoliatus ante omnia restituendus* ! Et
« c'est le cas de l'action possessoire proprement dite.

« Mais, s'il a été reconnu, dans l'instance, qu'il
« n'était pas véritablement possesseur, et qu'au con-
« traire, c'est le spoliateur qui l'était, a-t-on pu ju-
« ger équitablement que le dépouillé reprendrait
« cette possession qu'il n'avait pas? non, sans doute. »

§ II.

Opinion de M. Berrial-Saint-Prix.

Texte (1).

« La réintégrande diffère encore de la complainte,
« selon la doctrine de plusieurs jurisconsultes, et
« notamment de M. Henrion, quant à ces deux au-
« tres points :

---

(1) *Cours de procédure civile*, 4ᵉ édit., tom. 1ᵉʳ, pages 117
et suiv.

« 3° Pour la complainte, il faut avoir la saisine ;
« pour la réintégrande, il suffit de la possession
« effective au moment de la spoliation.

« 4° Celui qui succombe dans l'action en com-
« plainte n'a plus que la voie du pétitoire ; il en est
« autrement, s'il s'agit de la réintégrande.

« Il résulte de là que le possesseur effectif *sans*
« *saisine*, qui est dépouillé par le possesseur *avec*
« *saisine*, a, contre celui-ci, l'action en réintégrande.

« Mais d'autres auteurs (1) soutiennent que le pos-
« sesseur *avec saisine* peut, pourvu que ce soit sans
« voie de fait punissable, se rétablir dans sa posses-
« sion, et n'être pas néanmoins passible de l'action
« en réintégrande. Nous penchons à adopter cette
« doctrine. »

Note (2).

« Le système opposé nous semble porter atteinte
« au droit sacré de propriété. Il en résulte, en effet,
« que, parce qu'il vous aura plu, par exemple, d'é-
« lever, à mon insu, un mur, sur mon sol, il ne me
« sera pas permis de le détruire, quelque pressant
« que cela puisse être pour moi ; je serai, au contrai-
« re, forcé, par le seul fait que votre construction a
« été achevée il y a un mois, ou un jour, ou peut-

---

(1) *D'autres auteurs*. M. Berriat-Saint-Prix ne voulait
donc pas seulement parler de M. Poncet ; *d'autres auteurs*
déjà avaient été de ce dernier avis, pour lequel le professeur
à la faculté de droit de Paris, marque ici sa prédilection.

(2) *Cours de procédure civile*, 4ᵉ édit., tom. Iᵉʳ, page 118,
note 37.

« être même une heure, d'intenter, contre vous, une
« complainte, d'attendre que le juge ait pu y statuer,
« et de courir le risque de supporter les frais de la
« procédure, si vous êtes hors d'état de me les rem-
« bourser ! »

§ III.

Opinion de Carré (1).

Après avoir établi que, d'après la (1) jurisprudence
de la cour de cassation, l'action en réintégrande ne
peut être portée devant les juges ayant mission de
réprimer les usurpations de terre, les déplacements
de bornes, les destructions de fossés et tous autres
délits détaillés aux articles 445 et 446 du Code pénal, mais quelle doit être préjudiciellement jugée
par le juge de paix, dans l'année, Carré poursuit
ainsi :

« A ces raisons, déduites de la jurisprudence de la
« Cour de cassation, nous ajouterons celles que
« fournissent, en faveur de notre opinion, les lois
« régulatrices de la compétence : celle du 24 août
« 1790, article 10, § II, place les actions possessoi-
« res dans les attributions des juges de paix ; le Code
« de procédure les y place également, article 23 ;
« et ces lois, à la différence de l'article Ier du titre
« 18 de l'ordonnance de 1667, ne distinguent point
« entre la complainte et la réintégrande. »

Puisque l'article 23 du Code de procédure civile,

---

(1) *Les lois de l'organisation et de la compétence des juri-
dictions civiles*, 2e part. liv. 2, tit. Ier., art. 231, n° 209.

qui fait, de la *saisine*, la condition *sine quâ non* de l'action possessoire, *ne distingue pas entre la complainte et la réintégrande ;* nous ne sommes donc pas autorisés à distinguer nous-mêmes entre ces deux actions, et à déclarer celle-ci affranchie de la condition requise pour exercer celle-là : *ubi lex non distinguit, nec nos distinguere debemus.*

§ IV.

Opinion de Toullier (1).

« . . . C'est... un principe reconnu, un principe
« certain dans notre jurisprudence Française, que la
« simple possession ou détention, qui n'a duré qu'un
« instant, qu'un jour, un mois, qui, en un mot, a
« duré moins d'une année, est un fait qui ne confère
« aucun droit au possesseur ou détenteur de la cho-
« se... d'où résulte, par une conséquence nécessaire,
« qu'il n'a aucune action pour s'y faire maintenir ou
« réintégrer; car l'action ne peut naître que d'un
« droit....

« Ceci nous paraît aussi rigoureusement démontré
« qu'un théorème de mathématiques.

« . . . Cependant... l'imposante autorité de M.
« Henrion de Pansey a récemment induit en erreur
« l'auteur d'un très-bon ouvrage, sur le régime des
« eaux, M. Garnier qui enseigne... qu'à la différen-
« ce de la *complainte*, l'action en *réintégrande* n'exige,

---

(1) *Droit civil Français suivant l'ordre du Code civil*, suite du liv. 3ᵉ, tit. IV, Des engagements qui se forment sans convention, chap. 3, sect. Iʳᵉ, nᵒˢ 123 à 137.

« dans celui qui la forme, ni possession annale, ni
« même possession *animo domini.*

« . . . . Tenons... pour maxime certaine aujour-
« d'hui, que celui qui, depuis moins d'une année,
« s'est, de quelque manière que ce soit, emparé de
« la possession d'une chose, n'a point d'action en
« justice pour s'y faire maintenir, ou même réinté-
« grer, s'il vient à être dépossédé avant l'année ré-
« volue...

« . . . Cependant, on avait douté autrefois, sous
« le prétexte que toutes les voies de fait sont défen-
« dues...

« . . . *La voie de fait* est opposée à la *voie de droit,*
« qui est le recours aux tribunaux pour les faire pro-
« noncer sur une prétention contestée.

« La voie de fait prend le nom d'*attentat,*
« lorsque le fait est accompagné de violences, ou
« lorsqu'il entreprend sur les droits d'autrui.

« Tous les attentats sont défendus et punis;...
« la justice et la paix publique l'exigent. Mais la rai-
« son dit qu'il en doit être autrement des simples
« *voies de fait,* c'est-à-dire, des actes que je fais en
« exerçant paisiblement mes droits; car il est tou-
« jours permis d'user de ses droits. Par exemple :
« je cultive paisiblement mon champ; un tiers s'en
« empare et m'en ferme l'accès, par des clôtures et
« autres ouvrages; il y pratique des passages pour
« sa commodité; c'est une voie de fait très répréhen-
« sible. Quelques mois après, sans prévenir ni appe-
« ler le malfaiteur, hors sa présence et sans recou-
« rir à la justice, je détruis les clôtures qui s'oppo-

« sent à mon entrée ; je détruis tous les ouvrages
« qu'il a faits ; je ferme le passage qu'il a pratiqué ;
« c'est encore une voie de fait, mais, en quoi est-elle
« blammable ? J'use de mon droit, je n'attente en rien
« aux droits du malfaiteur qui n'en a aucun. »

§ V.

Opinion de M. Troplong (1).

Droit Romain.

On n'exigeait pas l'année de possession, pour
l'interdit *uti possidetis* ; donc, à plus forte raison,
pout l'interdit *unde vi*, et cependant il fallait justifier
1º d'une possession, soit civile, soit même naturelle
avant la dépossession violente, à moins, sous l'ancien droit, que la violence n'eût été commise avec
armes ; exception qui, par le droit nouveau, est étendu
à tous les cas de violence ; 2º d'une violence atroce,
c'est-à-dire, dirigée contre la personne du possesseur.

Droit Français.

Nos actions possessoires ne dérivent pas de la loi
salique, ainsi que le prétendent Pithou et Henrion
de Pansey.

Le texte invoqué de la loi salique n'a trait qu'à
l'acquisition de la propriété elle-même, acquisition
déclarée complète par suite de la possession con-

______

(1) *Commentaire de la prescription*, chap. 2, nᵒˢ 281 à 312.

tinuée pendant une année. Ces actions remontent au droit Romain qui se modifia en passant dans nos mœurs.

Ainsi, pour être reçu à se plaindre de dessaisine (ancien interdit *recuperandæ possessionis*) et de nouvelleté (ancien interdit *retinendæ possessionis*), il fallait, selon Beaumanoir, être en possession d'an et jour.

Et voilà une grande innovation apportée au droit Romain; la condition, non plus simplement d'une possession, mais d'une *possession d'an et jour*, pour être reçu à exercer l'action possessoire.

Toutefois, suivant le même auteur, il y avait « un cas où l'on pouvait se plaindre au juge, bien « qu'on n'eût pas possédé pendant l'an et jour : « c'était lorsqu'on était expulsé, par force ou violen- « ce; » mais alors le spoliateur pouvait, si, avant le trouble, il avait la possession d'an et jour, inten- ter la complainte, pour s'en faire ressaisir; « ainsi, « l'on peut dire, qu'envisagée sous ce nouveau point « de vue, la réintégrande n'était qu'improprement « appelée action possessoire, puisqu'elle laissait in- « tacte la question de possession. C'était une mesure « d'ordre public introduite pour prévenir, dit Beau- « manoir, *les mouvements de haine et de mortelle* « *guerre.* »

Cette mesure de haute sagesse, dans un temps où un usage barbare autorisait celui que la violence avait dépouillé, à reconquérir, les armes à la main, l'objet qui lui avait été enlevé, trouva place dans l'ordonnance de 1270 et fit règle, pour les tribunaux, même hors des terres de l'obéissance du roi.

Cependant c'était à tort que, dans cette circons-

tance, St-Louis s'était appuyé sur l'importante autorité du droit canonique ; car « jamais les papes
« n'avaient poussé, jusqu'à ce degré de logique in-
« flexible, la maxime *spoliatus ante omnia restituendus,*»
dont le sens exact, dans le droit canon, est tout simplement que l'individu, « dépouillé d'une possession
« légitime, n'est tenu de répondre à aucune demande
« étrangère à la question de spoliation, avant d'être
réintégré. »

Deuxième époque.

Lorsque les coutumes furent rédigées par écrit,
toutes celles qui s'occupaient des actions possessoires
ne firent plus de distinction entre la complainte et la
réintégrande : « en cas de nouvelleté, dit Loisel, se
« faut bien garder de dire qu'on ait été spolié,
« *mais simplement troublé ou déjeté de sa possession*
« *par* force ; » parce que la violence ne fait pas perdre la *saisine.*

Troisième époque.

L'article Ier du titre XVIII, de l'ordonnance de 1667,
sur la procédure civile, ne parle plus de la nécessité
d'avoir possédé, pendant l'an et jour, pour exercer la
complainte, et l'article 2 n'en parle pas davantage,
pourexercer la réintégrande ; d'où Ferrière tira la conséquence que cette ancienne nécessité avait cessé
d'en être une, aussi bien pour la complainte que pour
la réintégrande.

Mais, d'une part, il est certain que ce point ne
peut lui être concédé pour la complainte ; c'est l'avis
de tous les auteurs.

D'autre part, le texte de l'ordonnance n'est pas plus concluant pour la *réintégrande* qu'il ne l'est pour la *complainte*.

Aussi, « Duplessis qui ne faisait plus aucune « distincion entre la réintégrande et la complainte, « voulait-il que, pour l'une et pour l'autre, on eût la « possession d'an et jour; » et telle était également l'opinion de Bourjon.

D'autres auteurs avaient admis cette équitable distinction : que, « si le trouble a été fait par un tiers « n'ayant, dans la chose, ni droit, ni possession, le « possesseur n'était pas obligé de prouver sa pos- « session annale avant le trouble... » ; tandis qu'au contraire « il y était obligé, si c'était le propriétaire « ou précédent possesseur qui fût rentré dans la « possession. »

Quatrième et dernière époque.

L'article **23** du Code de procédure civile « pose « une règle absolue, empruntée au système de Bour- « jon et de Duplessis; il cimente l'alliance définitive « de la complainte avec la réintégrande, en soumet- « tant ces actions aux mêmes conditions.

« Le texte de cet article semble avoir été fait tout « exprès pour faire cesser toutes les divergences.

« Consultez cependant les auteurs, elles n'ont ja- « mais été plus vives ; il suffit, à M. Henrion, du mot « *réintégrande* prononcé par l'ordonnance de 1667 et « par l'article 2060 du Code civil, pour décider que « la réintégrande doit revivre de nos jours, telle « qu'elle était au temps de Beaumanoir; il ne tient « aucun compte des métamorphoses qu'elle a subies

« depuis Simon de Bucy et que les mœurs modernes
« rendaient nécessaires. Son opinion est adoptée par
« M. Duranton, par M. Garnier, par M. Dalloz ; on
« peut l'autoriser d'un arrêt de la Cour de cassation,
« du 10 novembre 1819, rendu sous sa présidence, et
« surtout d'un arrêt de la même Cour, du 28 décem-
« bre. (1) 1826, dont les considérants semblaient un
« combat, *pro aris et focis,* en faveur du savant res-
« pectable qui la présidait (2). »

« Voulez-vous faire un reproche au possesseur an-
« nal de ce qu'il a usé de moyens illégaux pour ren-
« trer dans son droit ? mais le spolié n'avait-il pas
« employé des moyens aussi coupables pour attenter
« au droit d'autrui ?... qu'on calcule le degré de
« culpabilité des deux adversaires : l'un a mis la
« force du côté du droit... l'autre a fait servir la vio-
« lence au soutien de l'injustice ; et c'est celui-ci
« qui l'emporterait sur le premier ! ! !... Ce n'est pas
« ainsi que l'entendait le droit canonique.

« . . . . Sans doute, il est mieux de recourir à la
« justice pour reconquérir ce qu'on a perdu : la pru-
« dence en fait peut-être un devoir ; mais la loi n'en
« impose pas toujours l'obligation. Si d'ailleurs des

---

(1) On lit : *octobre* ; c'est une erreur à rectifier à la page 491
du tome Ier du *Commentaire des prescriptions* de M. Troplong.

(2) Les motifs de ce dernier arrêt sont puissamment réfutés
aux n°s 309 à 311, et cependant, par arrêts des 4 juin 1835, 4e attendu (Devilleneuve, *Recueil général des lois et des arrêts,* tom.
36, 1re part., page 415), et 19 août 1839, (*Journal du palais,* ancienne édit., tom. 112, 2e édit., tom. 72, 3e édit., 1839, tom. 2, p.
188 à 190), la Cour de cassation a persisté dans sa jurisprudence.

« violences punissables ont été commises, le coupa-
« ble recevra, des tribunaux correctionnels, un juste
« châtiment ; mais on ne voudra pas que le droit de
« propriété s'abaisse, même pour un instant, devant
« une flagrante usurpation. Sévissez, par des peines
« efficaces, contre celui qui a troublé l'ordre public ;
« mais n'infligez pas, à la propriété, un détour
« d'action, et une suspension désastreuse, qui n'est
« plus qu'un non-sens et un anachronisme. »

§ VI.

Opinion de Curasson.

« La... question... de savoir si l'article 23 du Code
« de procédure (qui, pour *les actions possessoires*, en
« général, exige que le demandeur justifie de sa
« possession annale) est applicable à la réintégran-
« de aussi bien qu'à la complainte, semblerait ne
« pas être susceptible de discussion, et cependant
« elle a divisé les jurisconsultes. »

Pour l'examen de cette question, Curasson commence par la citation d'Henrion de Pansey, qui,
sur le fondement de la jurisprudence du treizième
siècle, prétend que, s'il faut avoir la *saisine*, c'est-à-
dire, la *possession annale*, pour former la complainte, en cas de simple trouble, il n'en est pas de même
pour intenter la *réintégrande*, en cas de spoliation ;
que celui qui succombe, sur la demande en complainte, ne peut plus agir qu'au pétitoire ; tandis que
la voie possessoire est encore ouverte à celui qui,
par suite d'une demande en *réintégrande*, est condamné à restituer l'objet dont il s'était emparé par
violence.

« Qu'au treizième siècle, reprend Curasson, il ait
« été d'usage... de faire réintégrer le voleur dans la
« possession de l'objet dérobé, sauf ensuite à le pu-
« nir de son méfait; cet usage ne s'accorde guère
« avec nos mœurs!... il est même difficile de se fa-
« miliariser avec l'idée de cette double action, pour
« le même objet; l'une accordée à l'injuste déten-
« teur, afin de se faire rétablir provisoirement dans
« la possession de la chose dont il s'était indûment
« emparé; l'autre appartenant au légitime posses-
« seur, pour être ensuite maintenu dans sa posses-
« sion annale. Nos formes actuelles excluent un
« pareil circuit. Si le possesseur annal, qui n'a fait
« que reprendre l'immeuble dont on l'avait dépossé-
« dé, a le droit d'en réclamer la possession, pour-
« quoi n'y serait-il pas admis, par voie d'exception,
« dans l'instance en réintégrande formée contre lui ?
« par quelle bizarrerie serait-il tenu de restituer
« d'abord une chose qui lui appartient, sauf à se la
« faire rendre ensuite par celui qui en aurait obtenu
« la restitution ?

Pour combattre la jurisprudence de la Cour de
cassation (1), jurisprudence qui a pour base imposante la doctrine d'Henrion de Pansey, et pour
expression complète l'arrêt précité (2) du 28 décembre 1826, Curasson établit en principe que « tout ce

____

(1) Voyez, plus haut, page 69, à la note 2.
(2) Cette jurisprudence est fort respectable, sans doute, mais
tous les auteurs signalent, aux magistrats, le danger de prendre
aveuglément les arrêts pour base de leurs décisions : *non exem-
plis, sed legibus judicandum.*

« qui distingue la complainte en réintégrande, de la
« complainte ordinaire, c'est que, pour exercer
« celle-ci, il suffit d'un trouble de droit, ou d'un
« trouble de fait qui n'aille pas jusqu'à déposséder ;
« tandis que, pour exercer celle-là, il faut que le
« trouble soit allé jusqu'à la dépossession.

« Le trouble, ajoute Curasson, qu'il ait entraîné
« la dépossession, ou qu'il ne soit pas allé jusque-
« là, est toujours une voie de fait exercée, sinon sur
« la personne, du moins sur la chose ; mais, dans ce
« dernier cas, la voie de fait n'est illicite que lors-
« qu'elle a pour but d'usurper la chose d'autrui : rien
« de plus licite, au contraire, que de reprendre sa
« propre chose, à moins que l'on n'emploie, pour
« cela, des violences condamnables, des violences
« qui donnent lieu à une action personnelle, et peu-
« vent être poursuivies par voie civile ou criminelle ;
« mais qui n'ont rien de commun avec l'action réelle
« en complainte ou en réintégrande, dont la posses-
« sion annale est le fondement. »

Et où donc, poursuit, en termes plus développés,
le même auteur, où donc se trouverait un obstacle
à l'application de l'article 23 du Code de procédure
civile, en matière de réintégrande ?

Serait-ce dans la loi du 24 août 1790 ? Mais, sans
nommer la complainte, ni la réintégrande, cette loi
attribuait, aux juges de paix, la connaissance des actions possessoires ; ce qui est le genre, dont la *réintégrande* est l'une des espèces : on en convient et on
est bien forcé d'en convenir ; puisqu'au nombre des
actions possessoires, le 2ᵉ paragraphe de l'article
10 du titre 2 de la loi du 24 août 1790, comme de

l'article 3 du Code de procédure civile, cite nominativement celles pour *déplacement de bornes* et pour *usurpations de terres*, qui, bien évidemment, ne peuvent être que des actions en *réintégrande ?*

Or, l'article 23 du Code de procédure civile ne s'applique-t-il pas à toutes les actions possessoires prévues par l'article 3 du même Code ?

Après avoir réfuté M. Garnier qui voudrait que cet article 23 s'entendît du simple trouble, non de la dépossession, Curasson conclut ainsi :

« Le but évident des auteurs du Code de procédu-
« re a donc été de régler tout ce qui concerne les
« actions possessoires de la compétence des juges de
« paix, c'est-à-dire, la *réintégrande* aussi bien que
« la complainte...

« Et l'article 1041 du même Code, ayant abrogé
« *toutes lois, coutumes, usages et règlements* relatifs à
« la procédure, comment est-il possible de soutenir
« que, pour la *réintégrande*, il faille recourir à d'au
« tres règles que celles tracées, dans ce Code, pour
« les actions possessoires ?

Passant à l'examen de l'ancienne jurisprudence, Curasson démontre, comme l'avait déjà démontré M. Troplong (1), qu'elle ne différait en rien de la nouvelle, et il se résume ainsi :

« La réintégrande n'est autre chose qu'une action
« possessoire ; la règle établie par l'article 23 du
« Code de procédure est donc applicable à cette
« action. Si le contraire eût été décidé par une dis-

---

(1) Voyez, plus haut, pages 67 et 68.

« position de l'ordonnance de 1667, cette disposition
« serait abolie par le Code de procédure ; mais l'or-
« donnance ne parle point de la possession annale, et
« les auteurs enseignent que, sous son empire', cette
« possession était exigée pour la *réintégrande*, aussi
« bien que pour la complainte: le Code de procédure
« n'a donc fait que consacrer cette jurisprudence. »

SECTION TROISIÈME.

Troisième Objection.

« *Il ne veut pas que le consentement des parties puisse*
« *proroger la compétence des juges de paix , ni sous le*
« *rapport de la valeur, ni sous celui du degré, et cela ,*
« *en aucun cas, et en aucune matière* (1). »

Réponse.

Comme je ne puis supposer que M. de Foulan soit
de mauvaise foi dans ses objections, je me vois,
de nouveau, obligé de lui dire qu'il n'a pris qu'une
idée tout-à-fait superficielle de mon livre ; car,
s'il l'avait lu avec quelque attention , il aurait vu (2)
que, sous le rapport du *degré*, la juridiction civile-
judiciaire du juge de paix peut, à mon avis, être
contractuellement prorogée, savoir :

1º En matière d'actions que je nomme de *première classe*, toutes les fois que la loi ne lui dénie
pas le droit d'en connaître, même au premier degré
seulement ;

----

(1) Voyez, plus haut, page 46.
(2) Voyez nº 461 du *Traité*.

2° En matière d'actions que je nomme de *seconde classe*, dans tous les cas, et sans aucune espèce d'exception.

Quant à l'opinion que j'ai soutenue relativement à la prorogation contractuelle, envisagée sous le double rapport, soit du *degré* de la juridiction (1), soit de la *valeur* du litige (2), je dois convenir que, s'écartant du texte qui me paraît limitatif de l'article 7 du Code de procédure civile, une jurisprudence aujourd'hui constante, permet aux parties de proroger expressément la compétence du juge de paix, non seulement sous le rapport du *degré* de la juridiction, mais encore sous celui de la *valeur* du litige.

Pour l'utilité du lecteur, je reproduirai ici les opinions sur lesquelles s'appuye une prorogation, aujourd'hui incontestée ; ce sera l'objet des trois paragraphes suivants :

§ Ier.
Opinion de Carré (3).

« La prorogation volontaire résulte du consente-
« ment des parties ; elle est admissible notamment,
« lorsque l'exercice de la juridiction d'un tribunal
« étant limité par une certaine somme ou valeur, les

---

(1) Voyez, nos 461 et 462 du *Traité*.

(2) Voyez, nos 467 à 472 *ibid*.

(3) Les passages qu'on va lire sont extraits de l'ouvrage intitulé : *Les lois de l'organisation et de la compétence des juridictions civiles*, liv. II, tit. III, art. 259, et ont été sommairement reproduits aux nos 211 et 213 du tit. II, du liv. I, de la 2e partie de l'ouvrage intitulé : *Le droit Français dans ses rapports avec la juridiction des juges de paix*.

« parties consentent, d'une manière expresse et for-
« melle, à ce que ce tribunal connaisse d'une affai-
« re qui excède les bornes de sa compétence...

« Ainsi,... lorsque la compétence d'un tribunal
« n'est pas circonscrite dans un certain genre d'af-
« faires, *ad certum genus causarum*, mais n'a, pour
« limite de ses attributions, que la valeur de l'affaire;
« en d'autres termes, lorsqu'un tribunal a droit de
« connaître *usque ad certam summam*, sa juridiction
« peut être étendue, mais d'un consentement exprès,
« à l'effet de statuer sur une action évaluée à un taux
« supérieur.

« On pourra donc, dit M. Henrion de Pansey,
« en s'appuyant de l'autorité des lois romaines et de
« celle de Voët, porter, devant lui, une demande afin
« de payement d'une somme double ou quadruple ;
« parce que, déjà investi du droit de juger jusqu'à
« concurrence du quart ou de la moitié de la somme
« demandée, il a, par le titre de son office, le ger-
« me, le principe de l'autorité qui lui est nécessaire,
« à l'effet de statuer sur le tout (1).

« Alors, en effet, on ne lui crée pas *une juridic-*
« *tion nouvelle*, comme dans le cas où l'on prorogerait
« sa compétence à une matière qui ne serait pas dans
« ses attributions ; on ne fait que développer un
« germe préexistant. Enfin, on ne fait qu'étendre
« une juridiction légalement constituée, et il est tout
« simple... que la loi se prête ici plus facilement à

____

(1) Ce passage est cité au n° 469 du *Traité*.

« l'extension d'un pouvoir qui est son ouvrage, qu'à
« la création d'une autorité à laquelle elle serait ab-
« solument étrangère (1).

« La même doctrine est fortement soutenue par
« M. Merlin. Cependant il a cité un arrêt de la Cour
« de cassation du 21 juin 1808, comme ayant appli-
« qué la théorie contraire, sur les conclusions de
« l'avocat-général Thuriot (2).

« . . . Il faut remarquer qu'il s'agissait d'une pro-
« rogation de juridiction en justice de paix. Or, M.
« Merlin prouve que le seul motif, qui empêcha de
« la déclarer valable, fut que les parties n'avaient
« pas suivi, pour l'opérer, la forme prescrite par
« l'art. 1er de la loi du 15 octobre 1790, et par l'art.
« 7 du Code de procédure.

« Aussi, depuis l'arrêt de 1808, la Cour de cassa-
« tion a-t-elle, par arrêt du 10 janvier 1809, for-
« mellement appliqué la doctrine de MM. Merlin et
« Henrion de Pansey, en déclarant que la loi auto-
« rise la prorogation de juridiction d'un juge de paix,
« lorsque, comme dans l'espèce, les deux parties
« comparaissent devant lui et lui demandent juge-
« ment, *mais* (3) *sur un objet qui ne sort de sa compé-*
« *tence que par le* DEGRÉ *de la valeur de cet objet.* »

---

(1) Ce passage est cité au n° 469 du *Traité.*
(2) Je les ai rapportées au n° 471 du *Traité.*
(3) J'ai remplacé par *mais* le mot *même*, qui, dans le texte,
met en saillie une idée autre que celle qui, selon nous, est la
dominante.

§ II.

Opinion de M. Augier (1).

« Le droit de proroger appartient, non seulement
« aux parties qui se présentent volontairement, mais
« encore à celles qui comparaissent en vertu d'une
« citation , soit devant un juge incompétent à raison
« du domicile, ou de la situation de l'objet litigieux,
« soit devant un juge *incompétent à raison de la va-
« leur de la demande*. Il faut remarquer, sur ce der-
« nier point, que, bien que l'article 7 du Code de
« procédure n'autorise pas expressément la proro-
« gation de compétence *quoad summam*, c'est-à-dire,
« pour une action dont la valeur excède le taux de
« la juridiction du juge de paix, il est de jurispru-
« dence certaine que les parties peuvent demander
« jugement à ce magistrat; *mais* (2) *sur un objet qui
« ne sort de sa compétence que par le degré de sa valeur*.

« Ainsi, nulle difficulté sur le droit qu'a le juge
« de paix de statuer, par voie de prorogation volon-
« taire, soit en premier, soit en dernier ressort,
« sur toutes les actions personnelles et mobilières ,
« et sur toutes les actions possessoires, sans égard
« à l'importance du litige, au domicile du défendeur,
« ni à la situation de l'objet litigieux... »

---

(1) *Encyclopédie des juges de paix*, au mot *compétence*, §
III, art. II.

(2) Même observation qu'à l'avant-dernière note.

§ III.

Opinion de Curasson (1).

« Quelle que soit l'incompétence des juges de paix,
« lorsque la demande excède les limites de leurs at-
« tributions, néanmoins, dans les affaires dont la
« connaissance leur est dévolue *jusqu'à une certaine*
« *somme*, leur compétence peut être prorogée, c'est-
« à-dire, étendue, par la volonté expresse des par-
« ties.

« Voici ce que disait, à cet égard, la loi des 14-
« 26 octobre 1790, contenant règlement pour la
« procédure en justice de paix, article II : *les parties*
« *pourront toujours se présenter* VOLONTAIREMENT *et*
« *sans citation, devant le juge de paix, en déclarant*
« *qu'elles lui demandent jugement ; auquel cas il pourra*
« *juger leur différend, soit sans appel, dans les matiè-*
« *res où sa compétence est en dernier ressort, soit, à*
« *charge d'appel, dans celles qui excèdent sa compé-*
« *tence, en dernier ressort, et cela,* ENCORE QU'IL NE FÛT
« LE JUGE NATUREL DES PARTIES, NI A RAISON DU DOMI-
« CILE DU DÉFENDEUR, NI A RAISON DE LA SITUATION DE
« L'OBJET LITIGIEUX.

« Cette disposition eut semblé n'accorder, aux
« parties, d'autre faculté que celle de comparaître,
« devant un juge de paix, *sans citation*, et de *fran-*
« *chir les limites de la juridiction territoriale*, sans
« pouvoir, au surplus, étendre la compétence, ni
« en premier, ni en dernier ressort.

---

(1) *Traité de la compétence des juges de paix*, première
partie, sect. II, § V.

« Est survenu le Code de procédure, dont l'arti-
« cle 7 porte : *Les parties pourront toujours se présenter*
« VOLONTAIREMENT *devant un juge de paix, auquel cas*
« *il jugera leur différend, soit en dernier ressort, si la*
« *loi ou les* PARTIES *l'y autorisent, soit à la charge*
« *d'appel,* ENCORE QU'IL NE FUT LE JUGE NATUREL DES
« PARTIES, NI A RAISON DU DOMICILE DU DÉFENDEUR, NI
« A RAISON DE LA SITUATION DE L'OBJET LITIGIEUX :
« *la déclaration des parties qui demanderont jugement,*
« *sera signée par elles, ou mention sera faite si elles ne*
« *peuvent signer.* »

Ce dernier article ne fait, de plus que le précédent, que sanctionner la jurisprudence de la Cour de cassation (1) qui déjà étendait, aux justiciables des juges de paix, la faculté de renoncer à l'appel; faculté que l'article 6 du titre iv de la loi des **16-24 août 1790** accordait déjà aux justiciables des tribunaux de première instance.

Après avoir rappelé la distinction ci-dessus établie (2) entre les juges délégués pour statuer *sur une* « *somme déterminée*, juges dont la compétence peut être étendue, et ceux délégués pour connaître *d'un certain genre d'affaires* ; juges dont le pouvoir ne peut être prorogé, M. Curasson ajoute :

« En appliquant ces principes aux justices de paix,
« il faut distinguer les matières réelles, des actions
« personnelles ou mobilières.

---

(1) Arrêt du 3 frimaire an ix, — *Journal du palais,* 3ᵉ édition, tome ii, page 47.

(2) Voyez, plus haut, pages 75 et 76.

« En matière réelle et immobilière, les juges de
« paix ne sont que des juges délégués pour *un certain*
« *genre d'affaires*... la seule prorogation possible,...
« est donc la renonciation à l'appel du jugement à
« rendre au possessoire...

« A l'égard des actions personnelles et mobilières,
« les juges de paix sont des juges délégués pour sta-
« tuer *sur une somme déterminée :* les parties peuvent
« donc, non seulement renoncer à l'appel, elles sont
« libres de proroger indéfiniment la compétence du
« juge de paix ; de l'investir du droit de statuer sur
« ces actions, en premier ou en dernier ressort, et
« quelle que soit la valeur de la demande... »

SECONDE PARTIE.

Cette seconde partie comprendra, en autant de titres :

1° le texte annoté; 2° la table alphabétique; 3° la synopsie de la loi du 25 mai 1838.

TITRE PREMIER.

Texte annoté de la loi du 25 mai 1838.

Dans un premier chapitre, j'exposerai, en trois sections, d'abord l'historique, puis le texte, et enfin le résumé de la loi du 25 mai 1838.

Dans un second chapitre, je reprendrai, l'un après l'autre, pour les expliquer, chacun des articles de la loi du 25 mai 1838.

CHAPITRE PREMIER.

SECTION PREMIÈRE.

Historique de la loi du 25 mai 1838.

En 1832, un honorable député (1) éleva la voix en faveur du complément des longtemps promis (2),

---

(1) M. de la Pinsonnière.
(2) Par l'art. 9 du tit. iii de la loi des 16-24 août 1790.

dès longtemps sollicité (1), de la juridiction des juges de paix ; ses paroles eurent du retentissement ; la question, d'abord restreinte aux juges de paix, ne se borna plus à leur seule compétence ; elle s'étendit à celle des tribunaux d'arrondissement, et, par suite, aux Cours royales. C'est à cette gradation que nous dûmes le *projet de loi relatif à l'organisation judiciaire* (2).

Élaboré en l'année 1834, au sein du conseil d'État, ce projet fut, le 23 janvier 1835, soumis, par le garde-des-sceaux d'alors, M. Persil, aux délibérations de la Chambre des députés.

« . . . Dans un travail aussi remarquable par la
« sagesse des observations que par la noblesse des
« pensées et l'élévation du langage, M. Amilhau ren-
« dit un compte fidèle de l'esprit du projet et des
« amendements qui avaient été délibérés par la com-
« mission ; ces amendements étaient nombreux et
« importants ; ils changeaient la physionomie entière
« du projet dont ils débordaient les bases, par des in-
« novations plus larges et plus hardies (3). »

Ces amendements inspirèrent, au ministre, la pensée de consulter toutes les Cours du royaume, qui répondirent, à cet honorable appel, par de précieux documents.

----

(1) Par la Cour de cassation, dès l'année 1806.

(2) *Examen critique et commentaire de la loi sur les justices de paix*, par M. Moureau (de Vaucluse), première observation, page 11.

(3) *Traité des justices de paix*, par M. Benech, page 9.

Soumis à l'examen d'une nouvelle commission, le projet du gouvernement paraissait destiné à subir enfin l'épreuve d'une discussion solennelle, quand tout-à-coup il fut retiré par le nouveau garde-des-sceaux, M. Sauzet (1).

Rentré au ministère, M. Persil crut reconnaître que les proportions de son œuvre s'harmonisaient peu avec nos formes législatives (2); il la démembra et, le 6 janvier 1837, il apportait, à la Chambre des députés, le projet de loi relatif aux justices de paix.

M. Persil ne tarda pas à se retirer de nouveau; son successeur, M. Barthe fit, à la Chambre des pairs, la présentation du projet adopté par celle des députés, et, ce projet, ayant donné lieu à de graves débats, ne put être sanctionné que dans le cours de la session suivante.

----

(1) Ordonnance du 9 mars 1836.

(2) « Qui ne sait que des amendements, plus d'une fois im-« provisés, viennent subitement briser tout l'ensemble d'un « projet, et que la tribune est aussi fréquemment occupée par « des orateurs dont les intentions sont pures, sans doute, « mais qui ont à se reprocher d'aspirer au titre de législateurs, « avant d'avoir mérité celui de jurisconsultes? Ne dirait-on pas, « lorsqu'on suit avec attention la marche des idées et la série « des résolutions, que, malgré tout leur désir de bien faire, les « Chambres tiennent en réserve toute leur ardeur et toute leur « énergie, pour les controverses politiques, et que, pour les « questions de pur droit civil, il ne leur reste qu'une atten-« tion généralement languissante... » (M. Bénech, *Traité des justices de paix*, page 18).

SECTION DEUXIÈME.

Texte de la loi du 25 mai 1838.

Art. 1er. Les juges de paix connaissent de toutes actions purement personnelles ou mobilières, en dernier ressort, jusqu'à la valeur de cent francs, et, à charge d'appel, jusqu'à la valeur de deux cents francs.

Art. 2. Les juges de paix prononcent, sans appel, jusqu'à la valeur de cent francs, et, à charge d'appel, jusqu'au taux de la compétence, en dernier ressort, des tribunaux de première instance:

Sur les contestations entre les hôteliers, aubergistes ou logeurs, et les voyageurs ou locataires en garni, pour dépense d'hôtellerie et perte ou avarie d'effets déposés dans l'auberge ou dans l'hôtel;

Entre les voyageurs et les voituriers ou bateliers, pour retards, frais de route et perte ou avarie d'effets accompagnant les voyageurs;

Entre les voyageurs et les carrossiers ou autres ouvriers, pour fournitures, salaires et réparations faites aux voitures de voyage.

Art. 3. Les juges de paix connaissent, sans appel, jusqu'à la valeur de cent francs, et, à charge d'appel, à quelque valeur que la demande puisse s'élever:

Des actions en payement de loyers ou fermages; des congés; des demandes en résiliation de baux, fondées sur le seul défaut de payement des loyers ou fermages; des expulsions de lieux, et des demandes en validité de saisie-gagerie; le tout, lorsque les locations verbales ou par écrit n'excèdent pas annuellement, à Paris, quatre cents francs, et deux cents francs, partout ailleurs

Si le prix principal du bail consiste en denrées ou prestations en nature, appréciables d'après les mercuriales, l'évaluation sera faite sur celles du jour de l'échéance, lorsqu'il s'agira du payement des fermages; dans tous les autres cas, elle aura lieu suivant les mercuriales du mois qui aura précédé la demande.

Si le prix principal du bail consiste en prestations non appréciables d'après les mercuriales, ou s'il s'agit de baux à colons partiaires, le juge de paix déterminera la compétence, en prenant pour base du revenu de la propriété, le principal de la contribution foncière de l'année courante, multiplié par cinq.

Art. 4. Les juges de paix connaissent, sans appel, jusqu'à la valeur de cent francs, et, à charge d'appel, jusqu'au taux de la compétence en dernier ressort des tribunaux de première instance :

1° Des indemnités réclamées, par le locataire ou fermier, pour non jouissance provenant du fait du propriétaire, lorsque le droit à une indemnité n'est pas contesté ;

2° Des dégradations et pertes, dans les cas prévus par les articles 1732 et 1735 du Code civil.

Néanmoins, le juge de paix ne connaît des pertes causées par incendie ou inondation que dans les limites posées par l'article 1er de la présente loi.

Art. 5. Les juges de paix connaissent également, sans appel, jusqu'à la valeur de cent francs, et, à charge d'appel, à quelque valeur que la demande puisse s'élever :

1° Des actions pour dommages faits aux champs, fruits et récoltes, soit par l'homme, soit par les animaux, et de celles relatives à l'élagage des arbres ou haies, et au curage, soit des fossés, soit des canaux servant à l'irrigation des propriétés ou au mouvement des usines, lorsque les droits de propriété ou de servitude ne sont pas contestés ;

2° Des réparations locatives des maisons ou fermes, mises, par la loi, à la charge du locataire ;

3° Des contestations relatives aux engagements respectifs des gens de travail au jour, au mois et à l'année, et de ceux qui les emploient ; des maîtres et des domestiques, ou gens de service à gages ; des maîtres et de leurs ouvriers ou apprentis, sans néanmoins qu'il soit dérogé aux lois et règlement relatifs à la juridiction des prud'hommes ;

4° Des contestations relatives au payement des nourrices, sauf ce qui est prescrit par les lois et règlements d'administration publique, à l'égard des bureaux de nourrices de la ville de Paris et de toutes les autres villes ;

5° Des actions civiles pour diffamation verbale et pour injures publiques ou non publiques, verbales ou par écrit, autrement que par la voie de la presse ; des mêmes actions pour rixes ou voies de fait ; le tout lorsque les parties ne se sont pas pourvues par la voie criminelle.

Art. 6. Les juges de paix connaissent, en outre, à charge d'appel :

1° Des entreprises commises, dans l'année, sur les cours d'eau servant à l'irrigation des propriétés et au mouvement des usines et moulins, sans préjudice des attributions de l'autorité administrative dans les cas déterminés par les lois et par les règlements ; des dénonciations de nouvel œuvre, complaintes, actions en réintégrande et autres actions possessoires fondées sur des faits également commis dans l'année ;

2° Des actions en bornage et de celles relatives à la distance prescrite par la loi, les règlements particuliers et l'usage des lieux, pour les plantations d'arbres ou de haies, lorsque la propriété ou les titres qui l'établissent ne sont pas contestés ;

3° Des actions relatives aux constructions et travaux énoncés dans l'article 674 du Code civil, lorsque la propriété ou la mitoyenneté du mur ne sont pas contestées ;

4° Des demandes en pension alimentaire n'excédant pas cent cinquante francs par an, et seulement lorsqu'elles seront formées en vertu des articles 205, 206 et 207 du Code civil.

Art. 7. Les juges de paix connaissent de toutes les demandes reconventionnelles ou en compensation qui, par leur nature ou leur valeur, sont dans les limites de leur compétence, alors même que, dans les cas prévus par l'article 1er, ces demandes, réunies à la demande principale, s'élèveraient au-dessus de deux cents francs. Ils connaissent, en outre, à quelque somme qu'elles puissent monter, des demandes reconventionnelles en dommages-intérêts fondées exclusivement sur la demande principale elle-même.

Art. 8. Lorsque chacune des demandes principales, reconventionnelles ou en compensation, sera dans les limites de la compétence du juge de paix, en dernier ressort, il prononcera sans qu'il y ait lieu à appel.

Si l'une de ces demandes n'est susceptible d'être jugée qu'à charge d'appel, le juge de paix ne prononcera, sur toutes, qu'en premier ressort.

Si la demande reconventionnelle ou en compensation excède les limites de sa compétence, il pourra, soit retenir le jugement de la demande principale, soit renvoyer, sur le tout, les parties à se pourvoir devant le tribunal de première instance, sans préliminaire de conciliation.

Art. 9. Lorsque plusieurs demandes, formées par la même partie, seront réunies dans une même instance, le juge de paix ne prononcera qu'en premier ressort, si leur valeur totale s'élève au-dessus de cent francs, lors même que quelqu'une de ces demandes serait inférieure à cette somme. Il sera incompétent sur le tout, si ces demandes excèdent, par leur réunion, les limites de sa juridiction.

Art. 10. Dans les cas où la saisie-gagerie ne peut avoir lieu qu'en vertu de permission de justice, cette permission sera accordée par le juge de paix du lieu où la saisie devra être faite, toutes les fois que les causes rentreront dans sa compétence.

S'il y a opposition de la part des tiers, pour des causes et pour des sommes qui, réunies, excéderaient cette compétence, le jugement en sera déféré aux tribunaux de première instance.

Art. 11. L'exécution provisoire des jugements sera ordonnée dans tous les cas où il y a titre authentique, promesse reconnue, ou condamnation précédente dont il n'y a point eu appel.

Dans tous les autres cas, le juge pourra ordonner l'exécution provisoire, nonobstant appel, sans caution, lorsqu'il s'agira de pension alimentaire, ou lorsque la somme n'excédera pas trois cents francs, et avec caution, au-dessus de cette somme.

La caution sera reçue par le juge de paix.

Art. 12. S'il y a péril en la demeure, l'exécution provisoire pourra être ordonnée, sur la minute du jugement, avec ou sans caution, conformément aux dispositions de l'article précédent.

Art. 13. L'appel des jugements des juges de paix ne sera recevable, ni avant les trois jours qui suivront celui de la prononciation des jugements, à moins qu'il n'y ait lieu à exécution provisoire, ni après les trente jours qui suivront la signification à l'égard des personnes domiciliées dans le canton.

Les personnes domiciliées hors du canton auront, pour interjeter appel, outre le délai de trente jours, le délai réglé par les articles 73 et 1033 du Code de procédure civile.

Art. 14. Ne sera pas recevable l'appel des jugements mal à

propos qualifiés en premier ressort, ou qui, étant en dernier ressort, n'auraient point été qualifiés.

Seront sujets à l'appel les jugements qualifiés en dernier ressort, s'ils ont statué, soit sur des questions de compétence, soit sur des matières dont le juge de paix ne pouvait connaître qu'en premier ressort.

Néanmoins, si le juge de paix s'est déclaré compétent, l'appel ne pourra être interjeté qu'après le jugement définitif.

Art. 15. Les jugements rendus par les juges de paix ne pourront être attaqués, par la voie du recours en cassation, que pour excès de pouvoir.

Art. 16. Tous les huissiers d'un même canton auront le droit de donner toutes les citations et de faire tous les actes devant la justice de paix. Dans les villes où il y a plusieurs justices de paix, les huissiers exploitent concurremment dans le ressort de la juridiction assignée à leur résidence. Tous les huissiers du même canton seront tenus de faire le service des audiences et d'assister le juge de paix toutes les fois qu'ils en seront requis; les juges de paix choisiront leurs huissiers audienciers.

Art. 17. Dans toutes les causes, excepté celles où il y aurait péril en la demeure et celles dans lesquelles le défendeur serait domicilié hors du canton ou des cantons de la même ville, le juge de paix pourra interdire, aux huissiers de sa résidence, de donner aucune citation en justice, sans qu'au préalable il ait appelé, sans frais, les parties devant lui.

Art. 18. Dans les causes portées devant la justice de paix, aucun huissier ne pourra, ni assister comme conseil, ni représenter les parties en qualité de procureur fondé, à peine d'une amende de vingt-cinq à cinquante francs, qui sera prononcée, sans appel, par le juge de paix.

Ces dispositions ne seront pas applicables aux huissiers qui se trouveront dans l'un des cas prévus par l'article 86 du Code de procédure civile.

Art. 19. En cas d'infraction aux dispositions des articles 16, 17 et 18, le juge de paix pourra défendre, aux huissiers du canton, de citer, devant lui, pendant un délai de quinze jours à trois mois, sans appel et sans préjudice de l'action disciplinaire des tribunaux et des dommages-intérêts des parties, s'il y a lieu.

Art. 20. Les actions concernant les brevets d'invention seront portées, s'il s'agit de nullité ou de déchéance des brevets, devant les tribunaux civils de première instance; s'il s'agit de contre-façon, devant les tribunaux correctionnels.

Art. 21. Toutes les dispositions des lois antérieures, contraires à la présente loi sont abrogées.

Art. 22. Les dispositions de la présente loi ne s'appliqueront pas aux demandes introduites avant sa promulgation.

Fait au palais des Tuileries, le 25 mai 1838.

Signé LOUIS-PHILIPPE.

Par le Roi.

Le Garde-des-Sceaux de France,

Ministre Secrétaire d'État au département de la Justice et des Cultes,

Signé BARTHE.

SECTION TROISIÈME.

Résumé de la loi du 25 mai 1838.

Ce n'est point un Code complet des attributions dévolues aux juges de paix (1) que nous avons à résumer, c'est un remaniement des articles 9 et 10 du titre III de la loi des 16-24 août 1790; c'est une modification, soit des articles 9, 16, 17, 53 et 819 du Code de procédure civile, soit de l'article 77 de la loi du 27 ventôse an VIII; c'est une abrogation de l'article 10 du titre II de la loi des 14-25 mai 1791.

Entrons dans le détail.

Les articles 1 à 6 de la loi du 25 mai 1838 assignent de nouvelles bases à la compétence des juges de paix; ainsi : l'article premier de cette loi est substitué à l'article 9, précité, de la loi de 1790; les articles 2 et 3 contiennent des innovations dont la dernière surtout était vivement désirée; les articles 4, 5 et 6 reproduisent, dans un autre ordre, et avec de nombreuses additions, les divers paragraphes de l'article 10 du titre III de la loi des 16-24 août 1790.

Les articles 7 à 9 déterminent, avec une précision mathématique, le mode de computation auparavant moins arrêté, des demandes, tant principales que reconventionnelles.

L'article 10 confère, au juge de paix, lorsque la cause ne sort pas du cercle de ses attributions, un

---

(1) Peut-être que, Dieu aidant, il nous sera donné de publier bientôt ce *Code complet des attributions dévolues aux juges de paix*; ouvrage qui aura la même forme que notre *Synopsie du Code civil annoté*, et qui est entièrement terminé.

pouvoir jusque-là exclusivement réservé, par l'article 819 du Code de procédure civile, au président du tribunal de première instance.

Les articles 11 à 14 prennent la place des articles 16 et 17 du Code de procédure civile, relatifs à l'exécution des jugements et aux appels.

L'article 15 modifie l'article 77 de la loi du 27 ventôse an VIII, qui permettait le recours en cassation, pour la simple incompétence, aussi bien que pour l'excès de pouvoir.

L'article 16 brise un monopole devenu odieux et que la nouvelle extension de la juridiction du juge de paix aurait rendu intolérable ; puis elle raffermit le lien disciplinaire qu'une telle innovation aurait pu relâcher.

L'article 17 protège, sans le commander, l'usage des cédules, autrefois ordonné, uniquement dû aujourd'hui à la sollicitude toute paternelle du juge essentiellement conciliateur.

L'article 18 est puisé dans les anciennes préventions légales s'attachant à tout homme d'affaire qui ose franchir le seuil d'un temple de paix.

L'article 19 apporte une nouvelle sanction aux sages prohibitions contenues dans les trois articles qui précèdent.

L'article 20 enlève, aux juges de paix, la répression du trouble apporté, dans l'exercice de son droit privatif, au propriétaire d'un brevet d'invention ; répression que lui conférait l'article 10 du titre II de la loi des 14-25 mai 1791.

L'article 21 proclame la maxime de tous les temps : *leges posteriores prioribus derogant.*

Enfin, l'article 22 reconnaît cette autre maxime, de stricte équité, consignée dans l'article 2 de notre Code civil : *La loi ne dispose que pour l'avenir; elle n'a point d'effet rétroactif.*

CHAPITRE SECOND.

ARTICLE PREMIER.

Art. 1er Les juges de paix connaissent de toutes actions purement personnelles ou mobilières, en dernier ressort, jusqu'à la valeur de cent francs, et, à charge d'appel, jusqu'à la valeur de deux cents francs.

Commentaire.

Pour expliquer cet article, nous établirons un parallèle entre chacune de ses dispositions et la disposition correspondante de l'article 9 du titre III de la loi des 16-24 août 1790, article dont voici le texte :

« *Le juge de paix... connaîtra... de toutes les causes purement personnelles et mobilières, sans appel, jusqu'à la valeur de cinquante livres , et, à charge d'appel, jusqu'à la valeur de cent livres... les législatures pourront élever le taux de cette compétence* (1). »

1er parallèle.

Loi de 1790 : *de toutes les* CAUSES.
Loi de 1838 : *de toutes les* ACTIONS.

---

(1) Le commentaire de ce texte fait l'objet des nos 10 à 119 du *Traité.*

« Dans ce texte, dit M. Henrion de Pansey, com-
« mentant l'ancien article (1), le mot *causes* est em-
« ployé comme synonime d'*actions*, et cela s'expli-
« que très-naturellement ; c'est que la loi a été ré-
« digée par un avocat de Rouen, M. Thouret, et
« que, dans plusieurs textes de la coutume de Nor-
« mandie, ces deux expressions sont employées in-
« différemment. »

Si, dans la coutume de Normandie, le mot *cause*
est souvent employé pour *action*, il faut convenir
que ce dernier mot présente, dans le langage général du droit, un sens plus approprié à la chose qu'il
s'agissait de préciser ici.

2e parallèle.

Loi de 1790 : *purement personnelles* ET *mobilières.*
Loi de 1838 : *purement personnelles* OU *mobilières.*

Ainsi que nous l'avons fait remarquer, au n° 19 du
Traité, les expressions : *purement personnelles et mobilières* de l'ancien article signifiaient, non pas que
le juge de paix pût connaître, et de toutes les
actions *purement personnelles*, et de toutes les actions
purement mobilières; mais qu'au contraire il ne pouvait connaître des actions même *purement personnelles*, qu'autant qu'elles étaient aussi *purement mobilières*, et aujourd'hui qu'on ne peut douter que
telle encore a été la pensée du législateur, les expressions du nouvel article nous paraissent manquer de la précision désirable.

---

(1) *De la compétence du juge de paix*, onzième édition,
p. 74, à la note.

Je sais que cette locution : *action purement personnelle* ou *mobilière* est empruntée de l'article 2 du Code de procédure civile ; mais cela ne peut suffire pour la justifier. Car le même reproche qu'ici j'adresse à la loi du 25 mai 1838, je puis l'adresser au Code de procédure civile.

Je sais aussi que, pour M. Bénech (1), la substitution, de la disjonction ou, à la conjonction ET, n'offre pas une grande importance.

Le lecteur en jugera autrement, sans doute, lorsqu'il saura que, de cette substitution, MM. Masson fils (2) et Dalloz jeune (3) ne craignent pas de tirer la conséquence qu'à l'avenir il suffira, que l'action ait l'un ou l'autre de ces deux caractères, ou *d'action purement personnelle*, ou *d'action purement mobilière*, pour que le juge de paix ait le droit d'en connaître.

Cette conséquence, très-légitimement déduite de la disjonctive ou, justifierait les deux propositions suivantes :

1re proposition.

Jusqu'à la valeur de 200 francs, le juge de paix a caractère pour connaître de toute action purement personnelle.

---

(1) *Traité des justices de paix*, p. 34.

(2) *Commentaire raisonné de la loi du 25 mai* 1838, page 3.

(3) *Dictionnaire général et raisonné de législation, de doctrine et de jurisprudence*, partie supplémentaire, — *Compétence civile des juges de paix*, art. 1er, n° 4.

2ᵉ proposition.

Jusqu'à la valeur de 200 francs, le juge de paix a caractère pour connaître de toute action purement mobilière.

Or, de ces deux propositions, la seconde ne souffre aucune difficulté ; tandis que la première est absolument insoutenable.

Je dis que *la seconde proposition ne souffre aucune difficulté* ; et, en effet : l'action mobilière peut être personnelle ou réelle, *personnelle* lorsqu'elle dérive d'un contrat, ou d'un quasi-contrat, d'un délit, ou d'un quasi-délit (1), *réelle* lorsqu'elle dérive d'un droit sur la chose ; tel que celui conféré, soit par l'article 2102, 1°, 5ᵉ alinéa du Code civil, soit par l'article 2279, 2ᵉ alinéa du même Code (2).

Mais, quelle soit personnelle, ou qu'elle soit réelle, c'est toujours, sous forme d'action personnelle, c'est-à-dire, en s'adressant à la personne qui détient l'objet réclamé, que l'action mobilière doit être intentée (3),

Et telle est la raison pour laquelle, ainsi que le reconnaît M. Bénech (4), par opposition au sens légal des expressions *actions personnelles, actions mobilières,*

---

(1) *Les lois de la procédure civile*, par Carré, art. 2, page 6.

(2) *Traité des tribunaux civils de première instance*, par M. Bénéch, page 68.

(3) Voyez, n° 20 du *Traité.*

(4) *Traité des tribunaux civils de première instance*, p. 67.

les textes de nos lois considèrent, le plus souvent, l'expression *actions, réelles* comme synonyme de celle *actions immobilières*.

Je dis que *la première proposition est absolument insoutenable*.

Qui oserait, soutenir, en effet, que l'action en relâchement d'un immeuble, action qui, dans certaines circonstances, est *purement personnelle*, ainsi que je l'ai démontré par rapport à l'action *empti* (1) ; qui oserait, dis-je, soutenir qu'une telle action fût de la compétence du juge de paix ?

Je sais que, dans le *Dictionnaire de jurisprudence* de M. Armand Dalloz (2), on lit cette singulière proposition (3): que toute action *personnelle* est nécessairement *mobilière* ; proposition qui est en opposition formelle, soit avec cette autre parfaitement rationnelle de M. Bénech (4), qu'une action peut être *mobilière* sans être *personnelle*, et *réciproquement*, soit avec cette autre, de M. Dalloz lui-même (5), que le juge de paix est incompétent pour statuer sur une action en déguerpissement d'un immeuble vendu, intentée, par l'acquéreur contre le vendeur, quoique ce dernier soutienne que le contrat lui a été extor-

______

(1) Voyez, plus haut, pages 34 et 37, à la note.

(2) Aux mots : *Compétence civile* , n° 359.

(3) De la part d'un auteur si recommandable que M. Dalloz , une telle proposition doit être considérée comme une de ces rares distractions qui échappent même aux bons esprits, mais qui sont toujours faciles à reconnaître.

(4) *Traité des tribunaux civils de première instance*, p. 68.

(5) *Dictionnaire de jurisprudence*, aux mots : *compétence civile* , n° 372.

qué ; ce qui est précisément le cas de l'action *personnelle immobilière* EMPTI dont nous nous sommes fort au long expliqué plus haut (1).

Tirons la conséquence.

Par *actions purement personnelles ou mobilières*, dont le juge de paix a le droit de connaître jusqu'à la valeur de 200 francs, on doit entendre, non pas indistinctement, et toutes les *actions purement personnelles*, et toutes les *actions purement mobilières* ; mais seulement toutes les *actions purement mobilières*, qu'elles soient personnelles ou qu'elles soient réelles ; jamais les *actions immobilières*, alors même quelles seraient *purement personnelles*.

3e paralléle.

Loi de 1790
- *sans appel, jusqu'à la valeur de* CINQUANTE LIVRES ;
- *à charge d'appel, jusqu'à la valeur de* CENT LIVRES ;
- *la législature pourra élever le taux de cette compétence.*

Loi de 1838
- *en dernier ressort, jusqu'à la valeur de* CENT FRANCS ;
- *à charge d'appel, jusqu'à la valeur de* DEUX CENTS FRANCS.

Après avoir, dans une première section, montré, par quelques passages des discours prononcés, au

---

(1) Voyez. pages 29 à 36.

sein des deux Chambres, l'esprit qui a présidé à l'élévation du taux de la compétence, nous nous livrerons, dans une seconde, à l'examen de deux questions.

SECTION PREMIÈRE.

Elévation du taux de la compétence.

§ Ier.

Discours de M. Amilhau (1).

« . . . En réglant les attributions des justices de
« paix, l'assemblée constituante avait laissé aux pou-
« voirs qui devaient lui succéder, le soin d'étendre
« la compétence.

« Dès l'année 1806, forte de son expérience, la
« Cour de cassation demandait l'extension de cette
« compétence; depuis cette époque, les chefs de la
« magistrature, les publicistes, les jurisconsultes et
« les conseils généraux l'ont sans cesse réclamée,
« comme étant en harmonie, non-seulement avec nos
« besoins, mais encore avec nos mœurs. »

§ II.

Discours de M. Barthe (2).

« . . . Il suffirait... de la dépréciation qu'a subie
« le signe monétaire, et de la diminution qui est
« survenue dans le prix des valeurs mobilières, pour
« que le cercle si restreint dans lequel se trouve
« renfermée la juridiction des tribunaux de paix dût

______

(1) Chambre des députés, séance du 6 avril 1838.
(2) Chambre des pairs, séance du 8 mai 1837.

« être agrandi ; ne pas tenir compte de ces varia-
« tions, ce serait rester même au-dessous des limi-
« tations arrêtées en 1790 ; puisque 50 et 100 francs
« du moment actuel, ne représentent pas les 50 et 100
« livres de cette époque. »

§ III.

Discours de M. Rénouard (1).

« L'extension de cette compétence a été générale-
« ment réclamée...... on a tiré argument de la haus-
« se qu'ont éprouvée les évaluations monétaires, et
« de l'augmentation de richesses que la France a
« trouvée dans les progrès des sciences et de l'in-
« dustrie, dans les développements du commerce,
« dans l'amélioration, trop lente, sans doute, mais
« réelle de l'agriculture... »

§ IV.

Discours de M. Gasparin (2).

« Après avoir cédé à l'entraînement général qui
« réclamait l'extension des attributions des juges de
« paix, l'on a cherché à motiver, à formuler cet en-
« traînement. La cause n'en est pas, comme on a
« voulu quelquefois le dire, dans l'accroissement de
« valeur des choses nécessaires à la vie. En effet : le
« prix du blé, base de la nourriture de notre popula-
« tion, est le même qu'en 1789 ; le vin, les étoffes
« ont diminué de prix ; mais il est vrai de dire qu'une

---

(1) Chambre des députés, séance du 29 mars 1837.
(2) Chambre des pairs, séance du 19 juin 1837.

« plus grande aisance a imposé un plus grand nom-
« bre de besoins; que la nourriture est plus choisie,
« les vêtements meilleurs et plus souvent renouvelés;
« que les habitudes sont plus solides, plus saines, le
« mobilier d'une plus grande valeur; en un mot, que,
« bien que chaque article de la dépense, comparé,
« dans les mêmes qualités, ait baissé de prix, com-
« parativement à la fin du siècle dernier, cependant,
« la vie est plus chère, parce qu'elle est meilleure.
« L'élévation des salaires en est la mesure et la preu-
« ve : il s'en suit nécessairement que les transactions
« ont lieu sur de plus grandes valeurs; que les con-
« testations ont pour objet des sommes plus considé-
« rables, et qu'ainsi il est vrai de dire que l'impor-
« tance des affaires fixées au maximum de 50 francs,
« n'est plus la même qu'en 1789. Cet effet se porte-t-
« il au double de ce qu'il était alors, et motive-t-il
« suffisamment l'augmentation proposée? cela pour-
« rait être douteux; mais si l'on fait entrer, en ligne
« de compte, le prix que le temps a acquis pour tous
« les hommes de ce siècle d'industrie et d'entrepri-
« se, et les avantages qu'ils peuvent retirer d'une
« abréviation de formes, on pourra se convaincre
« que le maximum de 100 francs, d'aujourd'hui, n'a
« pas une importance plus grande que celui de 50
« francs, à la fin du siècle dernier. »

SECTION DEUXIÈME.

Examen de deux questions.

§ Ier.

Ire Question.

Si, au moyen de payements antérieurs à l'action intentée, une obligation de plus forte somme se trouvait réduite à 200 francs, le juge de paix pourrait-il en connaître ?

L'affirmative a été jugée par arrêt de la cour régulatrice, du 2 février 1814, répond M. Moureau de Vaucluse (1).

M. Moureau ne se serait-il pas mépris sur le véritable sens de l'arrêt précité? Rendu sous l'empire de la loi des 16-24 août 1790, cet arrêt a décidé qu'une demande, ayant pour objet le payement d'une somme de 27 francs, s'il faut en croire Sirey (2), ou de 28 fr. s'il faut en croire M. Ledru-Rollin (3), restant due sur une somme de 67 francs, 40 centimes, était de la compétence souveraine du juge de paix(4).Que peut-on en conclure autre chose, sinon, que, depuis la loi nouvelle, le juge de paix serait compétent pour pronon-

---

(1) *Examen critique et commentaire de la loi du 25 mai 1838*, page 63.

(2) *Recueil général des lois et des arrêts*, tom. 14, Ire part., page 263.

(3) *Journal du palais*, 3e édition, tom. 12, page 74.

(4) Deux autres arrêts appliquent le même principe à des tribunaux de première instance ; ce sont ceux des 15 mars 1813 et 27 janvier 1821.–Sirey, tom. 15, Ire part., pages 428 à 430, et tom. 27, 2e part., page 137.

cer souverainement sur une demande ayant pour objet une somme n'excédant pas 100 francs, et formant le reliquat d'une somme n'excédant pas 200 francs ? On ne peut donc pas en conclure que le juge de paix serait compétent pour prononcer, même au premier degré seulement, sur une demande ayant pour objet une somme, à la vérité n'excédant pas 100 francs, mais formant le reliquat d'une somme excédant 200 francs.

Autre chose est, en effet, l'incompétence sous le rapport de la valeur, autre chose, l'incompétence sous le rapport du *degré* ; jamais le tribunal civil d'arrondissement n'est frappé de la première ; la seconde, au contraire, lui est commune avec les justices de paix ; la première, qui est particulière aux juges de paix, est absolue (1); puisqu'elle leur enlève le pouvoir de juger, à moins qu'ils n'en soient relevés par la volonté formellement exprimée des parties (2): la seconde, au contraire, n'est que relative, en ce qu'elle ouvre seulement la voie de l'appel.

Comment donc, sans inconséquence, conclure de l'un des cas à l'autre ; de l'incompétence *degré*, que le simple silence, gardé pendant les délais d'appel, fait disparaître, à l'incompétence *valeur*, que le consentement formel des parties peut seul effacer.

Cependant, si nous recourons au *Dictionnaire gé-*

---

(1) Arrêts des 22 juin 1808 et 20 mai 1829, *Journal du palais,* 3ᵉ édit., tom. vi, page 757, et tom. xxii, page 1035.

(2) Arrêts des 21 décembre 1822 et 4 juillet 1827, Sirey, tom. 23, 2ᵉ part., pages 192 à 193, et tom. 27, 2ᵉ part., page 182.

néral et raisonné de M. Dalloz jeune, *partie supplé-mentaire* (1), nous lisons la notice suivante :

« La demande doit s'entendre de ce qui fait l'objet « de la contestation actuelle; de sorte que la de- « mande, dès qu'elle n'excède pas 200 francs, est « de la compétence du juge de paix, bien que la « somme demandée ne soit que le reliquat d'une « somme plus forte, et que le juge ait à examiner un « titre qui contenait une obligation originaire excé- « dant sa compétence. »

Ici, point d'équivoque, la question que nous nous sommes proposée est franchement abordée et litté-ralement résolue.

A vrai dire, cette notice, ainsi qu'on en est averti par un renvoi, s'appuie sur des décisions intervenues au sujet du simple degré de la compétence.

Mais déjà c'est une preuve que l'induction, par nous critiquée, de M. Moureau, a paru concluante à M. Dalloz; ajoutons qu'elle n'a point paru moins concluante à tous ceux que se sont occupé de la question.

Et comment pourrait-il en être autrement, quand déjà, en matière de *prorogation de compétence* (2), on assimile la *compétence-valeur* à la *compétence-quotité*?

Nous l'avouons, quelques protestations que nous ayons faites contre une pareille assimilation, nous sommes résignés à en subir toutes les conséquences; parce qu'il faut unité dans les doctrines, sous peine d'incertitude dans les décisions.

---

(1) Aux mots : *compétence civile des juges de paix*, n° 10.
(2) Voyez, plus haut, pages 74 à 81.

Viendrait-on faire une autre objection, argumenter des principes admis en matière de preuve testimoniale et proclamés par l'article 1344 du Code civil, pour soutenir que le juge de paix doit se déclarer incompétent chaque fois que la demande d'une somme n'excédant pas 200 francs, est déclarée le reliquat d'une créance plus considérable?

Avec Curasson (1), on répondrait : « que peuvent « avoir de commun les règles de compétence et « celles relatives à la preuve testimoniale ! »

On pourrait ajouter que, dans une matière aussi grave, supposé que le législateur eût voulu appliquer, à la *compétence*, les principes particuliers à la *preuve testimoniale*, il n'aurait pas manqué de s'en expliquer catégoriquement.

Voudrait-on enfin tirer une dernière objection du danger de voir s'élever, devant le juge de paix, un litige, sur une valeur dépassant la limite des attributions de ce magistrat?

Qu'on se rassure. La compétence du juge de paix n'est pas toujours irrévocablement fixée par la demande.

Ainsi, il est de jurisprudence que le juge de paix doit connaître, même d'une demande de plus de 200 francs, si, le défendeur avouant devoir une partie de cette somme, la contestation ne porte plus dès-lors que sur une somme ne dépassant pas 200 francs.

---

(1) *Traité de la compétence des juges de paix*, tom. Ier, p. 108, n° 13, 1°, et tom. II, p. 414, 2° alinéa.

Il faut le dire néanmoins (ajoute Carou (1), après avoir rapporté l'arrêt de cassation du 7 juin 1810, dont M. Dalloz jeune (2) donne ici la substance), la même question ayant récemment été soumise à la cour de Colmar, il a été jugé que l'aveu d'une partie des causes de la demande n'empêche pas que ces causes ne subsistent tout entières pour apprécier la compétence.

Le doute que soulève ce dernier arrêt nous semble légitimer la distinction suivante, proposée par Curasson :

« La compétence, dit cet auteur (3), est-elle irrévo-« cablement fixée par la citation? Il faut distinguer « le cas où le demandeur paraît, de celui où il fait « défaut. Dans ce dernier cas, le demandeur, pour « rendre le juge de paix compétent, ne pourrait res-« treindre sa demande qu'en faisant signifier, au « défendeur, ses conclusions restrictives ; autrement « le juge de paix devrait se déclarer incompétent en « vertu de la citation ; si, au contraire, le défendeur « paraît, et que, devant le juge de paix, le deman-« deur déclare restreindre l'action qui excédait pri-« mitivement 200 francs, c'est la demande, détermi-« née par les nouvelles conclusions, qui fixera cette « compétence, en premier ou dernier ressort. »

---

(1) *De la juridiction civile des juges de paix*, tom. 1er, p. 129.

(2) *Dictionnaire général* de M. Dalloz jeune, partie supplémentaire, *compétence civile des juges de paix*, n° 11.

(3) *Traité de la compétence des juges de paix*, tom., 1er, page 69.

Concluons.

Puisque, d'une part, on ne peut argumenter des principes relatifs à la preuve testimoniale, en matière de compétence ; et puisque, d'autre part, c'est la valeur du litige engagé, non la valeur de l'obligation contestée, qui détermine la compétence, il faut en conclure que le juge de paix cesserait d'être compétent, si, au sujet d'une demande de *deux cents francs*, déclarée être le premier terme d'une obligation de *quatre cents francs*, cette obligation elle-même venait à être contestée ; tandis qu'au contraire il ne cesserait pas d'être compétent, pour prononcer sur la validité de cette même obligation de *quatre cents francs*, si la contestation n'intervenait qu'au sujet d'une pareille somme de *deux cents francs*, déclarée en être le dernier terme.

Dans le *Supplément* à son *Traité de la compétence des juges de paix*, Curasson (1) se propose la question qui fait l'objet du présent paragraphe, et voici comment il la résout : la décision de ce grave jurisconsulte est le meilleur résumé que nous puissions offrir de notre longue dissertation.

« En thèse générale, ce n'est point la valeur de « l'obligation, c'est celle de la demande, qui fixe la « compétence. Ainsi, quelque soit le titre qui sert de « fondement à l'action, le juge de paix est compétent, « dès l'instant que la demande d'un terme ou d'arré- « rages échus ne surpasse pas 200 francs.

---

(1) Pages 26 à 31 du *Supplément* pour le Ier volume.

« Cependant , si , sur la demande d'un terme de
« l'obligation ou des arrérages échus , le défendeur
« oppose une exception qui frappe sur le capital ou
« sur les intérêts à échoir , que le titre soit contesté,
« ou qu'il s'élève une difficulté sur l'interprétation
« des clauses qui le constituent ; alors cesse la com-
« pétence du juge de paix. On dirait en vain que le
« juge de l'action l'est aussi de l'exception ; l'appli-
« cation de ce principe doit être restreinte au cas
« où le jugement de l'exception ne serait d'aucune
« influence sur d'autres difficultés qui pourraient se
« présenter entre les mêmes parties. Or, ici, quoi-
« qu'il ne s'agisse que d'un terme ou d'arrérages dont
« le montant exigible ne surpasse pas 200 francs ,
« le jugement à rendre entraînerait l'autorité de la
« chose jugée pour le capital de l'obligation et pour
« les termes à venir; la question préjudicielle de va-
« lidité ou d'interprétation du titre est donc le prin-
« cipal objet du litige.

«   .   .   .   .

« En effet, quand il s'agit d'un engagement dont
« la valeur n'excède pas 200 francs , ou du reliquat
« d'une obligation de plus forte somme, toutes les
« fois, en un mot, que le jugement, sur la nullité
« de l'acte, ou sur l'interprétation des clauses qui
« s'y trouvent, ne doit avoir d'autre résultat que
« celui de statuer sur une demande qui rentre dans
« la compétence du juge de paix ; c'est alors que ,
« juge de l'action , ce magistrat l'est en même temps
« de l'exception ; mais il ne saurait en être ainsi,
« dans le cas où le titre peut donner lieu à d'autres
« difficultés ; parce qu'alors la validité ou l'interpré-

« tation de l'acte, une fois reconnue et fixée sur une
« demande de 200 francs, ne pourrait plus être dé-
« battue entre les mêmes parties ; qu'ainsi, en ju-
« geant cette demande, le juge de paix statuerait sur
« une exception dont le résultat surpasserait évidem-
« ment les bornes de sa juridiction.

« La compétence du juge de paix cesserait égale-
« ment, si, de la défense à l'action personnelle,
« résultait une question de propriété d'où dépendît
« le sort de la demande. Par exemple : sur l'action
« en payemement de 200 francs ou d'une somme
« moindre, pour enlèvement de fruits ou pour toute
« autre voie de fait, le défendeur prétend que c'est
« à lui qu'appartient l'héritage ; dans ce cas, il
« s'élève, au sujet de l'action personnelle en domma-
« ges-intérêts, une question de propriété qui n'est
« point de la compétence du juge de paix, sur la-
« quelle du moins il ne pourrait statuer qu'autant
« que l'une des parties demanderait la maintenue au
« possessoire. Il doit donc renvoyer l'affaire devant
« qui de droit, ou surseoir à prononcer, jusqu'à ce
« qu'il ait été statué sur la question *préjudicielle*, par
« l'autorité compétente.

« En un mot, pour savoir si la défense place la
« cause hors des limites de la juridiction du tribunal
« de paix, il faut examiner si l'exception ne porte
« que sur la demande actuelle, ou si elle peut avoir
« d'autres conséquences. Toutes les fois qu'il ne
« s'agit de décider la question incidente que relati-
« vement à la demande, sans qu'il puisse en sortir
« d'autre conséquence, l'affaire, en ce cas, ne sau-
« rait excéder les bornes de la compétence ; mais il

« en est autrement, on le répète, si, sur la deman-
« de originaire, de 200 francs ou au-dessous, la
« question incidente devient le principal objet de la
« contestation, et que, du jugement à intervenir,
« puisse résulter l'exception de chose jugée relati-
« vement à d'autres demandes qui pourraient être
« formées, dans la suite, entre les mêmes parties.

« . . . .

« On a vu... que la compétence, en premier ou en
« dernier ressort, du juge de paix, est déterminée,
« non point par la condamnation, mais par la de-
« mande énoncée dans la citation, ou réduite, dans
« le cours de l'instance...

« Mais, pour cela, il est nécessaire que les deux
« parties comparaissent... La loi qui fixe la compé-
« tence; d'après la valeur de la demande, ne doit
« s'entendre que d'une demande signifiée au défen-
« deur, ou réduite, en sa présence, par la contes-
« tation en cause... »

§ II.

Seconde question.

Si l'action avait pour objet une chose d'une valeur
indéterminée, le juge de paix devrait-il se déclarer
incompétent, alors même que la valeur en aurait été
arbitrée, dans la demande, à une somme moindre de
200 francs ?

M. Augier (1) résout cette question par l'affirmati-

---

(1) *Supplément à l'Encyclopédie des juges de paix*, aux
mots: *Actions personnelles et mobilières*.

vc, en se fondant sur le passage, que voici , du rapport de M. Amilhau (1) :

« C'est la demande qui doit être la véritable règle
« de la compétence : mais lorsqu'elle porte sur une
« valeur indéterminée, faut-il suivre la jurispruden-
« ce jusqu'à ce moment consacrée, et renvoyer à des
« tribunaux d'un ordre supérieur, quoique l'intérêt
« appréciable soit d'une valeur minime ? les Cours
« ont été divisées sur cette question ; selon les unes ,
« c'est l'importance de la demande et la valeur de
« l'objet en litige qui doit fixer la compétence du ju-
« ge. Cette valeur est connue quand il s'agit d'une
« somme d'argent ; si c'est une chose indéterminée
« qui soit en discussion , personne , mieux que le
« demandeur, n'est à même de l'évaluer, et , de quoi
« peut-on se plaindre , lorsque, pour prévenir tout
« abus , il ajoute l'option , donnée au défendeur , de
« livrer la chose réclamée, ou de payer le montant
« de l'évaluation ? Selon les autres Cours , et votre
« commission partage cet avis , on laisserait , par un
« tel système , le demandeur maître de la compé-
« tence... »

M. Curasson résout, au contraire, cette question,
par la négative : « Point de difficulté, dit-il (2) ; quand
« la valeur de l'objet revendiqué est fixée dans la
« demande, et n'excède pas 200 francs ; le défendeur
« doit être condamné à la restitution en nature , ou

______

(1) Chambre des députés, séance du 6 avril 1833.
(2) *Traité de la compétence des juges de paix*, tom. 1er,
page 212.

« au payement de la somme à laquelle la chose aura
« été évaluée, et même à une somme moindre, si
« l'évaluation est exagérée. »

D'après notre *Traité* (1), on doit s'en tenir, à la
décision de Curasson ; elle s'appuye sur l'imposante
autorité d'Henrion de Pansey (2) qu'avait suivie Carré (3), sous la législation de 1790, et que vient de
reproduire M. Bénéch (4), sous la législation de 1838.

Plus hardi en cela qu'Henrion de Pansey (5), Curasson va même jusqu'à prétendre, que si, dans une
demande dont la valeur, quoique indéterminée, est
moralement au-dessous de 200 francs, le défendeur
ne propose point d'incompétence, celui-ci, dès lors,
n'est plus recevable à critiquer la décision du juge
de paix ; et cet auteur en donne pour raison que la
nécessité d'une prorogation explicite cesse toutes les
fois que la compétence est manifeste (6).

ARTICLE DEUXIÈME.

Les juges de paix prononcent, sans appel,

---

(1) Voyez, n°ˢ 97 à 104.

(2) *De la compétence des juges de paix*, onzième édit.,
chap. 16, p. 111.

(3) *Des lois de l'organisation et de la compétence des juridictions civiles*, tom. II, page 289, n° 392.

(4) *Traité des justices de paix*, pages 42 à 47.

(5) *De la compétence des juges de paix*, onzième édit.,
chap. 16, pages 108 à 110.

(6) *Traité de la compétence des juges de paix*, tom. 1ᵉʳ,
page 214.

jusqu'à la valeur de cent francs, et, à charge d'appel, jusqu'au taux de la compétence en dernier ressort, des tribunaux de première instance :

Sur les contestations entre les hôteliers, aubergistes ou logeurs, et les voyageurs ou locataires en garni, pour dépense d'hôtellerie et perte ou avarie d'effets déposés dans l'auberge ou dans l'hôtel ;

Entre les voyageurs et les voituriers ou bateliers, pour retards, frais de route et perte ou avarie d'effets accompagnant les voyageurs;

Entre les voyageurs et les carrossiers ou autres ouvriers. pour fournitures, salaires et réparations faites aux voitures de voyage.

Commentaire.

Cet article, tout entier constitutif d'un droit nouveau, doit être complété par l'article 1er de la loi du 11 avril 1838, ainsi conçu :

« Les tribunaux civils de première instance con-
« naîtront, en dernier ressort, des actions person-
« nelles et mobilières, jusqu'à la valeur de quinze
« cents francs de principal, et, des actions immo-
« bilières, jusqu'à soixante francs de revenu déter-
« miné, soit en rentes, soit par prix de bail. »

Notre article, ainsi complété, nous en chercherons le véritable sens, 1° dans les discours prononcés au sein des deux chambres ; 2° dans la doctrine des auteurs et les décisions de la jurisprudence, d'où les deux sections qui suivent :

SECTION PREMIÈRE.

§ Iᵉʳ.

Sur l'article, en général.

« On regrettait que certaines actions, qui exi-
« geaient une terminaison prompte, ne fussent pas
« attribuées aux juges de paix : telles étaient les
« contestations entre les aubergistes et les voyageurs;
« celles relatives aux baux à loyer ; les actions en
« bornage, etc..., il s'agissait, en un mot, de met-
« tre en pratique cette pensée de Thouret : *que la loi*
« *doit défendre de hasarder à une loterie où l'on ne gagne*
« *rien, si l'on ne perd pas*, et de compléter cette jus-
« tice élémentaire, prompte, facile et pour ainsi
« dire domestique...

« La rapidité et la fréquence des voyages sont de-
« venus un des besoins les plus impérieux de l'état
« de notre industrie et de notre civilisation. Au nom-
« bre des facilités que l'on pouvait attendre de notre
« législation, se trouvait, sans nul doute, celle de
« procurer une solution prompte et peu dispendieu-
« se aux différends qui s'élevaient entre les voya-
« geurs et les aubergistes, les ouvriers et voituriers.
« On ne pouvait mieux y parvenir qu'en les faisant
« juger, le plus souvent possible, par les juges de
« paix (1). »

---

(1) Rapport fait, à la Chambre des pairs, par M. Gasparin, dans la séance du 19 juin 1837.

§ II.

Sur les avaries.

« . . . . Le projet prévoyait ces contestations entre
« les voyageurs et les aubergistes. Votre commission
« pense qu'il faut ajouter la mention spéciale des lo-
« cations en garni, à l'égard desquelles se présentent
« les mêmes raisons de décider, et auxquelles la
« rédaction du projet aurait pu ne point paraître ap-
« plicable ; puisque le texte de l'article ne parlait
« que des voyageurs (1). »

« Les avaries sont sans doute comprises dans les
« pertes d'effets ; mais il était besoin de s'expliquer,
« de peur que l'interprétation littérale de l'article
« ne portât à renvoyer, sur ce point, devant les tri-
« bunaux ordinaires (2). »

§ III.

Sur la compétence.

« Une question qui n'est pas sans gravité s'est
« élevée, sur cet article. Fallait-il, notamment en ce
« qui concerne les dépenses d'hôtellerie, attribuer la
« juridiction au juge de paix du lieu où la dépense
« a été faite ? La minorité de votre commission l'au-
« rait désiré ; elle a fait valoir, avec force, l'utilité

---

(1) Rapport fait, à la Chambre des députés, par M. Rénouard,
dans la séance du 29 mars 1837.

(2) Rapport fait, à la Chambre des députés, par M. Amilhau,
dans la séance du 6 avril 1833.

« d'une décision prompte et de la connaissance des
« usages locaux. La majorité a objecté, à cette pro-
« position, qu'elle ferait courir le risque de mettre
« souvent les voyageurs à la discrétion des hôteliers
« et des aubergistes ; que surtout, quelque pût être
« la célérité du jugement, ce serait exposer les
« voyageurs à des retards qui pourraient quelquefois
« leur être fort préjudiciables ; qu'il ne faut pas s'é-
« carter de la règle de droit d'après laquelle tout
« défendeur doit être assigné à son domicile (1).

« On n'a pas cru devoir déroger... dans ces ma-
« tières, à la règle de droit commun, que le tribunal
« compétent est celui du domicile du défendeur.
« Quand la réclamation sera formée, par le voya-
« geur, celui-ci demandera ordinairement justice,
« sur le lieu même où sera arrivé le fait qui motivera
« son action, ou sur le lieu qui sera le plus proche.
« Le défendeur, communément domicilié dans ce
« lieu, fournira ses moyens avec facilité ; il n'exis-
« tera aucune crainte de surprise. Quand la deman-
« de, au contraire, sera dirigée contre le voyageur,
« il y aurait inconvénient, en saisissant toujours le
« juge du lieu, à forcer le voyageur de paraître en
« justice, là où il ne devait se trouver qu'en passant,
« et l'y retenir ou l'y ramener d'une longue distance,
« par la nécessité de s'y défendre ; tout au moins de
« le forcer à laisser un mandat, là où il n'aurait au-
« cune relation, là où pourraient ne pas exister des

----

(1) Rapport fait, à la Chambre des députés, par M. Rénouard, dans la séance du 29 mars 1837.

« officiers ministériels que leur caractère recom-
« mande à la confiance (1). »

SECTION SECONDE.

§ Ier.

Effets des voyageurs.

Le mot générique *effets*, s'applique ici aux chevaux
et aux voitures aussi bien qu'à tous les objets mobiliers qu'on a l'usage de porter en voyage ; tels sont
les linges et les vêtements. Toutefois, si le voyageur
n'avait, pour tout bagage, que les hardes dont il
serait couvert, on pense que l'aubergiste n'aurait,
à les retenir, aucune espèce de droit, et devrait
s'imputer d'avoir reçu un voyageur en si modeste
équipage (2) ; car, exerçant une profession libre,
l'aubergiste n'est point tenu de loger tous ceux qui
se présentent, et ne saurait y être contraint que par
l'autorité municipale, dans des cas extraordinaires (3).

§ II.

Responsabilité des logeurs.

La responsabilité des logeurs commence au moment de l'arrivée des voyageurs ou voituriers dans

---

(1) Présentation, à la Chambre des pairs, par M. Barthe, dans
la séance du 8 mai 1837.

(2) *Commentaire raisonné de la loi du 25 mai 1838*, par
M. Masson fils, page 19, n° 16.

(3) *Traité de la compétence des juges de paix*, par M. Curasson, tom. 1er, page 230.

les auberges ou hôtels, et ne cesse qu'à la sortie (1) ; elle s'étend à tout ce que contient la voiture : argent, effets ou marchandises (sauf le serment *in litem* (2), s'il en est besoin), ainsi qu'à la voiture elle-même, et aux animaux qui la traînent ; elle s'étend encore aux animaux qui suivent ou portent les voyageurs (3).

§ III.

Responsabilité des voituriers.

En cas de perte, les voituriers et bateliers sont-ils indéfiniment responsables de tous les effets qui accompagnent les voyageurs ?

La jurisprudence paraît avoir admis les principes ci-dessus posés relativement aux logeurs. Elle se fonde, d'une part, sur l'article 1782 du Code civil, qui leur impose des obligations communes (4); d'autre part, sur l'article 1785 du même Code, qui prescrit, aux voituriers, de tenir registre des effets, ballots et paquets à eux confiés (5), sans imposer, aux voyageurs, l'obligation de déclarer, sur ce regis-

---

(1) Cour royale de Rouen, 14 août 1824, *Journal du palais*, 3ᵉ édit., tom. XVIII, page 975.

(2) Jugement du tribunal d'appel de Rouen, 13 germinal an X, *Journal du palais*, 3ᵉ édit., tom. 2, page 527.

(3) Cour royale de Lyon, 26 janvier 1825, *Journal du palais*, 3ᵉ édit., tom. XIX, page 108.

(4) Cour royale de Paris, Sirey, tom XXXIV, 2ᵉ part., p. 482, et de Grenoble, *ibid.*, p. 622.

(5) Cour royale de Paris, 6 avril 1826, *Journal du palais*, 3ᵉ édit., tom. XX, page 349.

tre, tous les objets que leurs malles et paquets peuvent contenir (1).

Lorsque les paquets n'ont pas été inscrits, parce que le voyageur a négligé de les présenter au bureau, et que, par suite, ils ont été chargés sur la voiture, à l'insu de l'entrepreneur, aucune responsabilité n'est imposée à celui-ci. En serait-il autrement de certains objets qu'on n'est pas dans l'habitude d'inscrire ; tels que les sacs de nuit et les effets qui sont à l'usage personnel des voyageurs pendant la route?

M. Duvergier (2) pense que de tels objets sont placés en dehors de la règle qui oblige le voyageur à présenter ses effets au bureau de la voiture.

Curasson (3), au contraire, et avec raison, selon nous, ne voit pas comment l'entrepreneur d'une messagerie pourrait être déclaré responsable d'objets qui, à son insu, étant restés sous la garde des voyageurs, ont nécessairement échappé, à sa surveillance.

La responsabilité des voituriers n'est pas limitée à la somme de 150 francs, pour le cas où aucune évaluation n'aurait eu lieu, lors du chargement ; et cette décision est fondée sur ce que les lois des 25 juillet 1793 et 26 thermidor an IV, n'ayant fixé ce

------

(1) Cour royale de Paris, 19 avril 1809, *Journal du palais*, tom. VII, page 506, et Curasson, *Supplément* au tome 1er du *Traité de la compétence des juges de paix*, p. 43, n° 29 bis.

(2) *Traité du louage*, tom. II, n° 328.

(3) Supplément au tom. II du *Traité de la compétence des juges de paix*, pages 44 et 45.

maximum qu'en faveur du gouvernement alors exploitant, par lui-même, l'entreprise des messageries, ne peuvent plus être invoquées, aujourd'hui que le transport des voyageurs et des marchandises est rentré dans le domaine des entreprises particulières (1).

Dans plusieurs administrations, dit M. Duvergier (2), on a la précaution de délivrer, aux expéditeurs, un bulletin portant, qu'au cas de perte des effets, il ne sera payé, à titre d'indemnité, qu'une somme de 150 francs; et cet auteur ajoute que celui qui, sciemment, accepte un récépissé dans lequel est insérée une pareille mention, se soumet à la condition qu'elle exprime, et se trouve lié, par une convention tacite, dont la validité et la force obligatoire sont incontestables.

Curasson est loin de partager cet avis; personne ne pouvant stipuler l'affranchissement de sa propre faute, ou de celle de ses préposés; nous ajoutons, qu'alors même que cet affranchissement pourrait résulter d'une stipulation formelle, il serait difficile de l'induire d'une convention tacite si peu caractérisée que le serait celle résultant de la simple acceptation d'un pareil bulletin.

Vainement, pour se soustraire à la responsabilité qui pèse sur lui, le voiturier viendrait-il se plaindre de ce que l'objet réclamé lui aurait été volé; le vol, même de nuit, et avec effraction, ne serait

---

(1) Cour royale de Paris, 18 juin 1833.
(2) *Traité du louage*, tom. II, n° 225.

point un cas de force majeure, vu, qu'au moyen des précautions nécessaires, on peut l'éviter. L'attaque, sur la route, par une bande de voleurs, pourrait seule être considérée comme un cas fortuit, dont le voiturier ne doit pas répondre (1).

Remarquons bien d'ailleurs que les voituriers mentionnés au présent article, sont ceux qui se chargent uniquement du transport des personnes et accessoirement de leurs effets. Car la loi nouvelle, sur les justices de paix, ne déroge en rien à la législation sur le roulage (2).

ARTICLE TROISIÈME.

Les juges de paix connaissent, sans appel, jusqu'à la valeur de cent francs, et, à charge d'appel, à quelque valeur que la demande puisse s'élever :

Des actions en payement de loyers ou fermages ; des congés ; des demandes en résiliation de baux, fondées sur le seul défaut de payement des loyers ou fermages ; des expulsions de lieux, et des demandes en validité de saisie-gagerie ; le tout, lorsque les locations verbales ou par écrit n'excèdent pas annuel-

---

(1) Cour royale de Paris, 3 mars 1831, *Journal du palais*, 3ᵉ édit., tom. XXIII, page 1280.

(2) *Commentaire raisonné de la loi du 25 mai* 1838, par M. Masson fils, pages 28 et 35.

lement, à Paris, quatre cents francs, et deux cents francs, partout ailleurs.

Si le prix principal du bail consiste en denrées ou prestations en nature, appréciables d'après les mercuriales, l'évaluation sera faite, sur celles du jour de l'échéance, lorsqu'il s'agira du payement des fermages; dans tous les autres cas, elle aura lieu suivant les mercuriales du mois qui aura précédé la demande.

Si le prix principal du bail consiste en prestations non appréciables d'après les mercuriales, ou s'il s'agit de baux à colons partiaires, le juge de paix déterminera la compétence, en prenant pour base, du revenu de la propriété, le principal de la contribution foncière de l'année courante, multiplié par cinq.

Commentaire.

Cet article, encore plus que le précédent, est une heureuse innovation, nous en puiserons le commentaire, d'une part, dans les discours des orateurs; d'autre part, dans les ouvrages des jurisconsultes: et de là, les deux sections qui suivent:

SECTION PREMIÈRE.

§ 1er.

Urgence de cette innovation.

« De tous les objets pour lesquels l'opinion géné-
« rale sollicite, depuis longtemps, l'extension de

« compétence des juges de paix, il n'en est aucun
« qui ait donné lieu à des réclamations plus nom-
« breuses, plus constantes et plus vives que le
« payement des petits loyers... il n'y a nulle exagé-
« ration à dire, qu'au point où les choses en sont ve-
« nues, beaucoup de propriétaires n'ont d'autre
« parti à prendre que de tenir quitte le locataire qui
« consent à se retirer sans payer; heureux encore
« le propriétaire, lorsqu'il n'est pas obligé d'acheter
« cette retraite en ajoutant une indemnité à la perte
« de ses loyers (1) !

« Aucune des innovations projetées n'a obtenu un
« assentiment plus unanime que celle relative aux
« contestations qui naissent du *contrat de louage*;
« tant il est fréquent de voir se perpétuer en jouis-
« sance, à la faveur de la lenteur des formes, un
« locataire qui ne satisfait pas à ses engagements, et
« ne présente aucune garantie. Tel propriétaire se
« résigne à la perte de ses loyers, plutôt que de subir
« les lenteurs et les frais d'un procès; il ne surmon-
« te, qu'à prix d'argent, la force d'inertie qui lui est
« opposée (2) ».

§ II.

Conditions d'admissibilité de la demande.

« C'est uniquement pour les petites locations que
« se fait sentir l'intérêt des propriétaires d'arriver à

----

(1) Rapport fait, à la Chambre des députés, par M. Rénouard, dans la séance du 29 mars 1837.

(2) Présentation, à la Chambre des pairs, par M. Persil , dans
la séance du 6 janvier 1837.

« une expulsion prompte du locataire qui n'accom-
« plit pas ses obligations; parce que, dans les lo-
« cations faites à des prix élevés, les valeurs mobi-
« lières assurent ordinairement le payement des
« loyers (1).

« La ville de Lyon a réclamé vivement, afin que la
« limite de la compétence fut portée, pour elle, au
« même taux que pour Paris, ou, au moins, à 300
« francs : elle se fondait sur le haut prix des loyers
« qui égalent ceux de Paris; sur le nombre considé-
« rable de loyers destinés à l'établissement de mé-
« tiers à étoffes, et s'élevant au-dessus de 200 francs;
« enfin, sur l'assimilation de la ville de Lyon à celle
« de Paris, pour les frais de justice (Décret du 16
« février 1807), qui fait peser, sur les propriétaires,
« une charge hors de proportion avec celle qu'ils
« supportent, dans le reste de la France, pour obte-
« nir leur payement en justice.

« Malgré ces vives réclamations, votre commis-
« sion a pensé, comme le gouvernement et l'autre
« Chambre, qu'il était difficile d'établir, dans la loi,
« des distinctions qui ouvriraient la porte aux ré-
« clamations d'un grand nombre de villes, quand il
« était impossible de fixer les limites certaines, et
« quand le chiffre de la population lui-même n'éta-
« blirait pas suffisamment la nécessité des excep-
« tions; puisque des villes, d'une petite population, se
« trouvaient placées, par l'accroissement de leur

---

(1) Présentation, à la Chambre des députés, par M. Persil,
dans la séance du 6 janvier 1837.

« industrie, dans des situations semblables à celle
« des villes les plus peuplées (1).

« Il ne faut pas se préoccuper de l'idée que le
« payement de plusieurs termes de loyers accumulés
« pourra trop élever la compétence, et faire dévier
« des habitudes de cette juridiction. Ce ne sont que
« des cas d'exception dans lesquels mêmes la barrière,
« fixée pour le dernier ressort, offre toutes les ga-
« ranties, et le défendeur ne pourra imputer qu'à
« lui-même une extension qu'il aura rendue néces-
« saire : autrement, plus le débiteur serait en de-
« meure, et plus il obtiendrait de privilége et de dé-
« lais, plus il exposerait le demandeur à des frais
« considérables, presque toujours sans répétition (2).

« Votre commission vous propose d'adopter, sans
« amendement, l'article du projet... qui a pris soin
« de réserver, aux tribunaux ordinaires, toutes les
« questions relatives au droit de propriété, et à
« l'interprétation des baux, des conventions et des
« actes (3).

« . . . . S'il s'agit... d'interpréter le bail et d'en
« prononcer la résiliation pour d'autres causes que
« le défaut de payement des loyers, comme la diffi-
« culté n'existera plus sur ces questions simples : le

---

(1) Rapport fait, à la Chambre des pairs, par **M. Gasparin**,
dans la séance du 19 juin 1837.

(2) Rapport fait, à la Chambre des députés, par **M. Amilhau**,
dans la séance du 6 avril 1838.

(3) Rapport fait, à la Chambre des députés, par **M. Rénouard**,
dans la séance du 29 mars 1837.

« bail est-il expiré? est-il dû des loyers, et combien
« en est-il dû? rien ne sera changé alors aux règles
« générales qui fixent les attributions des diverses
« juridictions (1).

§ III.

Loyers et fermages.

« Ces dispositions, sur les loyers, sont rendues
« communes aux fermages. Il y a, en effet, parité
« de raisons. Introduire, dans les villes, comme dans
« les campagnes, des moyens plus certains de paye-
« ment, ce n'est pas seulement accorder, à la pro-
« priété, une protection nécessaire; c'est ménager,
« aux fermiers et aux locataires, des conditions qui
« pourront devenir meilleures; parceque l'exécution
« en sera exposée à de moindres incertitudes (2).

« L'article s'étend, aux fermages, comme aux
« loyers, et comprend, dans le terme générique de
« fermages, les baux à colons partiaires.

« Les loyers et fermages, dont l'article s'occupe,
« sont ceux qui n'excèdent pas, à Paris, 400 francs
« de loyer annuel, et, 200 francs, partout ailleurs.

« Des réclamations ont été adressées, à votre com-
« mission, pour introduire, dans la loi, d'autres dis-
« tinctions. On a demandé que les villes les plus
« populeuses, et notamment la ville de Lyon, fussent

---

(1) Présentation, à la Chambre des pairs, par **M. Barbe**, dans
la séance du 8 mai 1837.
(2) *Ibid.*

« placées sur la même ligne que Paris, ou sur une
« ligne intermédiaire, celle de 300 francs de loyer,
« par exemple.

« Votre commission, après un examen attentif,
« s'est refusée à introduire, dans la loi, des classifi-
« cations qui auraient détruit l'unité.

« Ce qui l'a surtout arrêtée, c'est l'impossibilité
« de déterminer des limites certaines (1).

§ IV.

Métairies.

« Nous avons compris, dans nos dispositions, les
« baux à colons partiaires usités dans une grande
« partie de la France. La série de dispositions qui leur
« sont relatives, et celles qni s'appliquent aux pres-
« tations en nature, appréciables ou non apprécia-
« bles, est due à la première commission de 1835,
« et n'a donné lieu à aucune observation. On a
« adopté le principal de la contribution, multiplié par
« cinq, comme base moyenne; et, ici, la disposition
« n'ayant pas, pour objet, de porter, devant le juge
« de paix, une question de propriété immobilière,
« mais seulement une appréciation de droits sur les
« revenus, n'a offert aucun inconvénient (2).

---

(1) Rapport fait, à la Chambre des députés, par M. Rénouard,
dans la séance du 29 mars 1837.

(2) Rapport fait, à la Chambre des députés, par M. Amilhau,
dans la séance du 6 avril 1838.

§ V.

Cheptels.

« On avait demandé de comprendre les baux à
« cheptel dans les attributions données, par cet arti-
« cle, au juge de paix. Mais ces actes sont, de leur
« nature, tellement variables, ils échappent telle-
« ment à toutes les prévisions, l'introduction de ra-
« ces distinguées d'animaux , donne un tel prix à
« certains produits, que votre commission a pensé,
« avec le gouvernement, qu'il fallait suspendre toute
« décision à cet égard, et attendre que cette matière
« eut été étudiée, dans tous ses détails, et dans ses
« innombrables variétés, avant de la soumettre à de
« nouvelles règles (1).

« Les baux à cheptel ne sont pas compris dans nos
« dispositions ; leurs conditions sont trop variables,
« et l'introduction des races d'un grand prix pour-
« rait donner lieu à de sérieuses difficultés, soit pour
« la valeur, soit pour l'interprétation des conven-
« tions (2).

SECTION SECONDE.

§ Ier.

Vice de rédaction.

Selon M. Moureau de Vaucluse (3), la rédaction de
notre article renferme une contradiction :

---

(1) Rapport fait , à la Chambre des pairs , par M. Gasparin,
dans la séance du 19 juin 1337.

(2) Rapport fait , à la Chambre des députés, par M. Amilhau ,
dans la séance du 6 avril 1838.

(3) *Examen critique et commentaire de la loi du 25 mai
1838*. pages 81 à 83.

« Relisez cet article, dit cet auteur, et vous re-
« connaîtrez qu'il contient deux dispositions con-
« traires : *les juges de paix connaissent, sans appel,*
« *jusqu'à la valeur de cent francs, et, à charge d'appel,*
« *à quelque valeur que la demande puisse s'élever...* LE
« TOUT *lorsque les locations... n'excèdent pas annuelle-*
« *ment, à Paris, quatre cents francs, et, deux cents*
« *francs, partout ailleurs.*

« Je sais bien, continue M. Moureau, ce qu'on a
« voulu dire ; mais il ne suffit pas que je le sache ; il
« faut que tout le monde le sache aussi, afin d'éviter
« de donner des armes à la chicane. Je vois bien que,
« si un preneur, au loyer de 400 francs, à Paris, ou
« de 200 francs, dans les départements, est resté
« débiteur de plusieurs années de location, le juge
« de paix pourra le condamner à payer toutes les an-
« nées arriérées quelqu'en soit le nombre, si d'ail-
« leurs la prescription n'est pas opposée ; mais il y
« aura des commentateurs qui soutiendront que ces
« deux mots de notre article : LE TOUT, n'exceptant
« rien, et ne faisant aucune distinction entre le loyer
« ou fermage du dernier terme et celui des termes
« arriérés, la compétence est, dans tous les cas,
« réduite à 400 ou 200 francs. »

Bien, qu'à mon avis, le mot *annuellement* doive suffire pour mettre sur la voie du vrai sens de l'article,
il faut avouer que l'on rencontre tant de discoureurs
subtils et de misérables sophistes, qu'on doit savoir
gré à M. Moureau d'avoir prévu ce mauvais raison-
nement, et de l'avoir stigmatisé.

§ II.

Distinction entre les baux à loyer et les baux à ferme.

Fort mal à propos, l'article 1736 du Code civil a été placé dans une section commune aux baux des maisons et des biens ruraux; ce qui ferait supposer que le congé serait nécessaire pour les baux à ferme comme pour les baux à loyer; tandis qu'on voit, par l'article 1775, que le bail des héritages ruraux, quoique fait sans écrit, cesse, de plein droit, et sans qu'on ait besoin de donner congé, après l'expiration du temps pour lequel il est censé fait d'après les distinctions établies par l'article précédent (1).

Par une compensation malheureuse, l'article 1753, qui traite des obligations du sous-locataire, et qui est placé dans la section particulière aux baux à loyer, devrait être placé dans la section commune aux baux des maisons et des biens ruraux (2).

Il n'est donc pas sans importance de savoir si un bail doit être considéré, plutôt comme bail *à loyer* que comme bail *à ferme*, ou réciproquement. Or, il peut s'élever quelques doutes, à cet égard, lorsque le preneur détient, tout-à-la fois, des héritages et une maison.

C'est surtout dans l'intention des parties qu'on

---

(1) *Commentaire raisonné de la loi du 25 mai 1838*, par M. Masson fils, page 49, n° 65.

(2) *Traité de la compétence des juges de paix*, par Curasson, tom. 1ᵉʳ, page 283, n° 21.

trouvera la solution de cette difficulté, si l'exploitation de l'héritage a été le principal objet du contrat, peu importe qu'une habitation, propre à loger le fermier, fasse partie du fermage ; malgré cette circonstance, le bail ne cesse pas d'être *à ferme*, et, comme tel, dispensé du congé. Si, au contraire, il s'agit d'une usine quelconque à laquelle seraient attachés, comme accessoires, quelques héritages, le bail doit être réputé *à loyer*, et, comme tel, soumis au congé (1).

§ III.

Sens des mots : prix principal.

Si le PRIX PRINCIPAL *du bail consiste en denrées ou prestations en nature...* Ces expressions fort claires du troisième alinéa de notre article ont cependant été diversement interprétées.

Des auteurs ont prétendu que si le fermier, obligé, par exemple, de payer annuellement une somme de 160 francs, est tenu de livrer, en outre, quelques hectolitres de blé, cette prestation fait partie intégrante du *prix principal*; que l'on peut bien considérer , comme hors de ce prix, certaines obligations de faire ou quelques menues fournitures, mais non de gros fruits dont la valeur est réglée par les mercuriales.

A notre avis, Curasson (2) fait très-judicieusement remarquer qu'il ne s'agit point ici de déterminer les

---

(1) *Commentaire raisonné de la loi du* 25 *mai* 1838, par M. Masson fils, pages 49 et 50, n° 65.

(2) *Supplément* au tom. 1ᵉʳ du *Traité de la compétence des juges de paix* , page 46 à 50,

droits des propriétaires et les obligations du fermier; qu'il ne s'agit que de fixer, aussi certaines que possible, les bases de la compétence, bases qui varient suivant la nature des prestations.

« D'après les expressions ci-dessus transcrites,
« s'il s'agit d'un canon payable en argent et en den-
« rées, et que la partie en argent soit la plus consi-
« dérable... Il n'est pas besoin de recourir aux mer-
« curiales... »

§ IV.

Preuve testimoniale de l'entrée en jouissance.

Si le défendeur soutenait n'avoir pas joui de la chose louée, le demandeur pourrait-il être admis à faire preuve par témoins?

La raison de douter se tire de l'article 1715 du Code civil qui proscrit une pareille preuve, lorsque le bail, fait sans écrit, n'a reçu aucune exécution, quelque modique d'ailleurs qu'en soit le prix.

Elle s'appuie encore sur l'article 1716 du même Code qui, même pour le cas où l'exécution a commencé, veut que le prix, pour lequel le locataire refuse de s'en remettre au serment du propriétaire, ne puisse être fixé que par une expertise.

M. Duranton décide que le commencement d'exécution peut être prouvé par témoins, quelque soit d'ailleurs le prix allégué; mais seulement avec cet effet, de pouvoir établir le commencement d'exécution et l'existence du bail, ainsi que sa durée, non à l'effet d'établir le prix.

M. Masson fils (1) trouve cette opinion raisonnable, et Curasson l'adopte; puisqu'en discutant l'opinion contraire de Toullier (2), il fait observer que « la « jouissance des terres, ou l'occupation d'un bâti- « ment, pendant tel nombre d'années, sont des cir- « constances qui, indépendamment de toute conven- « tion, peuvent être prouvées par témoins (3). »

§ V.

Juge de paix compétent pour statuer.

« Nous ne terminerons pas nos observations sur « cet article, sans rappeler que les actions dont il « s'occupe doivent toujours être portées devant le « juge de la situation de l'immeuble. »

C'est ainsi que s'exprime M. Giraudeau (4), se fondant sur un passage ainsi conçu, du rapport de M. Amilhau :

« Il est à remarquer que les contestations relatives « aux loyers appartiendront principalement aux ju- « ges de paix des villes, qui connaissent les usages « et règles de cette matière, et que les questions, sur « les fermages, plus souvent de fait que de droit, « seront dévolues aux juges de paix des cantons ru- « raux, qui sont sur le lieu du litige, et ont, sur ces

---

(1) *Commentaire raisonné de la loi du 25 mai* 1838, pages 44 et suiv.

(2) *Le droit civil Français*, tom. 9, pages 39 et 40.

(3) *Traité de la compétence des juges de paix*, tom. 1er, page 280.

(4) *Commentaire de la loi du 25 mai* 1838, p. 72, 2e col.

« matières, des lumières pratiques dont beaucoup
« de personnes éclairées, dans les villes, se trou-
« vent dépourvues... (1).

M. Masson fils dit au contraire : « L'action en
« résiliation de baux, pour défaut de payement des
« loyers ou fermages, doit être portée devant le juge
« du domicile du défendeur (2). »

Entre ces deux systèmes opposés, qui jugera?
sera-ce M. Augier, qui embrasse le premier, ou
Curasson, qui appuye le second ; je trouve les raisons de M. Augier fort ingénieuses, et celles de
Curasson tout-à-fait décisives ; je vais les rapporter
textuellement ; le lecteur prononcera.

Raisons de M. Augier (3).

« Quel est le juge de paix compétent pour ordon-
« ner cette expulsion? est-ce celui de la situation
« des lieux, ou celui du domicile du défendeur ?

« Bien que la loi du 25 mai 1838 ne s'explique pas
« à ce sujet, et que, d'après les règles ordinaires,
« toute action doive être portée devant le tribunal du
« défendeur, nous croyons que la nature même de
« la demande, et l'esprit de la loi, qui a été d'assurer
« prompte justice aux propriétaires, commandent
« ici une exception. Supposons qu'un individu,

---

(1) Chambre des députés, séance du 6 avril 1838.

(2) *Commentaire raisonné de la loi du 25 mai* 1838, page
58, n° 81.

(3) *Supplément à l'Encyclopédie des juges de paix.* Aux
mots : *expulsion des lieux,* n° XXXI.

« domicilié à Marseille, ait loué un appartement
« à Paris, et qu'il faille procéder à l'expulsion
« des lieux. Le propriétaire sera-t-il obligé de
« poursuivre cette expulsion devant le juge de
« paix de Marseille? Mais, s'il y a urgence, si le
« mobilier a été enlevé, si c'est le cas d'ordon-
« ner l'exécution du jugement sur la minute, com-
« ment ce magistrat pourra-t-il vérifier les faits et
« satisfaire à ce besoin? n'oublions pas que la loi, sur
« les justices de paix, est une loi spéciale, et qu'il
« ne faut l'interpréter par le droit commun que lors-
« que l'interprétation s'accorde avec le but que s'est
« proposé le législateur. L'article 3, d'ailleurs,
« semble avoir indiqué une compétence *territoriale*
« plutôt qu'une compétence *personnelle*, en restrei-
« gnant cette compétence au taux de 400 francs,
« pour Paris, et, de 200 francs, partout ailleurs. Si le
« bail fait à Paris, avec un Marseillais, est de **400**
« francs, la connaissance en appartient incontesta-
« blement au tribunal de paix, et cependant, lors-
« qu'on poursuivrait le locataire devant le juge de
« son domicile, celui-ci serait obligé de se déclarer
« incompétent; puisqu'il n'a juridiction que pour les
« baux de 200 francs. Tous ces motifs nous parais-
« sent militer en faveur du juge de la localité. On
« peut encore invoquer, à l'appui de cette opinion,
« les paroles de M. le rapporteur Amilhau (1). »

(1) Voyez, plus haut, page 133.

Raisons de Curasson.

« . . . . Nous avons déjà fait observer (1) que les
« actions, dont il s'agit, devaient être portées devant
« le juge de paix du domicile du défendeur, et non
« devant celui de la situation du domaine pris à fer-
« me ou de la maison louée. La maxime : *actor sequi-*
« *tur forum rei*, est, on le répète, une règle géné-
« rale qui doit être suivie dans tous les cas, à moins
« qu'il n'y ait été dérogé par une disposition expres-
« se, et cette dérogation ne saurait résulter de quel-
« ques expressions échappées à un rapporteur. On
« a vu, en discutant l'article 2 de la loi, qu'à l'égard
« des aubergistes, la proposition de déférer la con-
« naissance des affaires, au juge de paix du lieu où
« la dépense serait faite, avait été rejetée, par le
« motif *qu'il ne faut pas briser la législation, et attri-*
« *buer ainsi une compétence spéciale à chaque cas par-*
« *ticulier.* Pourquoi dévierait-on de ce principe, en
« ce qui concerne l'action personnelle résultant du
« contrat de louage? Au surplus, dans l'application
« de l'article 3, le juge de la situation sera presque
« toujours le même que celui du domicile du défen-
« deur. D'ailleurs, le propriétaire peut agir, par
« voie de saisie-gagerie, cas auquel le juge compé-
« tent ne peut être que celui du lieu de la saisie (2).
« Tous les auteurs qui ont écrit sous l'empire des

---

(1) *Traité de la compétence des juges de paix*, tom. 1er,
page 6, n° 10.

(2) *Ibid.*, tom. 1er, page 268, n° 6.

« lois anciennes reconnaissent que le droit qui naît
« d'un bail n'est point un droit *réel*; qu'au contraire
« l'action qui en résulte est purement *personnelle et*
« *mobilière* (1), alors même que l'objet du bail serait
« un immeuble. C'est par suite de ce principe que
« la loi 9 au Code, *de locato et conducto*, décidait que
« l'acquéreur n'était pas tenu d'entretenir le bail, à
« moins que l'obligation ne lui en eût été imposée
« dans la vente. »

A vrai dire, M. Troplong (2) conclut, de l'article
1743 de notre Code civil, qui en dispose autrement,
que cet article a transformé le bail en un droit *réel*
qui affecte la chose et qui la suit en quelques mains
qu'elle passe.

Cette conséquence, inconciliable avec la définition
du louage des choses, telle qu'elle nous est donnée
par l'article 1709 du même Code, est encore démen-
tie par les motifs sur lesquels repose ce changement
de législation :

« Si le bail, dit Proudhon (3), n'est pas, comme il
« l'était anciennement, résolu par la vente du fonds,
« ce n'est pas que le preneur ait véritablement un
« droit réel, en vertu duquel il puisse suivre la cho-
« se comme sienne, sous le rapport du domaine
« utile, et la revendiquer entre les mains du tiers-
« acquéreur; c'est seulement parce que les auteurs
« de cette disposition nouvelle de nos lois ont voulu

---

(1) *Supplément* au tome premier du *Traité de la compétence des juges de paix*, page 53.

(2) *Commentaire de la vente*, tom. 1ᵉʳ, page 497.

(3) *Traité des droits d'usufruit*, etc., tom. 1ᵉʳ, p .110, nº 102.

« que l'aliénation du fonds affermé ne fut consentie
« ou censée consentie, que sous la condition que le
« tiers-acquéreur y stipulât, ou fût censé y avoir sti-
« pulé l'*obligation personnelle* d'entretenir le bail (1).

« Le taux de la compétence n'est pas le même à
« Paris que dans les provinces; mais il faut remar-
« quer que ce taux doit être déterminé, non d'après
« le lieu où siége le juge, mais sur le prix du bail, et
« par conséquent d'après la situation de l'immeuble
« qui en est l'objet. Si donc il s'agit d'une maison
« située à Paris, et que l'affaire soit portée devant
« un juge de paix de province, ce juge sera compé-
« tent pour statuer sur une location de 400 francs,
« et, *vice versâ*, un juge de paix de Paris ne pour-
« rait connaître que d'une location de 200 francs,
« s'il s'agissait d'un immeuble situé en province (2). »

ARTICLE QUATRIÈME.

Les juges de paix connaissent, sans appel,
jusqu'à la valeur de cent francs, et, à charge
d'appel, jusqu'au taux de la compétence en
dernier ressort des tribunaux de première
instance :

1º Des indemnités réclamées, par le locataire ou fermier, pour non jouissance prove-

---

(1) *Supplément* au tome premier du *Traité de la compétence
des juges de paix*, page 54.

(2) *Ibid.*, page 55.

nant du fait du propriétaire , lorsque le droit à une indemnité n'est pas contesté ;

2° Des dégradations et pertes , dans les cas prévus par les articles 1732 et 1735 du Code civil.

Néanmoins, le juge de paix ne connaît des pertes causées par incendie ou inondation , que dans les limites posées par l'article 1er de la présente loi.

Commentaire.

Cet article est la reproduction, avec additions et modifications, du § II de l'article 10 du titre 3 de la loi des 16-24 août 1790 (1).

Dans une première section, nous ferons ressortir ces additions et modifications ; dans une seconde, nous donnerons quelques autres développements.

SECTION PREMIÈRE.

§ 1er.

Extension et restriction de compétence.

D'après la loi de 1790, le juge de paix devait prononcer, soit sur les *indemnités prétendues par le fermier ou locataire..*, soit sur les *dégradations alléguées par le propriétaire*; savoir : *sans appel, jusqu'à la valeur de 50 livres , et , à charge d'appel , à quelque valeur que la demande pût monter.*

---

(1) Voyez , numéros 120, 382 à 395 et 536 à 538 du *Traité.*

D'après la loi de 1838, ce magistrat en connaît, *sans appel, jusqu'à la valeur de* 100 *francs, et, à charge d'appel, jusqu'au taux de la compétence en dernier ressort des tribunaux de première instance ;* c'est-à-dire, jusqu'à la valeur de 1,500 francs (1).

L'extension du dernier degré s'explique par les motifs déduits sous l'article 1er de la présente loi; mais la restriction du premier degré reste inexplicable.

« D'après la tendance des auteurs de la loi
« nouvelle, dit M. Moureau (2), je ne m'attendais
« pas à voir restreindre ici la compétence attribuée,
« aux juges de paix, par l'assemblée Constituante....
« pourquoi le législateur actuel a-t-il distrait cette
« seule action de toutes les autres (comprises dans
« le même article de la loi de 1790)., ? Je ne puis me
« rendre raison du motif; mais, quelqu'il soit, je ne
« le désapprouve pas ; les justices de paix sont déjà
« assez surchargées. »

Il s'en faut de beaucoup que Curasson (3) accepte, avec autant de mansuétude, une pareille restriction; ce profond jurisconsulte en fait ressortir le grave inconvénient qui ne tend à rien moins qu'à dépouiller le juge de paix des plus précieuses attributions, au profit de praticiens habiles, qui trouveront ainsi

----

(1) Article 1er de *la loi du* 11 *avril* 1838.

(2) *Examen critique et commentaire de la loi sur les justices de paix du* 25 *mai* 1838, page 95.

(3) *Traité de la compétence des juges de paix,* tom. 1er pages 331 et 332.

le moyen d'exploiter, à grands frais, devant les tribunaux ordinaires, les affaires de la plus mince
valeur.

§ II.

Droit contesté.

Notre article fait deux paragraphes des deux
membres peu distincts de l'ancien § IV de la loi de
1790, et ainsi, la fausse opinion de quelques auteurs,
qui avaient pensé que la restriction résultant du
droit contesté s'appliquait à ces deux membres (1),
est pour jamais écartée; c'est une amélioration.

§ III.

Fait du propriétaire.

Une autre amélioration résulte de ces mots insérés
dans la loi nouvelle et qui ne se trouvaient pas dans
l'ancienne : *provenant du fait du propriétaire;* ils don-
neront, à la responsabilité de celui-ci, une précision
qui écartera tout danger d'erreur.

§ IV.

Dégradations et pertes.

La loi de 1790 donnait, au juge de paix, la mission de connaître, en général, de toutes les *dégra-*
dations alléguées par le propriétaire (2).

Notre article ne lui permet de connaître, des *dégra-*

---

(1) *Commentaire raisonné de la loi du 25 mai* 1838, par **M.**
Masson fils, page 109, n° 79.

(2) Voyez le *Traité*, n°ˢ 391 à 395, 537 et 538.

dations et pertes, que dans les cas prévus par les arti-cles 1732 et 1735 du Code civil; encore, ne le lui permet-il, s'il s'agit de *pertes causées par incendie ou inondation, que dans les limites posées par l'article* 1er de la même loi, c'est-à-dire, *en dernier ressort, jus-qu'à la valeur de cent francs, et, à charge d'appel, jus-qu'à la valeur de deux cents francs.*

Ainsi donc la *connaissanee* conférée, d'une manière illimitée, au juge de paix, par la loi de 1790, au sujet des dégradations alléguées par le propriétaire, subit, dans la loi nouvelle, trois restrictions :

La première, qui lui est commune avec la connais-sance des indemnités prétendues par le fermier ou locataire, et dont nous nous sommes expliqué au paragraphe premier ci-dessus.

Les deux autres qui lui sont particulières, et qui consistent, 1° en ce que le juge de paix n'en est in-vesti que dans les seuls cas prévus par les articles 1732 et 1735 du Code civil (1); 2° en ce que, même dans ces derniers cas, elle lui est refusée chaque fois que le préjudice causé, par l'incendie ou l'inon-dation, excède deux cents francs.

Mais ici on est arrêté par une considération d'un autre ordre, et l'on s'étonne que l'inondation et l'in-cendie (2) se trouvent être des cas réservés au sujet

---

(1) Ce qui, d'après le sentiment be M. Augier (*Supplément à l'Encyclopédie des juges de paix,* au mot : *dégradations*), ex-clut les cas prévus par les articles 1766 et 1778 du Code civil.

(2) Voyez, sur la responsabilité en cas d'incendie, une dis-sertation fort étendue de M. Augier, *Supplément à l'Ency-clopédie des juges de paix,* au mot : *incendie,* pages 47 à 53.

d'articles qui n'en font absolument aucune mention?

L'étonnement s'accroît lorsqu'on vient à considérer que, non-seulement l'incendie (non plus que l'inondation), n'est pas mentionnée dans les articles 1732 et 1735 ; mais encore que l'inondation ne pouvait raisonnablement y être mentionnée ; parceque jamais on a vu un propriétaire actionner son fermier ou son locataire pour le faire condamner à lui payer une indemnité, alors que ce fermier ou locataire est lui-même victime d'un fléau tel que l'inondation (1).

Que conclure de tout cela?

1° Qu'au lieu de 1732 et 1735, il faut lire 1732 à 1735 ; parce qu'ainsi les articles 1733 et 1734, servant de développement naturel à l'article 1732, légitiment la prévision du cas d'incendie qui s'y trouve formellement exprimé ;

2° Qu'à la différence de la seconde partie du paragraphe iv de l'article 10 du titre iii de la loi des 16-24 août 1790, le paragraphe ii du présent article de la loi du 25 mai 1838 ne s'occupe pas exclusivement *des dégradations alléguées par le propriétaire* ; mais qu'il s'occupe aussi des dégradations et pertes, causées par incendie ou inondation, et dont le locataire lui-même aurait à se plaindre.

---

(1) **Voyez**, *examen critique et commentaire de la loi du 25 mai 1838*, par **M. Moureau** (de Vaucluse), pages 97 à 99, — et le *Traité de la compétence des juges de paix*, par Curasson, tom. 1er, page 351, n° 22.

SECTION SECONDE.

§ Ier.

Dommages-intérêts.

La source des dommages-intérêts que la loi permet, au locataire ou fermier, de réclamer contre le propriétaire, se trouve notamment dans l'article 1719 du Code civil qui oblige à faire jouir paisiblement le preneur, pendant la durée du bail, et, dans l'article 1721 qui oblige à garantir les vices (1) et qui, de l'aveu de tous les interprètes (2), doit être entendu dans le sens des articles 1745 et 1746 du même Code.

En ce qui touche l'indemnité que les artictes 1769 et suivants accordent au fermier, lorsqu'il y a eu enlèvement, par cas fortuit, il résulte, du texte même de la loi, que si la privation de jouissance a pour cause une usurpation, une invasion, un débordement de rivière, une intempérie de saison, ou toute autre cause *étrangère au propriétaire*, le juge de paix ne peut plus connaître de la demande en indemnité (3), alors même, qu'aux termes des articles 1769 et suivants du Code civil, le preneur serait fondé à en réclamer une, à moins que le taux, n'en dépassant pas la valeur de 200 francs, déterminée dans la

---

(1) Pothier, *Traité du louage,* nᵒˢ 110 à 114.

(2) Duranton, tom. XVII, nᵒˢ 63 et 64.

(3) *Les lois de l'organisation et de la compétence des juridictions civiles,* par Carré, tom. II, page 381.

demande, ce magistrat ne dût en connaître, aux termes de l'article 1er de la présente loi (1).

§ II.

Droit contesté.

« Le droit serait contesté (2), dit M. Duranton (3), « si le défendeur prétendait qu'il n'y a pas eu de bail, « ou que le bail est nul, ou qu'il ne comprenait pas « tel objet, etc. »

« . . . Le juge, dit M. Giraudeau (4), ne devient « incompétent que lorsqu'il s'agit de discuter les « clauses du bail sur lesquelles s'appuie le locataire, « pour réclamer cette indemnité. Car ce n'est qu'a-« lors que s'élève la question de l'interprétation « d'acte, la seule que la loi ait voulu ne pas sou-« mettre à la compétence des juges de paix. »

Avant la loi de 1838, cette solution, déjà donnée par les auteurs, d'après le texte de la loi de 1790, avait soulevé quelques dissentiments ; mais, en présence de la discussion qui a eu lieu devant les Chambres, de tels dissentiments ne sauraient se reproduire.

S'il y a contestation sur le droit à l'indemnité, l'incompétence du juge de paix est-elle absolue ? en d'autres termes, est-ce là une incompétence *ratione*

----

(1) Curasson, *Traité de la compétence des juges de paix*, tom. 1er, page, 339 n° 6.

(2) Voyez, sur cette question, les nos 390 et 536 du *Traité*.

(3) *Traité du louage*, tom. xvii, page 55, n° 73.

(4) *Commentaire de la loi du 25 mai 1838*, page 74, première colonne,

materiæ qui puisse être opposée en tout état de cause?

Henrion de Pansey et Carré soutiennent qu'il ne s'agit ici que d'une incompétence relative, établie en faveur du seul propriétaire, et devant, par conséquent, être proposée *à limine litis*.

Cette doctrine est combattue, soit par M. Favard de Langlade, sur le motif que la juridiction du juge de paix, n'étant que d'exception, ne peut être prorogée; soit par Curasson, sur le motif que la prorogation de la juridiction du juge de paix ne peut être qu'expresse (1). C'est ce dernier motif qui nous touche le plus.

§ III.

Juge de paix compétent pour statuer.

« . . . Aujourd'hui, comme sous l'empire de la
« loi de 1790, les demandes, dont s'occupe notre
« article, restent soumises au juge de paix de la
« situation de l'objet litigieux; telle est la règle tra-
« cée par l'article 3, 4° du Code de procédure civile,
« auquel le législateur n'a entendu faire subir aucu-
« ne modification (2); » les affaires de cette nature exigeant des visites et des appréciations pour lesquelles il était nécessaire de déroger à la règle, *actor sequitur forum rei*, règle applicable à toute action

---

(1) Curasson, *Traité de la compétence des juges de paix*, tom. 1ᵉʳ, page 74. n° 37 et page 344, n° 12.

(2) *Commentaire raisonné de la loi du 25 mai 1838*, par M. Masson fils, page 68.

personnelle, règle à laquelle il n'a point été dérogé par l'article précédent (1).

§ IV.

Action du sous-locataire ou sous-fermier, contre le principal locataire ou principal fermier.

On convient, d'une part, que le sous-locataire ou sous-fermier a, contre le principal locataire ou principal fermier, la même action en indemnité qui respectivement appartiendrait, soit au locataire, soit au fermier, contre le propriétaire ; d'autre part, que le principal locataire ou principal fermier a, contre le sous-locataire ou sous-fermier, la même action, pour dégradations ou pertes, qui respectivement appartiendrait au propriétaire, soit contre le locataire, soit contre le fermier ; mais, pour admettre le principal locataire ou principal fermier, à l'exercice de cette dernière action, Carré (2) voudrait que le propriétaire eût lui-même intenté la sienne :

« Jusque-là, dit cet auteur, le principal locatai-
« re ou principal fermier manque d'un intérêt né et
« actuel à l'exercice d'une pareille action. »

Mais, n'y a-t-il donc pas, pour ce détenteur, un intérêt pressant à prévenir les résultats éventuels de l'action en indemnité pour dégradations et pertes ?

----

(1) *Traité de la compétence des juges de paix*, par Curasson, tom 1ᵉʳ, page 6, n° 10, et page 383.

(2) *Les lois de l'organisation et de la compétence des juridictions civiles*, tom. II, page 382.

C'est l'objection, que soulèvent MM. Masson fils (1) et Dalloz jeune (2), objection qui, selon nous, se réduit à autoriser toutes les mesures purement conservatoires (3).

ARTICLE CINQUIÈME.

Les juges de paix connaissent également, sans appel, jusqu'à la valeur de cent francs, et, à charge d'appel, à quelque valeur que la demande puisse s'élever :

1° Des actions pour dommages faits aux champs, fruits et récoltes, soit par l'homme, soit par les animaux, et de celles relatives à l'élagage des arbres ou haies, et au curage, soit des fossés, soit des canaux servant à l'irrigation des propriétés ou au mouvement des usines, lorsque les droits de propriété ou de servitude ne sont pas contestés;

2° Des réparations locatives des maisons ou fermes, mises, par la loi, à la charge du locataire;

3° Des contestations relatives aux enga-

---

(1) *Commentaire raisonné de la loi du 25 mai* 1838, page 82, n° 112.

(2) *Dictionnaire général et raisonné*, partie supplémentaire, aux mots: *compétence civile des juges de paix*, n° 107.

(3) *Ibid.*, n° 108.

gements respectifs des gens de travail au jour, au mois et à l'année, et de ceux qui les employent; des maîtres et des domestiques, ou gens de service à gages; des maîtres et de leurs ouvriers ou apprentis, sans néanmoins qu'il soit dérogé aux lois et règlements relatifs à la juridiction des prud'hommes;

4° Des contestations relatives au payement des nourrices, sauf ce qui est prescrit, par les lois et règlements d'administration publique, à l'égard des bureaux de nourrices de la ville de Paris et de toutes les autres villes;

5° Des actions civiles pour diffamation verbale et pour injures publiques ou non publiques, verbales ou par écrit, autrement que par la voie de la presse; des mêmes actions pour rixes ou voies de fait; le tout lorsque les parties ne se sont pas pourvues par la voie criminelle.

Commentaire.

Sauf l'élévation du chiffre de la compétence et quelques additions, les paragraphes 1er (1), IIIe (2),

---

(1) Voyez le *Traité*, nos 126 à 134.
(2) *Ibid.* nos 273 à 381.

v⁰ (1) et vi⁰ (2) de l'article 10 du titre ii de la loi des 16-24 août 1790 , sont respectivement reproduits par les paragraphes i^{er}, iie, iiie et v^e du présent article de la loi du 25 mai 1838 ; tandis que les paragraphes iie et ive de ce même article de la loi de 1790, le sont respectivement ; savoir : le ive, avec quelques restrictions , par l'article 4 de la loi de 1838 que nous venons d'expliquer , et le iie , avec quelques additions, par l'article 6 de la même loi , que nous expliquerons après l'article 5 dont nous nous occupons en ce moment.

Une première section va être consacrée aux principaux passages des discours qui se rapportent au présent article ; une seconde , le sera aux points qui nous paraîtront réclamer encore quelques éclaircissements.

SECTION PREMIÈRE.

§ 1er.

Sur le 1er paragraphe de l'article 5.

« . . . . En s'expliquant *sur les dommages faits aux* « *champs, fruits et récoltes* , la loi de 1790 se taisait « sur les actions relatives à *l'élagage des arbres ou* « *haies , au curage des fossés servant à l'irrigation des* « *propriétés ou au roulement des usines.* Pour de telles « causes , combien n'est-il pas regrettable de voir « s'introduire , devant les tribunaux d'arrondisse-

---

(1) Voyez le *Traité* , nᵒˢ 396 à 409.
(2) *Ibid.*, nᵒ 410 à 436.

« ment, des procès qu'élève souvent l'amour-propre
« plus qu'un véritable intérêt, et qui, plus tard,
« n'entretiennent la mésintelligence entre voisins
« qu'à raison des frais que chaque plaideur s'efforce
« de rejeter sur son adversaire (1)? »

§ II.

Sur le IIe *paragraphe de l'article 5.*

« La commission a cru devoir enlever, à l'article
« suivant, et reporter à celui-ci, ce qui concerne *les*
« *réparations locatives des maisons et fermes, mises, par*
« *la loi, à la charge du locataire* (2) ; il est bon que le
« juge de paix puisse prononcer définitivement sur
« ce genre de contestations, dans l'étendue de sa
« compétence, et éteigne ainsi des actions de peu
« d'importance que l'appel grossirait inutilement de
« frais ; d'ailleurs l'analogie lui a semblé complète
« entre ces sortes d'actions et celles qui sont énumé-
« rées dans le premier paragraphe (3). »

§ III.

Sur le IIIe *paragraphe de l'article 5.*

« . . . . On s'est demandé si les contestations entre
« les commis et ceux qui les emploient devraient

---

(1) **Présentation**, à la Chambre des pairs, par M. Barthe, dans
la séance du 8 mai 1837.

(2) Ce sont précisément ces sortes de réparations, qui ont tant
d'analogie avec les indemnités et dégradations, qu'on en a mal
à propos détachées, pour en faire l'objet de l'article 6.–Voyez,
ci-après, cet article.

(3) **Rapport fait**, à la Chambre des pairs, par M. Gasparin,
dans la séance du 17 juin 1837.

« être déférées à la compétence des juges de paix.
« Ce système tenait à cette préoccupation qui con-
« fondait, dans la classe des domestiques ou gens de
« service, les secrétaires, les précepteurs, les bi-
« bliothécaires (1) et les commis ; mais il n'y a rien
« de comparable dans ces situations et dans celles
« qui tiennent au service proprement dit. Les commis
« reçoivent, presque toujours, un traitement qui
« excède la compétence des juges de paix ; ces pro-
« cès se compliquent souvent de redditions de comp-
« tes et de prétentions à une part dans les bénéfices.
« Il n'y a pas lieu d'adopter la proposition (2). »

§ IV.

Sur le IVe paragraphe de l'article 5.

« Cet article reproduit une partie des objets déjà
« mis, par la loi des 16–24 août 1790, sous la compé-
« tence des justices de paix. Il en complète la no-
« menclature, en y joignant les contestations relati-
« ves aux mois de nourrice, qui rentrent parfaitement
« dans le cadre de ces causes minimes que les juges
« de paix peuvent seuls terminer (3). »

----

(1) Sur l'acception légale du mot *domestique*, voyez les
numéros 400 à 401 du *Traité*, et, ci-après, section seconde, § III,
au mot : *Domestiques*.

(2) Rapport fait, à la Chambre des députés, par M. Amilhau,
dans la séance du 6 avril 1838.

(3) Rapport fait, à la Chambre des pairs, par M. Gasparin,
dans la séance du 19 juin 1837.

§ V.

Sur le Ve paragraphe de l'article 5.

« . . . Déjà les injures, les rixes et voies de fait
« étaient, quant à l'action civile, de la compétence
« du juge de paix. »

« Le projet ajoute l'injure écrite et la diffamation
« verbale : la diffamation non publique est punie,
« comme injure, si elle a ce caractère ; si elle ne l'a
« pas, elle demeure impunie ; nos lois n'ont pas dû
« la prévoir, pour ne pas briser toutes les relations
« sociales. Ici, on entre dans une voie qui convient
« parfaitement à nos mœurs ; on tente une grande
« épreuve, en cherchant à civiliser les procès cor-
« rectionnels ; nous n'hésitons pas à penser qu'elle
« sera utile. Devant le juge de paix, ces sortes de
« discussions exciteront moins les passions ; il y
« aura moins de publicité, moins de scandale ; et,
« par suite, la décision n'engendrera pas de ces hai-
« nes implacables, qui ont produit de fâcheux résul-
« tats ; toutes les fois que la diffamation aura un
« caractère de gravité et d'importance qui mérite-
« ront une répression sévère, on peut s'en reposer
« sur l'impression de l'homme outragé, il aura re-
« cours à la voie criminelle ; si, au contraire, elle
« ne tient qu'à des causes de la nature de celles qui
« encombrent les tribunaux ordinaires, c'est un bien
« d'avoir renvoyé à la justice de paix. Les tribunaux
« correctionnels deviendront désormais plus sévères,
« parce qu'on ne leur présentera que des causes di-
« gnes de leur examen.

« L'injure par écrit est aussi soumise à cette
« même juridiction ; on a pensé qu'il fallait éviter
« de la confondre avec celle qui se produit par la
« voie de l'impression ; le sens de la loi semblait
« fixe ; l'extension qui lui aurait été donnée, n'avait
« jamais été dans l'ordre des dispositions antérieures ;
« la proposition tendant à l'expliquer n'a offert au-
« cun inconvénient. On a également retranché, du
« paragraphe, le terme d'*expressions outrageantes*...,
« comprises, par l'article 13 de la loi de 1819, dans
« la définition de l'injure (1).

« Quelques personnes auraient voulu, pour le bien
« de la paix, et pour terminer, sans scandale, des
« contestations qui sont une source de haine, que
« la *diffamation écrite*, fut jointe.... aux diffamations
« verbales qui sont mises sous la compétence des
« juges de paix ; mais la commission a pensé que si
« les injures pouvaient être appréciées sans difficul-
« té, il n'en était pas de même de la diffamation, et
« qu'ici se présentaient des appréciations délicates
« qui nous feraient entrer trop avant dans le do-
« maine des procès de presse, réservés aux tribu-
« naux supérieurs (2). »

---

(1) Rapport fait, à la Chambre des députés, par **M. Amilhau**,
dans la séance du 6 avril 1838.

(2) Rapport fait, à la Chambre des pairs, par **M. Gasparin**,
dans la séance du 19 juin 1837.

SECTION SECONDE.

§ Ier.

Sur le 1er paragraphe de l'article 5.

Volailles, Pigeons, Lapins.

Proclamée par l'article 1385 du Code civil, la responsabilité du maître de l'animal qui a causé un dommage quelconque, avait déjà été reconnue par les articles 12 et 24 de la loi des 28 septembre et 6 octobre 1791, sur la police rurale.

Si ce sont des volailles... qui causent le dommage, le propriétaire, détenteur ou fermier, peut les tuer, sur le lieu et au moment du dégât (1), sans toutefois pouvoir se les approprier.

Si ce sont des pigeons, chacun peut les tuer, sur son terrain, comme gibier, aux époques fixées pour la clôture des colombiers (2).

Si ce sont des lapins, chacun peut les tuer, sur son terrain, comme gibier (3), en se conformant, d'ailleurs, aux lois sur la chasse (4).

Élagage des arbres plantés sur les routes.

La disposition du présent paragraphe n'est nullement applicable à l'élagage des arbres plantés sur le sol des routes royales ou départementales, arbres

---

(1) Loi des 28 septembre et 6 octobre 1791, tit. II, art. 12.

(2) Loi des 4 août et 3 novembre 1789, art. 2.

(3) *Traité de la compétence des juges de paix*, par Curasson, tom. 1er, page 387, n° 21.

(4) Loi des 23–30 avril 1790 et décret du 4 mai 1812.

pour lesquels l'article 1er, de la loi du 12 mai 1825, porte qu'il ne peut y être procédé qu'avec *la permission de l'autorité administrative*; non plus qu'à celui des arbres plantés le long des chemins vicinaux, arbres pour lesquels l'article 21, de la loi du 21 mai 1836, porte qu'il ne peut y être procédé que d'après le mode fixé par les règlements émanés des préfets (1), communiqués aux conseils généraux, et revêtus de l'approbation de M. le ministre de l'intérieur.

Même observation, relativement au curage des

---

(1) « Le conseil d'État, considérant que l'article 21 de la loi « du 21 mai 1836, charge les préfets de faire des règlements « pour en assurer l'exécution; que ces règlements doivent « statuer *sur tout ce qui est relatif aux plantations*;

« Qu'il résulte de ces expressions et du but de la disposition, « considérée dans son ensemble, qu'il appartient, aux préfets, « d'insérer, dans les règlements dont il s'agit, toutes les dispo- « sitions relatives à la plantation des arbres qui sont de nature « à assurer la conservation des chemins vicinaux et à préve- « nir leur dégradation;

« Que la loi ne pouvait prescrire *aucune mesure uniforme* « sur les questions qui varient essentiellement avec les lieux, « la nature du sol, le climat, etc.;

« Que, notamment, en ce qui concerne les plantations, cer- « taines parties du territoire sont intéressées à ce que les routes « soient garanties, par les arbres, contre les ardeurs du soleil; « tandis que, dans d'autres, l'existence de ces arbres est une « cause d'humidité, et, par suite, de destruction;

« Que c'est pour concilier les divers besoins de chaque loca- « lité, que les préfets ont été investis du droit de faire, sur ce « point, tous les règlements nécessaires;

« Que le pouvoir dont ils sont investis, à ce titre, n'a pas « d'autres limites que l'intérêt spécial de chaque localité, et

fossés, d'après les articles 2 de la loi du 12 mai 1835, et 21 de la loi du 21 mai 1836.

Question de propriété.

Il résulte implicitement d'un arrêt de la Cour de cassation, en date du 23 avril 1824 (1), et explicitement d'un autre arrêt de la même Cour, en date du 19 mars 1835 (2), que *la règle posée, par l'article 182, § II, du Code forestier, sur l'admission de l'exception préjudicielle, est générale, et régit toutes les matières qui en sont susceptibles.*

Or, le § II de l'article 182 du Code forestier, applicable par conséquent aux matières de la compétence des juges de paix, comme à toutes autres, est ainsi conçu :

« L'exception préjudicielle ne sera admise qu'au-
« tant qu'elle sera fondée, soit sur un titre appa-
« rent, soit sur des faits de possession équivalents,
« personnels au prévenu, et par lui articulés avec
« précision, et si le titre produit ou les faits articu-
« lés sont de nature, dans le cas où ils seraient re-
« connus par l'autorité compétente, à ôter au fait

« qu'ainsi ils sont autorisés à prescrire toutes les mesures qui
« leur paraissent convenables, en se conformant, du reste, aux
« formalités établies par les dispositions ci-dessus visées. »
(Avis du conseil d'État du 9 mai 1838, transmis, aux préfets,
par une circulaire du ministre de l'intérieur, en date du 10
octobre 1830.)

(1) V. *Journal du palais*, 3° édition, tom. XVIII, page 648.

(1) *Ibid.* tom. 26, page 1526.

« qui sert de base aux poursuites, tout caractère de
« délit ou de contravention. »

Sans être juge du mérite des titres relatifs à la
question préjudicielle qui s'élève devant lui, le juge
de paix en est donc l'appréciateur, pour le règlement de sa compétence (1).

Remarquons, au surplus, que les mots *d'exception
préjudicielle*, employés dans le § ii précité de l'article
182 du Code forestier, ne doivent point être pris ici
à la lettre; car ils se réfèrent à une hypothèse qui
n'est pas la nôtre.

On conçoit, en effet, qu'un tribunal de police
correctionnelle ou de simple police, ne puisse prononcer que par voie de surcis, en attendant la décision à intervenir devant le tribunal civil, compétent
pour statuer sur l'exception préjudicielle, et incompétent pour statuer sur l'action intentée.

Or, bien loin qu'ici le tribunal devant lequel le renvoi doit être prononcé, par le juge de
paix, soit incompétent pour statuer sur l'action intentée, c'est qu'au contraire, il devient seul compétent pour y statuer, dès l'instant qu'elle se complique
d'une contestation sur le droit de propriété; donc le
juge de paix doit y renvoyer, non-seulement l'exception, mais encore la cause elle-même. On peut voir,
à ce sujet, une dissertation très-développée où Cu-

______

(1) *Traité de la compétence des juges de paix*, par Curasson, tom. 1ᵉʳ, page 369. Voyez aussi *Examen critique et
commentaire de la loi sur les justices de paix*, par M. Moureau de Vaucluse, page 143.

rasson (1) réfute l'opinion contraire émise par MM. Masson fils (2) et Bénech (3).

Cette considération, que, le *droit étant une fois contesté*, le juge de paix doit ne pas se borner à surseoir, mais renvoyer la cause devant qui de droit, nous dispense d'examiner la question controversée (4) de savoir, si, dans les matières étrangères au régime forestier, l'effet de toute exception préjudicielle, impose, à celui qui s'en prévaut, l'obligation de l'établir.

Contestations entre cultivateurs et marchands.

Lorsque, dans la session de 1838, le projet de loi fut reporté, de la Chambre des pairs, à l'autre Chambre, M. Portalis proposa d'ajouter, au § 1er de cet article, une nouvelle disposition qui aurait pour but de conférer, au juge de paix, le droit de connaître *des contestations entre les cultivateurs et les marchands, à l'occasion de la vente de denrées.*

L'amendement ne fut pas appuyé par la commission.

La question fut aussi examinée par la Chambre des pairs, et le principe qu'on avait le dessein d'introduire dans la loi, repoussé, par le motif que ce serait intervertir l'ordre des juridictions, et dépouil-

---

(1) *Traité de la compétence des juges de paix*, tom. 1er, page 369, n° 6.

(2) *Commentaire raisonné de la loi sur les justices de paix*, page 111, n° 158.

(3) *Traité des justices de paix*, page 176.

(4) *Traité de la compétence des juges de paix*, tom. 1er, page 63, et, *Supplément* à ce tome, pages 13 et 14.

ler les Cours royales du droit de statuer, au second degré, sur une grande partie des affaires commerciales (1).

§ II.

Sur le IIe paragraphe de l'article 5.

Plus explicite, sans être plus étendue que celle du § III de l'article 10, titre III, de la loi des 16-24 août 1790, qu'elle a remplacée, cette disposition a une connexion intime avec le § II de l'article précédent; car, le plus souvent, c'est au défaut de *réparations* que les *dégradations* doivent, sinon leur origine, du moins leur aggravation; ce qui fait vivement regreter, à Curasson (2), que les dispositions de ces deux paragraphes aient été placées, par la nouvelle loi, dans deux catégories tout-à-fait distinctes.

§ III.

Sur le IIIe paragraphe de l'article 5.

Gens de travail.

« Qu'entend-on par *gens de travail ?* « ceux dont « l'engagement peut commencer et finir dans la mê- « me *journée*, répondait Carré (3), sous l'empire de « la loi de 1790.

---

(1) *Commentaire de la loi du 25 mai 1838*, par **M. Giraudeau**, pages 76 et 77.

(2) *Traité de la compétence des juges de paix*, tom. 1er, pages 331 et 434, n° 15.

(3) *Les lois de l'organisation et de la compétence des juridictions civiles*, tom II, page 380.

« Cette définition qui, à la suite de longues con-
« troverses, était à-peu-près généralement admise ,
« laissait, en dehors de la juridiction du magistrat
« de paix, une foule de cas sur lesquels il devra
« statuer aujourd'hui (1). »

Et, en effet, à la différence du § v de l'article 10,
titre III, de la loi des 16-24 août 1790, notre paragraphe ne se borne pas à parler des *gens de travail*,
mais il ajoute : *au jour*, *au mois et à l'année*.

Du reste, « les ouvriers, dont il est question dans
« cette partie de l'article, sont ceux qui travaillent
« manuellement, tels que les manœuvres et artisans ;
« on ne saurait ranger, dans cette classe, les artis-
« tes proprement dits, les personnes exerçant des
« professions libérales (2).

Domestiques.

Doit-on comprendre, au nombre des gens de *service à gages*, les secrétaires, les commis-marchands,
etc. La jurisprudence se partageait , sur ce point..;
cependant, un arrêt de la Cour de Bourges, du 30
mai 1829 (3), avait établi une distinction posée en
principe lors de la discussion de la loi nouvelle (4) ;
et, de ces considérations , M. Giraudeau (5) conclut

---

(1) *Commentaire de la loi du 25 mai* 1838, par **M. Giraudeau**,
tom. 1er, page 77, 2e col.

(2) *Traité de la compétence des juges de paix*, par Curasson,
tom. 1er, page 439.

(3) Voyez *Journal du palais* , 3e édition, tom. 22, page 1080.

(4) Voyez le paragraphe III de la section précédente, p. 152.

(5) *Commentaire de la loi du 25 mai* 1838, page 106.

« qu'aujourd'hui la compétence des juges de paix ne
« s'étend qu'aux contestations relatives aux engage-
« ments des gens qui sont *au service* d'un maître, et
« que ce dernier emploie à un travail matériel, soit
« industriel, soit agricole. »

L'arrêt de Bourges, ci-dessus rappelé, porte, en
substance, que la loi de 1790, qui autorise le juge de
paix à connaître du payement des gages des domestiques, ne s'applique pas à la demande en payement
de traitement, formée par le secrétaire d'un lieute-
tenant-général des armées du roi, et ce: 1° parce que,
dans l'acception légale, attestée par la constitution
de 1791, l'expression *domestique* ne s'applique qu'aux
serviteurs à gages ; 2° parce que la réunion, dans un
même paragraphe, des *salaires des gens de travail* et
des gages des domestiques, ne peut se prêter à une
interprétation d'après laquelle, au nombre des domestiques, on verrait figurer des personnes qui reçoivent, non des gages, mais des honoraires, et qui
rendent des services, à celui qui les emploie, sans
être pour cela à son service.

« Dans les contestations de cette nature, dit M.
« Moureau de Vaucluse (1), les juges de paix auront
« à examiner, d'abord, la qualité des parties : si c'est
« un secrétaire, un bibliothécaire, un précepteur
« qui ait affaire contre le maître de la maison, le
« juge de paix devra renvoyer à se pourvoir devant
« le tribunal civil... »

____

(1) *Examen critique et commentaire de la loi du 25 mai
1838*, page 106.

M. le professeur Bénech (1) est du même avis; voici ses propres paroles :

« ... Il répugne, à notre raison comme à nos
« sympathies, de ranger, dans la classe des *domes-*
« *tiques*, les bibliothécaires, les précepteurs, les se-
« crétaires, les intendants des maisons... Croira-t-
« on, par exemple, que les auteurs des constitutions
« de 1791 (2), de l'an iii (3) et de l'an viii (4), qui suc-
« cessivement ont refusé l'exercice des droits politi-
« ques à ceux qui se trouvent en état de domesticité,
« aient voulu embrasser, dans l'expression de do-
« mestiques, les *précepteurs*, les *secrétaires ?*... il faut
« dès-lors, selon nous, distinguer entre les services
« de l'ordre intellectuel et moral, et ceux d'un or-
« dre purement matériel. »

M. Bénech rappelle les considérations qui ont dicté l'arrêt de la Cour royale de Bourges ci-dessus analysé (5), et encore un arrêt antérieur de la Cour royale de Riom (6), puis, quelques passages de discours qui n'ont donné lieu à aucune réclamation dans le sein des Chambres, enfin il conclut ainsi :

« Il n'est donc pas douteux que les théories de

---

(1) *Traité des justices de paix,* pages 189 à 194.

(2) Constitution des 3-14 septembre 1791, tit. iii, sect. 2, art. 2, 3e alinéa.

(3) Constitution du 5 fructidor an iii, tit. ii, art. 13, 3°.

(4) Constitution du 22 frimaire an viii, tit. 1er, art. 5, 2e al.

(5) Réfuté ci-après, pages 164 et 166, à la note.

(6) Réfuté ci-après, *ibid.*

« MM. Henrion de Pansey (1) et Carré (2) sont au-
« jourd'hui surannées. »

On conviendra qu'au contraire, il est fort douteux
que l'on doive regarder, comme surannées, les théories de MM. Henrion de Pansey et Carré, quand on
saura qu'indépendamment de M. Augier (3), (qui,
selon nous, a victorieusement réfuté les considérants
de l'arrêt de Bourges (4), comme Carré, l'arrêt précité de la Cour de Riom (5), lorsqu'il fait remarquer,
(6) qu'en matière de reproches à témoins, les tribunaux jouissent du pouvoir discrétionnaire le plus
étendu), Curasson (7) en a chaudement embrassé la
défense.

Je vais briévement exposer la série des raisonnements que j'ai trouvés développés, soit par Curasson, soit par d'autres auteurs, en faveur du système
de M. Henrion de Pansey, et c'est par là que je ter-
minerai cette discussion importante.

Ayant à s'expliquer sur le sens du mot *domestiques*,
employé au § IV, de l'article 10, du titre III, de la

----

(1) *De la compétence des juges de paix*, XI° édit., chap. XXX,
page 302.

(2) *Les lois de l'organisation et de la compétence des juridictions civiles*, tom. II, page 386, § V.

(3) *Encyclopédie des juges de paix*, aux mots : *Domestiques
et serviteurs*, page 378, n° IV.

(4) *Ibid.* n° V.

(5) *Journal du palais*, III° édit., tom. XXII, page 408.

(6) *Les lois de la procédure civile*, tom. 1er, page 700, art.
283, n° 1102.

(7) *Traité de la compétence des juges de paix*, tom. 1er, page
442 n° 5.

loi des **16-24** août **1790**, Henrion de Pansey avait dit :

« On appelle *domestiques* tous ceux qui font partie
« d'une maison, et qui, subordonnés à la volonté du
« maître, en reçoivent des gages.

« Les domestiques sont de deux sortes : ceux dont
« les fonctions n'ont rien d'avilissant et même sont
« honorables ; et ceux dont les services supposent
« une dépendance plus absolue.

« A la première classe, appartiennent les biblio-
« thécaires (1), les précepteurs, les secrétaires, les
« intendants de maison (2).

« A la seconde, tous ceux que l'on nomme valets,
« serviteurs, servantes, et qui sont désignés, dans les
« lois, sousla dénomination de *serviteurs-domestiques*. »

En reproduisant la doctrine d'Henrion de Pansey,
Carré y ajoute les développements que voici :

« . . . C'est ainsi que tous nos anciens auteurs
« avaient expliqué le mot pris dans un sens étendu.
« Suivant eux, il signifie tous ceux qui demeurent
« chez quelqu'un, qui lui sont subordonnés, qui
« composent sa maison, qui vivent ou sont censés
« vivre chez lui.

---

(1) Par arrêt du 12 mai 1739, le parlement de Paris l'avait
ainsi décidé, relativement à un bibliothécaire, en admettant,
un domestique de cette qualité, à recueillir sa part d'un legs
fait aux *domestiques* du testateur.

(2) « On appelle *domestiques*, dit Pothier, (*Traité des
« obligations*, IVᵉ partie, chapitre II, article 8, n° 793, 5ᵉ al.)
« les personnes qui demeurent en notre maison et mangent
« notre pain, que ees personnes soient en même temps nos
« *serviteurs*..., ou qu'elles ne le soient pas, pourvu que nous
« ayons, sur elles, quelqu'autorité. »

« Ainsi, M. Henrion de Pansey, et, après lui ,
« tous les auteurs qui ont écrit sur les justices de
« paix, divisent-ils les domestiques en deux clas-
« ses... »

« Quelle que soit la différence de la condition et
« des services de toutes ces personnes, toutes, com-
« me *domestiques*, n'en sont pas moins soumises à
« la juridiction des juges de paix... »

D'après la note que j'ai ajoutée au passage d'Henrion de Pansey, on voit que cette acception est conforme à la jurisprudence du parlement de Paris.

D'après le passage de Carré, on voit que cette
acception est en outre conforme à l'opinion de tous
ceux qui ont écrit, soit avant Henrion de Pansey,
soit depuis (1).

On devait donc s'attendre à voir les détracteurs
d'une pareille interprétation du mot *domestiques*

---

(1) Entre ces derniers , je citerai : 1° Toullier, interprétant
l'article 283 du Code de procédure civile, sur les reproches à
témoins (*Le droit civil Français*, tom. IX, n° 314), reproches
à l'égard desquels, ainsi que le fait observer Carré, (*Les lois
de la procédure civile*, art. 283, n' 1102) les tribunaux jouissent d'un pouvoir tout-à-fait discrétionnaire; ce qui explique
l'arrêt précité de la Cour de Riom (*Journal du palais*, IIIᵉ édit.,
tom. 22, page 408); 2° M. Troplong qui, dans son *Commentaire
de la prescription* (art. 2272, n° 975), semble revenir sur la
doctrine qu'il avait professée dans son *Commentaire des priviléges et hypothèques* (art. 2101, § IV, n° 142), en se fondant
sur l'arrêt précité de la Cour de Bourges, et en protestant, chose admirable, qu'il n'entend point s'écarter de la doctrine
d'Henrion de Pansey.

s'appuyer sur les expressious de la loi nouvelle (1) ; au lieu de cela, ils s'appuyent sur des textes qui n'ont pu être ignorés des graves jurisconsultes dont on s'avise, un peu tard, de combattre la doctrine.

Le premier texte est celui du troisième alinéa de l'article 2, section II, de la constitution des 3-14 septembre 1791, ainsi conçu :

« Pour être citoyen actif, il faut... n'être pas dans « un état *de domesticité*, c'est-à-dire, *de serviteur à* « *gages*. »

Quoi de plus clair que cette disposition par laquelle le législateur déclare, que, par état *de domes-*

---

(1) « Les juges de paix connaissent également.............. des contestations relatives aux engagements respectifs.... des maîtres et *des domestiques ou des gens de service à gages*.

Telles sont les expressions de la loi de 1838.

La loi de 1790 disait :

« Le juge de paix... connaîtra... du payement... des *gages* « *des domestiques* et de l'exécution des engagements respec- « tifs des maîtres et de leurs *domestiques ou gens de travail*. »

La loi nouvelle est plus concise, mais elle offre absolument le même sens que celle qui a précédé.

On trouve, d'une part, les *gages* dus, soit aux *domestiques*, pris dans l'acception la plus large pour tous ceux qui, vivant sous un même toit, reconnaissent un même maître, soit à cette classe de domestiques que l'on désigne plus spécialement sous la dénomination de *gens de service* ou de *gens de travail*.

On y trouve, d'autre part, les engagements respectifs entre le maître, et ses domestiques, à quelque classe qu'ils puissent appartenir; engagements dont les gages forment l'une des espèces.

licité devant avoir pour conséquence de priver des droits de citoyen, il entend parler de l'état de *serviteur à gages?* D'où la conséquence nécessaire, qu'entre les *domestiques*, les seuls *serviteurs à gages* encourent la suppression des droits politiques.

Y a-t-il ici la moindre restriction apportée à l'acception générale du mot *domestique?* nullement. Mais il y a restriction apportée à l'acception de ce mot, en ce qui concerne l'exercice des droits politiques, et pas davantage.

Je n'ai point à parler de la constitution du 24 juin 1793; à cette époque de vertige, la domesticité, à quelque titre que ce pût être, ne fut point placée au nombre des incapacités politiques (1).

Supposé, ce qui n'est assurément pas, que la constitution de 1791, laissât planer encore quelque doute sur l'acception légale du mot *domestique*, ce doute serait expliqué par les articles 13, 3°, de la constitution du 5 fructidor an III, et 5, 2° alinéa, de celle du 22 frimaire an VIII, dont voici les dispositions, de tout point identiques :

« L'exercice des droits de citoyen est suspendu... par l'état de *domestique à gages, attaché au service de la personne ou du ménage.*

---

(1) A la différence de l'ordonnance des 17-22 juillet 1816, dont l'article 25 interdisait le service de la garde nationale aux *individus privés de l'exercice des droits politiques,* et, par conséquent, aux *serviteurs domestiques,* la loi des 22-25 mars 1831, affecte le même silence que la constitution de 1793, en ne frappant d'incapacité que les individus privés de l'exercice des droits civils.

Cela est-t-il clair?

Si, par *domestique*, le législateur eut pensé que l'on devait nécessairement entendre l'individu placé au dernier degré de l'échelle sociale, et entièrement subordonné à la volonté du maître qu'il s'est choisi, qu'eut-il eu besoin d'ajouter : *attaché au service de la personne ou du ménage ?*

Quoiqu'en dise M. Bénech, on peut donc déclarer, justiciables du juge de paix, les *secrétaires*, les *précepteurs*, les *bibliothécaires*, sans pour cela les exclure de l'exercice des droits politiques ; parce que, bien qu'ils soient domestiques dans l'acception large de ce mot, acception qui n'a rien de flétrissant (1), ils ne le sont pas dans l'acception étroite, acception qui est incompatible avec l'exercice des droits politiques.

Jamais, en jurisprudence criminelle, on a hésité à faire, aux *domestiques*, serviteurs ou non, l'application de l'article 386 du Code pénal ; y aurait-il plus d'inconvénient à leur faire l'application de l'article 5 de la loi du 25 juin 1838 ?

Juridiction des prud'hommes.

« Quant au troisième alinéa de cet article, j'aurais « désiré, dit M. Moureau de Vaucluse (2), que la

---

(1) Suivant l'ingénieuse remarque de Curasson, lorsque l'on veut faire entendre ce qu'il y a de plus intime dans la famille, on dit : *le foyer domestique.*

(2) *Examen critique et commentaire de la loi du 25 mai 1838*, pages 106 et 107.

« partie relative aux contestations entre les maîtres
« et leurs ouvriers ou apprentis, fût rédigée autre-
« ment, et, qu'au lieu de ces mots : *sans néanmoins*
« *qu'il soit dérogé aux lois et règlements relatifs à la*
« *juridiction des prud'hommes*, on eût employé ceux-
« ci : *excepté dans les villes où la juridiction des pru-*
« *d'hommes se trouve, ou serait établie.* »

Et, en effet, dit cet auteur, le décret du 11 juin
1809, organique de la loi du 18 mars 1806, contenant
création des conseils de prud'hommes (M. Moureau
veut sans doute dire du 3 août 1810, article 2, 2e
alinéa), porte que les appels des jugements des conseils de prud'hommes seront déférés aux *tribunaux de
commerce*; d'où, par arrêt du 2 juillet 1831 (1), la
Cour royale de Paris a tiré la conséquence que, dans
les villes qui n'ont point de conseils de prud'hommes,
les contestations, entre maîtres et apprentis..., sont
de la compétence des tribunaux de commerce, à
l'exclusion des juges de paix ; or, une telle conséquence serait en opposition formelle avec le texte du
présent article.

§ IV.

Sur le IVe *paragraphe de l'article 5.*

Le quatrième paragraphe de notre article est encore une innovation (2), et cependant M. Moureau de

---

(1) M. Moureau cite 1832; c'est une erreur; il faut lire : 1831,
voyez *Journal du palais*, 3e édit., tom. 24, page 5, 2e col.

(2) *Commentaire de la loi du 25 mai* 1838, par M. Giraudeau,
page 80, premier alinéa.

Vaucluse, ex-juge de paix du troisième arrondissement de Paris, affirme (1), qu'avant la loi de 1838,
nonobstant le silence de la législation de 1790, à ce
sujet, et les dispositions, encore aujourd'hui en vigueur (2), des décrets des 25 mars et 30 juin 1806,
relatives aux bureaux de nourrices, c'était devant les
juges de paix qu'étaient portées, à Paris, et en grand
nombre, les contestations entre les nourrices et les
pères de leurs nourissons.

Dans le projet de loi sur l'organisation judiciaire,
ce paragraphe avait été rédigé ainsi : « *des contesta-*
« *tions entre les nourrices et les père et mère ou tuteurs*
des enfants qui leur ont été confiés... »

En restreignant, au payement, la compétence du
juge de paix, sur ce point, la rédaction nouvelle a
rendu ce paragraphe à-peu-près inutile (3).

Contre l'avis de M. Troplong (4), qui voudrait que
l'action en payement des nourrices ne se prescrivît
que par cinq années, conformément à l'article 2277
du Code civil, Curasson (5) pense qu'il est plus naturel d'assimiler, à celle des maîtres de pension,

---

(1) *Examen critique et commentaire de la loi du 25 mai*
1838, pages 108 et 109.

(2) *Commentaire raisonné de la loi du 25 mai* 1838, page
128, n° 183.

(3) *Commentaire de la loi du 25 mai* 1838, par M. Giraudeau,
page 80, premier alinéa.

(4) *Commentaire de la prescription,* tom. ii, page 566, art.
2272, n° 968.

(5) *Traité de la compétence des juges de paix,* tom. 1er,
page 474, n° 2.

cette sorte d'action, et, par conséquent, de la déclarer prescriptible , par une année, conformément à l'article 2272 du même Code.

L'avis de M. Troplong nous paraît le plus conforme aux vrais principes , en pareille matière ; aucune raison d'analogie ne peut être assez puissante, pour appliquer une prescription plus courte, quand une prescription plus longue a pour elle le texte même de la loi : « généralement, tout ce qui est payable par année, *ou à des termes périodiques plus courts*, dit l'article 2277; or , on sait que les nourrices se payent *par mois*; nous pensons donc que leur salaire n'est prescriptible que par cinq années.

§ V.

Sur le ve paragraphe de l'article 5.

A entendre M. Moureau de Vaucluse (1), « le dernier paragraphe de l'article 5 bouleverse notre législation ; car , dit cet ancien juge de paix, la législation avait établi que l'injure verbale non publique était du ressort des tribunaux de police, et, par là, civilement ou criminellement, du ressort des justices de paix ; que les injures verbales publiques, les diffamations verbales ou par écrit, étaient du ressort des tribunaux correctionnels, *de même que les actions pour rixes ou voies de fait*. En vertu de cette législation, l'action civile avait toujours marché à la suite de l'action criminelle ; il était alors facile d'en apprécier le mérite... »

Examen critique et commentaire de la loi du 25 mai 1838, pages 109 et 110.

Cette critique renferme un mélange de vérité et d'erreur.

Et, en effet, il n'est pas exact de dire que, d'après la législation antérieure à la loi du 25 mai 1838, le juge de paix n'était compétent, pour statuer sur l'action civile des parties choisissant cette voie, qu'autant qu'il l'aurait été, pour statuer sur l'action criminelle.

« Déjà, dit Curasson (1), se fondant sur le requi-
« sitoire et l'arrêt du 21 décembre 1813 (2), comme il
« l'aurait également pu, sur l'arrêt du 21 novembre
« 1825 (3) qu'il cite plus haut (4), il était reconnu
« que la loi de 1790 embrassait toutes les actions
« pour injures *verbales*, quelque graves qu'elles
« fussent, et ne pouvait être restreinte aux actions
« qui, si elles eussent été formées par voie de plain-
« te, auraient dû être portées devant les tribunaux
« de simple police. »

Déjà aussi, ainsi que je crois l'avoir établi ail-leurs (5), l'action, à fins civiles, pour rixes et voies de fait, pouvait être portée devant le juge de paix, sans égard à la nature plus ou moins grave de ces rixes ou voies de fait, et alors même que, si elles eussent été formées par voie de plainte, elles au-

---

(1) *Traité de la compétence des juges de paix*, tom. 1ᵉʳ page 492.

(2) *Journal du palais*, 3ᵉ édit., tom. xi, page 839, 2ᵉ col.

(3) *Ibid.*, 3ᵉ édit., tom. xix, page 962.

(4) *Traité de la compétence des juges de paix*, tom. 1ᵉʳ, page 480.

(5) Voyez nᵒˢ 415 à 436 du *Traité*.

raient dépassé la compétence du tribunal de simple police.

Pour apprécier les véritables changements apportés, à la législation, par le présent paragraphe du présent article de la loi du 25 mai 1838, prenons une idée juste de ce qu'on doit entendre par *diffamation* et par *injure*.

D'après le Code pénal de 1810, l'imputation outrageante et publique d'un fait précis dont la preuve légale n'était point rapportée, constituait le délit correctionnel de calomnie (art. 367 à 374), de même que l'imputation outrageante et publique d'un vice déterminé constituait le délit correctionnel d'injure grave (art. 375); tandis que, toutes autres expressions outrageantes, ne réunissant pas ce double caractère de gravité et de publicité, ne constituaient qu'une simple contravention (art. 376).

D'après la loi du 17 mai 1819, le délit correctionnel (1) de calomnie s'est annihilé, pour faire place au délit correctionnel de *diffamation*, qui consiste dans l'allégation ou imputation d'un fait de nature à porter atteinte à l'honneur ou à la considération de la personne ou du corps auquel le fait est imputé (art. 13); de même que le délit correctionnel (2) d'*injure grave* consiste dans l'imputation outrageante et pu-

---

(1) Je dis *correctionnel*, bien que l'article 5 de la loi du 8 octobre 1830, qui remet en vigueur l'article 13 de la loi du 26 mai 1819, qu'avait abrogé la loi du 25 mars 1822, défère, en certains cas, aux cours d'assises, la connaissance de ce délit.

(2) Même observation que ci-dessus.

blique d'un vice déterminé (art. 13 et 20 combinés); tandis que la contravention d'*injure légère* consiste dans l'expression outrageante qui ne renfermerait l'imputation, ni d'un fait précis, ni d'un vice déterminé, ou qui ne serait point publique (art. 13).

« Ainsi, quelque grave que puisse être une injure;
« qu'il y ait diffamation réelle, imputation d'un fait
« précis, ou d'un vice déterminé, le tribunal de sim-
« ple police est compétent dès l'instant que l'injure
« n'a pas été proférée, soit dans un lieu ou dans une
« réunion publics, soit dans un écrit imprimé ou ré-
« pandu; bien plus, lors même que l'injure aurait
« reçu cette publicité, le tribunal de simple police
« serait également compétent, si, sans renfermer
« l'imputation, soit d'un fait précis, soit d'un vice
« déterminé, l'injure ne consistait que dans des ex-
« pressions outrageantes, des invectives ou termes
« de mépris (1). »

Nous venons de voir que la loi du 17 mai 1819 n'avait apporté aucun changement à la juridiction du juge de paix, comme juge de simple police; voyons maintenant, quant à sa juridiction civile, quelles modifications résultent de l'article 5, 5° de la loi du 25 mai 1838.

Sa juridiction civile s'est accrue sous ce rapport.

D'après la loi de 1790, le juge de paix connaissait des actions, à fins civiles, pour *injures verbales*.

____

(1) Voyez Curasson, *Traité de la compétence des juges de paix*, tom. 1ᵉʳ, page 486, dernier alinéa, et les arrêts cités aux pages 487 et suiv. du même ouvrage.

D'après la loi de 1838, il connaît des actions, à fins civiles , *pour diffamation verbale et pour injures publiques ou non publiques , verbales ou par écrit, autrement que par la voie de la presse.*

Cette dernière loi a donc ajouté à la juridiction du juge de paix :

1° L'action civile *pour diffamation verbale* ;

2° L'action civile *pour toute injure qui ne serait pas purement verbale.*

Ainsi , d'une part, quand il ne s'agira que de cris ou de discours proférés, il sera inutile de rechercher si l'expression employée caractérise une diffamation ou une injure ; le juge de paix sera compétent pour en connaître (1).

Ainsi , d'autre part , quand il s'agira d'un écrit injurieux , le juge de paix devra considérer, en premier lieu, si les termes, dont on s'est servi, caractérisent une *diffamation* ; cas auquel il devra renvoyer devant les tribunaux ordinaires (2) : et, en second lieu , s'il a été livré à l'impression ; cas auquel il devra encore en faire de même, à moins que, dans l'un comme dans l'autre de ces deux cas, l'action n'ait été portée, devant lui, en vertu de l'article 1er de la présente loi de 1838 (3).

---

(1) *Commentaire raisonné de la loi du* 25 *mai* 1838 , par **M.** Masson fils,   page 130, n° 184.

(2) *Traité de la compétence des juges de paix*, par Curasson, tom. 1er, page 499, dernier alinéa.

(3) *Ibid.*, page 493.

ARTICLE SIXIÈME.

Les juges de paix connaissent, en outre, à charge d'appel :

1° Des entreprises commises, dans l'année, sur les cours d'eau servant à l'irrigation des propriétés et au mouvement des usines et moulins, sans préjudice des attributions de l'autorité administrative, dans les cas déterminés par les lois et par les règlements ; des dénonciations de nouvel œuvre, complaintes, actions en réintégrande et autres actions possessoires fondées sur des faits également commis dans l'année ;

2° Des actions en bornage et de celles relatives à la distance prescrite par la loi, les règlements particuliers et l'usage des lieux, pour les plantations d'arbres ou de haies, lorsque la propriété ou les titres qui l'établissent ne sont pas contestés ;

3° Des actions relatives aux constructions et travaux énoncés dans l'article 674 du Code civil, lorsque la propriété ou la mitoyenneté du mur ne sont pas contestées ;

4° Des demandes en pension alimentaire n'excédant pas 150 francs, par an, et seulement lorsqu'elles seront formées en vertu des articles 205, 206 et 207 du Code civil.

Commentaire.

Comme nous l'avons dit (1), l'article 6 de la loi nouvelle est une véritable édition corrigée et augmentée du paragraphe ii de l'article 10 du titre iii de la loi des 16 - 24 août 1790, paragraphe qui a fait l'objet du titre deuxième de notre *Traité* (2). Nous devons donc ici nous borner à signaler, d'une part, les modifications apportées, par le présent article, à la législation des actions possessoires ; d'autre part, l'extension, donnée, par ce même article, à la juridiction du juge de paix ; et de là, les deux sections qui suivent :

SECTION PREMIÈRE.

Modifications apportées à la législation des actions possessoires.

Ces modifications sont au nombre de trois, qui vont faire l'objet d'autant de paragraphes.

§ 1er.

Première modification.

D'après le paragraphe iie du titre iii de la loi des 16 - 24 août 1790, le juge de paix était appelé à connaître des actions possessoires, sans appel, jusqu'à la valeur de 50 livres, et, à charge d'appel, à quelque valeur que la demande pût monter (3).

---

(1) Voyez, plus haut, page 150.
(2) Voyez nos 135 à 372.
(3) Voyez le *Traité*, nos 120, 123, et 328 à 335.

D'après notre article, le juge de paix ne peut jamais connaître, qu'à charge d'appel, de ces sortes d'actions.

« . . . Dans cette disposition de la loi nouvelle, « dit M. Masson fils (1), on rencontre une modifica-« tion bien sage, à la loi de 1790...; » et, en effet, d'après M. Giraudeau (2), « ces sortes d'actions ne « sont nullement appréciables. » Cependant, comme le fait remarquer M Rénouard (3), « il s'agit là de « litiges dont le juges de paix est très-apte à connaî-« tre ; puisqu'ils portent sur des vérifications de faits, « qui, alors même qu'elles n'engagent que de faibles « sommes , peuvent être d'un grand intérêt pour les « justiciables. »

§ II.

Deuxième modification.

« Dans une loi destinée à fixer la compétence des «juges de paix, il eut suffi, dit Curasson (4), de « leur attribuer la connaissance des actions posses-« soires , en général ; mais nos législateurs ont cru « devoir spécifier quelques-uns des objets qui peu-« vent y donner lieu.

Or, d'après M. Giraudeau (5), l'énumération consignée dans la loi de 1790, était fort incomplète.

---

(1) *Commentaire raisonné de la loi du 25 mai* 1838, page 146.

(2) *Commentaire de la loi du 25 mai* 1838, page 82, 2ᵉ alinéa.

(3) **Rapport** fait, à la Chambre des députés, dans la séance du 29 mars 1837.

(4) *Traité de la compétence des juges de paix*, tom. II, page 121, nᵒ 1.

(5) *Commentaire de la loi du 25 mai* 1838, page 82, 2ᵉ col.

« Ainsi, par exemple, cette loi accordait, au juge
« de paix, le droit de connaître des entreprises com-
« mises sur les cours d'eau *servant à l'arrosement des*
« *prés*. De là, une longue controverse pour savoir si
« ce magistrat pouvait ou non statuer sur les entre-
« prises relatives aux cours d'eau servant à l'ali-
« mentation, aux besoins des communes, ou bien
« des usines et manufactures:

« Les termes de l'article sont restrictifs, disait-on,
« et l'on ne doit pas, en l'absence d'un texte formel,
« attribuer, à un juge d'exception, la connaissance de
« contestations toujours fort difficiles et fort impor-
« tantes.

« Mais, avait-on répliqué, les empiétements sur
« les cours d'eau, quel que soit leur usage, consti-
« tuent un simple trouble à la possession, et le juge
« de paix peut toujours statuer, sur la dénonciation
« qui lui en est faite; puisque, en réalité, il ne
« s'agit alors que de statuer sur une action posses-
« soire (1).

« La rédaction de la loi nouvelle met fin à cette
« controverse... » qui nous étonnait (2); tant le sens,
aujourd'hui littéral et par conséquent incontestable, nous a toujours paru le seul admissible.

A l'occasion de ce passage, où il est question de
l'usage des eaux, nous ferons observer que, dans leur
fréquent contact, en pareille matière, avec l'autorité

---

(1) Voyez, n°ˢ 343 à 345 du *Traité*.
(2) *Ibid.*

administrative, les juges de paix ne doivent , comme les en avertit M. Dalloz (1), jamais perdre de vue :

« 1° Qu'il leur est interdit de prononcer sur toute « contestation précédemment réglée par des actes ou « arrêts administratifs...

« 2° Que, si la décision du litige est subordonnée « à la détermination du sens d'un acte administratif, « ils doivent renvoyer , devant cette autorité, pour « faire interpréter l'acte ;

« 3° Qu'ils doivent également suspendre leur déli- « bération, dès que l'arrêté de conflit leur est notifié.

§ III.

Troisième modification.

Comparé au IIe paragraphe de l'article 10, du titre III, de la loi de 1790, le 1er paragraphe de notre article, ne se borne pas à une énumération moins défectueuse (2) des diverses espèces d'actions possessoires relatives à l'usage des eaux ; une telle énumération, même appliquée à tous les genres d'actions possessoires, fût toujours demeurée fort incomplète ; il ajoute une énumération des gen-

----

(1) Aux mots : *Compétence administrative.*

(2) « Cet article attribue, au juge de paix , la connaissance, à « charge d'appel, des actions possessoires , dont il donne, à « l'aide de la jurisprudence, une explication plus complète que « ne l'avait fait la loi du 24 août 1790 » Rapport fait, à la Chambre des députés, par M. Rénouard , dans la séance du 29 mars 1837.

res (1), énumération qui ne se rencontrait pas dans la loi de 1790, et, qui cependant peut seule satisfaire.

La voici : *les juges de paix connaissent... des dénonciations de nouvel œuvre , complaintes , actions en réintégrande ;* expressions à la suite desquelles il était superflu d'ajouter *et autres actions possessoires* (2) ;

---

(1) « Aucune des matières soumises aux juges de paix n'offre « plus de difficultés que le jugement des actions possessoires ; « souvent, a raison des doutes qui s'élèvent pour décider si la « possession annale est acquise ; quelquefois, pour discerner si « *l'action intentée* est de la nature de celles que la loi a qualifiées de possessoires. Sous le premier rapport, tout dépend « forcément de la sagacité du magistrat ; sous le second, le « législateur doit ne plus abandonner, aux variations de la « jurisprudence, la solution de questions controversées, ou qui « pourraient l'être. Dans ce dessein, le projet ajoute à la clarté « des expressions du deuxième paragraphe de l'article 10, du « titre III, de la loi du 24 août 1790, en s'expliquant au sujet « des entreprises, commises, dans l'année, sur les canaux servant « *au roulement des usines et moulins*, et en classant « formellement, au nombre des actions possessoires, *les dénonciations de nouvel œuvre, la complainte* qui s'exerce en « cas de simple trouble apporté à une possession acquise, *la* « *réintégrande*, qui suppose la spoliation du possesseur. » (Présentation, à la Chambre des pairs, par M. Persil, dans la séance du 8 mai 1837).

(2) « En effet, après avoir indiqué que le juge de paix peut « connaître des trois seules genres d'actions possessoires recon- « nues dans notre droit Français, l'article 6 reproduit ces « mots qui terminent le paragraphe II de la loi de 1790 : *et au-* « *tres actions possessoires* ; est-ce à dire, pour cela, que l'on ait « entendu attribuer, à ce magistrat, la connaissance d'actions « autres que celles connues sous les noms de complainte, « réintégrande, et dénonciation de nouvel œuvre ? La preuve « du contraire est écrite, en toutes lettres, dans les discours

parce qu'après les actions possessoires qui viennent d'être énumérées, on ne peut en citer aucun autre (1).

Reprenons chacun de ces trois genres d'action possessoire :

Premier genre.

Dénonciation de nouvel œuvre.

Répondant à une objection de M. Julhe de Foulan (2), nous avons appuyé, par la doctrine des principaux auteurs, ce que déjà nous avions eu occasion de dire, dans notre *Traité* (3), sur ce genre d'action.

La théorie, à laquelle nous nous sommes arrêté, reçoit ici, nous osons le dire, une sanction légale ; et maintenant, moins que jamais, on serait autorisé à nous contester que, pour être élevée à la qualité d'*action possessoire*, la dénonciation de nouvel œuvre ne doive remplir toutes les conditions de la *saisine*.

« de présentation, et les rapports des commissions qui ont exa-
« miné le projet de loi. Est-ce à dire, au moins, que l'inten-
« tion du nouveau législateur ait été de revenir, pour statuer
« sur ces différentes actions, aux règles de notre ancien droit?
« Pas davantage ; les discussions, qui ont eu lieu sur ce para-
« graphe, ne peuvent non plus laisser douter un instant que
« les auteurs de la loi nouvelle n'aient eu d'autre but que de
« combler une lacune, dans la loi de 1790, en sanctionnant les
« règles admises par la jurisprudence. »(*Commentaire de la loi du 25 mai* 1838, par M. Giraudeau, page 87, première colonne.)

(1) C'est aussi l'avis de Curasson, *Traité de la compétence des juges de paix,* tom. II, page 122.

(2) Voyez, plus haut, pages 46 à 57.

(3) Voyez n°s 354 à 372.

Dans la première édition de son *Traité théorique et pratique des actions possessoires* (1), Carou paraissait en douter, lorsqu'il accusait la loi nouvelle de n'être pas assez explicite, sur ce point, et de faire « revivre, parmi nous, une action mal connue, avec « tous les vices qui lui sont propres (2). »

« Il n'a pu entrer dans l'esprit des législateurs de « 1838, est-on autorisé à lui répondre, avec Curasson (3), d'établir une innovation, de déroger aux rè- « gles du droit commun, de remettre en vigueur, « soit les dispositions singulières du droit romain, « soit la jurisprudence, non moins étrange, du qua- « torzième siècle; dispositions, qui, dès longtemps, « étaient tombées en désuétude, et qui, sans cela, « auraient été abrogées par le Code de procédure ci- « vile. Si la loi de 1790 ne désignait pas nommé- « ment la dénonciation de nouvel œuvre, c'est qu'elle « est évidemment comprise dans les actions posses- « soires dont cette loi attribuait, en général, la con- « naissance aux juges de paix. L'unique objet de la « loi nouvelle a été de déterminer la compétence de « ces magistrats. En désignant les *dénonciations de* « *nouvel œuvre, complaintes , actions en réintégrande ,* « ET AUTRES ACTIONS POSSESSOIRES *fondées sur des faits* « *commis dans l'année*, la loi nouvelle regarde la *dé-*

---

(1) Page 60.

(2) Dans la seconde édition de ce même *Traité*, page 45 , Carou est revenu sur cette singulière assertion.

(3) *Supplément* au tome second du *Traité de la compétence des juges de paix*, pages 1 à 3.

« *nonciation de nouvel œuvre* comme une *action pos-*
« *sessoire* pour laquelle la compétence du juge de
« paix n'est pas moins absolue que pour les autres
« actions de cette nature. Le nouvel œuvre ne tend-
« il pas, en effet, soit à usurper la propriété d'un
« fonds, soit à grever ce fonds d'une servitude, soit
« à empêcher l'exercice d'une servitude... Le nouvel
« œuvre n'est donc autre chose qu'un trouble à la
« possession; c'est même le cas du trouble le plus
« patent, le plus ordinaire... »

Deuxième genre.

Complainte.

C'est l'action appartenant à l'individu en faveur de
qui existe la saisine et qui, sans avoir été dépouillé
de sa possession, a cependant été troublé dans sa
possession, soit par une voie de fait, ne caractéri-
sant pas un nouvel œuvre (1), soit par une action
en justice (2).

Troisième genre.

Réintégrande.

A la vue de cette solennelle confirmation de la théorie que nous avions adoptée (3), non sans nous être

---

(1) Le *nouvel œuvre* n'est caractérisé qu'alors que l'ouvrage,
dont on se plaint, a eu lieu sur la propriété même de l'auteur
du trouble.

(2) Voyez le n° 178 du *Traité*.

(3) Voyez n° 317 et suiv. du *Traité*.

11

assuré qu'elle reposait sur l'autorité des plus graves auteurs (1), quelle n'a pas été notre surprise de rencontrer, entre les commentateurs de la loi nouvelle, un nouveau sectateur de la maxime incomprise : *spoliatus ante omnia restituendus*; maxime dont, ainsi qu'on l'a vu, l'étrange application ne tend à rien moins qu'à sanctionner le règne de la fraude et de la violence (2):

« Aujourd'hui, dit M. Masson fils (3), il ne peut « plus exister la moindre controverse; pénétré de ce « principe : *spoliatus ante omnia restituendus*, le lé- « gislateur de 1838, a fait, de la *réintégrande*, une « branche *d'action possessoire.* »

Jusque là, à merveille, et nous sommes pleinement de cet avis ; mais poursuivons, et voyons la conséquence qu'en a tirée M. Masson fils :

« Celui qui voudra exercer la réintégrande n'aura « autre chose à prouver que le fait seul de sa pos- « session. »

Nous étions loin de nous attendre à une pareille conclusion, et nous aurions hésité à formuler une réfutation, si Curasson (4) n'en eut fait lui-même tous les frais ; écoutons-le :

« De ce que la réintégrande est une action posses- « soire, peut-on en conclure qu'elle n'est point sou-

---

(1) Voyez, plus haut, pages 58 à 74.
(2) Voyez, notamment, page 69.
(3) *Commentaire raisonné de la loi du 25 mai* 1838, **page 143**
(4) *Traité de la compétence des juges de paix*, tom. II, page 38.

« mise aux conditions qu'exige la loi pour la receva-
« bilité des actions de cette nature? On pourrait tirer,
« des termes de la loi du 25 mai, une conséquence
« absolument contraire... La loi nouvelle a réprouvé
« cette distinction, soit en plaçant la réintégrande
« sur la même ligne que la complainte et la dénon-
« ciation de nouvel œuvre, soit en n'attribuant, aux
« juges de paix, la connaissance de ces actions que
« sauf l'appel; or, ces trois branches d'actions pos-
« sessoires étant assimilées, comment concevoir
« qu'il ait pu entrer dans la pensée des auteurs de
« la loi, que l'une ne serait pas soumise aux mêmes
« conditions que les autres (1)? »

Ne perdons cependant pas de vue que la Cour de cassation paraît persister dans une jurisprudence qui compte, au nombre de ses adversaires, les Toullier, les Troplong, les Curasson (2) !

____

(1) Dans le *Supplément*, au tome second de son *Traité* de la *compétence des juges de paix*, (pages 7 et 8) le même auteur, après être revenu sur la singulière conséquence qu'il vient de combattre, ajoute : « et, ce qui doit surprendre davantage, c'est
« d'entendre M. Devilleneuve tirer la même conséquence de la
« loi nouvelle, au sujet d'un arrêt du 19 août 1839... La preuve
« que, pour la solution de la question, cette loi est au moins
« indifférente, c'est que la cour n'y a puisé aucun motif de
« décision; on peut même tirer, des termes de l'article 6, une
« conséquence entièrement opposée à celle que M. Devilleneu-
« ve prétend en induire. »

(2) Voyez, plus haut, pages 59 à 74.

SECTION SECONDE.

Extension de la juridiction du juge de paix.

Ces sortes d'attributions, tout-à-fait distinctes des actions possessoires, sont au nombre de quatre; savoir : 1° les actions en bornage; 2° celles relatives aux distances prescrites pour les plantations d'arbres ou de haies; 3° celles relatives aux constructions et travaux énoncés dans l'article 674 du Code civil; 4° enfin, les demandes en pension alimentaire, formées en vertu des articles 205 à 207 du Code civil, et n'excédant pas 150 francs.

Ces quatre sortes d'attributions vont faire l'objet des quatre paragraphes suivants.

§ Ier.

Actions en bornage.

« C'est sans doute une heureuse innovation que « celle qui confère, à la compétence des juges de « paix, la connaissance des actions en bornage. Il faut « espérer qu'une telle extension de juridiction dé- « terminera les propriétaires à recourir, à cette voie « simple et peu dispendieuse, pour faire fixer les li- « mites respectives de leurs propriétés. » C'est ainsi que s'exprime, à ce sujet, M. Masson fils (1), et il est impossible de n'être pas de son avis. Toutefois, une première difficulté se présente.

---

(5) *Commentaire raisonné de la loi du 25 mai* 1838, page 173, n° 233.

Le paragraphe II de notre article, qui confère, au juge de paix, l'attribution des actions en bornage, et celle relative aux distances prescrites pour les plantations d'arbres ou de haies, se termine par ces mots : *lorsque la propriété ou les titres qui l'établissent ne sont pas contestés.* Or, ces mots s'appliquent-ils au premier membre de la phrase, aussi bien qu'au second, demanda M. Taillandier (1) ?

« L'intention de la commission, comme de toutes
« celles qui précédemment ont examiné le projet de
« loi, répondit M. le rapporteur, a été d'appliquer
« ces mots aux deux membres de la phrase ; ainsi,
« ce n'est que quand la propriété n'est pas contestée,
« que le juge de paix connaît des actions en bornage.

« Mais alors, répliqua M. Taillandier, je deman-
« de, à la commission, comment elle peut supposer
« qu'un procès en bornage s'établira, lorsqu'il n'y au-
« ra pas contestation sur le titre ?..

« Bien que le titre ne soit pas contesté, fut-il ré
« pondu, il peut arriver que les parties ne soient
« pas d'accord sur le lieu précis où la borne doit être
« placée ; et alors, chacune d'elles remet ses titres, au
« juge de paix, qui fait une visite des lieux, et qui
« ordonne que la borne soit placée à l'endroit déter-
« miné par un expert (2).

Jusqu'ici, la question n'est en quelque sorte qu'effleurée ; il était réservé à Curasson de l'approfondir.

---

(1) Séance de la Chambre des députés du 23 avril 1838.
(2) *Commentaire de la loi du 25 mai 1838*, par M. Giraudeau, page 87, 1re col.

« Autrefois, dit cet auteur (1)..., les juges de paix
« ne pouvaient ordonner qu'une plantation de bor-
« nes provisoire..., c'est du bornage définitif que la
« loi nouvelle leur attribue la connaissance, *lorsque*
« *la propriété, ou les titres qui l'établissent, ne sont pas*
« *contestés.*

« Mais.. la question de propriété se trouve, d'or-
« dinaire, plus ou moins engagée dans l'action en
« bornage... Quel est donc le véritable sens de la
« restriction que la loi apporte à la nouvelle attri-
« bution qu'elle confère aux juges de paix ? le légis-
« lateur a-t-il entendu restreindre cette compétence
« à une simple opération matérielle, consistant dans
« le placement des bornes , quand il n'existe aucune
« difficulté sur la contenance des héritages, et que les
« parties sont d'accord sur la ligne délimitative ;
« ou bien ces magistrats sont-ils chargés de recon-
« naître les limites ; de statuer, en conséquence, sur
« l'application des titres et autres renseignements ;
« application qui est la suite, la conséquence né-
« cessaire de l'action *finium regundorum*..? Quand la
« contenance et les limites des héritages sont conve-
« nues, par les parties, ou ont été fixées, par la justi-
« ce, il ne s'agit que de placer des bornes ; en consé-
« quence, il n'y a plus de litige, plus de matière à
« procès. Si donc le juge de paix n'avait pas le pou-
« voir de statuer sur les difficultés que présente la

---

(1) *Traité de la compétence des juges de paix*, tom. II.
page 330 et suiv.

« recherche de la limite des héritages et l'applica-
« tion des titres ; qu'au moindre débat, sur ce point,
« il fallût renvoyer, au tribunal, des incidents qui
« pourraient ainsi parcourir deux autres degrés de
« juridiction, la nouvelle attribution, déférée au juge
« de paix, serait un non sens, et le législateur pour-
« rait être accusé d'avoir compliqué l'instruction des
« demandes en bornage, au lieu de la simplifier...

« Notre article est loin de restreindre la mission
« du juge de paix à des mesures préliminaires et
« conciliatrices ; il attribue positivement, à ces ma-
« gistrats, comme le faisaient les articles 40 et 41 du
« projet de Code rural de 1808 (1), la connaissance
« des actions en bornage. Or, en recourant à ces ar-
« ticles, on voit que de telles actions ne consistent
« pas dans la simple opération matérielle de placer
« des bornes ; on voit que leur objet principal est de
« reconnaître les limites des héritages, à vue des ti-
« tres ou d'autres documents, et de fixer, en consé-
« quence, la ligne de séparation sur laquelle les bor-
« nes doivent être placées... »

Au surplus, il faut remarquer, qu'en l'absence de

---

(1) Voici ce que portaient ces deux articles :

« Les propriétaires riverains, étant d'accord, procéderont au
« bornage de leurs propriétés, comme ils le jugeront conve-
« nable.

« En cas de contestation, le juge de paix nommera des ex-
« perts, et prononcera sur leur rapport.

« A défaut de titres, de bornes et de tous autres renseigne-
« ments, les experts procéderont, d'après la notoriété publi-
« que. »

titres, la Cour de cassation a, le 1ᵉʳ février 1842, jugé, qu'il y avait litige sur la question de propriété, et, par conséquent, incompétence de la part du juge de paix, dès l'instant que la ligne divisoire, proposée par l'une des parties, n'était point acceptée par l'autre.

« Attendu que, dans l'espèce, il était constaté... « qu'il y avait absence de titres et que les parties « contestaient sur l'étendue respective de leurs héri- « tages limitrophes ; ce qui donnait évidemment lieu « à une question de propriété (1). »

Nous terminerons ce paragraphe en faisant observer, avec M. Augier (2), que la loi du 25 mai 1838, n'ayant rien changé, quant à la question de savoir devant quel juge doit être portée l'action en bornage, c'est, devant le juge de la situation des fonds à borner, qu'elle doit être portée.

§ II.

Actions relatives aux distances prescrites pour les plantations d'arbres ou de haies.

« C'est encore une innovation bien utile, selon M. « Masson fils (3), d'avoir placé, dans les attributions « des juges de paix, les actions de cette nature; tou-

---

(1) *Recueil général des lois et des arrêts*, tom. XLII, Iʳᵉ part., page 99, et *Journal du palais*, tom. 1ᵉʳ, de 1842, pages 345 et 346.

(2) *Supplément à l'Encyclopédie des juges de paix*, au mot: *Bornage*, section première, nᵉ XIII

(3) *Commentaire raisonné de la loi du 25 mai 1838*, page 19.

« tes les fois, en effet, qu'il ne s'agit que de distan-
« ces à observer, l'affaire ne présente à résoudre
« qu'une question de fait extrêmement simple, pour
« l'examen de laquelle il n'est plus nécessaire de
« recourir à la juridiction des tribunaux ordinaires.

« La disposition de la loi nouvelle aura surtout le
« salutaire effet de terminer, à peu de frais, des pro-
« cès suscités souvent par l'amour-propre, et qui, à
« raison des dépens considérables qu'ils occasion-
« naient, étaient, entre voisins, la source de divisions
« et de haines. »

Nous nous proposons de parler ici :

1º Des distances requises pour les plantations,
soit en général, soit en particulier, ou le long des
cours d'eau, ou à la lisière des forêts, ou dans le
voisinage des chemins publics ;

2º De la compétence ;

3º De la prescription;

Ce sera l'objet d'autant de numéros.

Nº Iᵉʳ.

Distances requises pour les plantations.

Première distinction.

Pour les plantations, en général.

Suivant l'article 671 du Code civil, « il n'est per-
« mis de planter des arbres de haute tige qu'à la dis-
« tance prescrite par les règlements particuliers ac-
« tuellement existants, ou par les usages constants
« et reconnus ; et, à défaut de règlements ou usa-
« ges, qu'à la distance de deux mètres de la ligne

« séparative des deux héritages, pour les arbres de
« haute tige, et, à la distance d'un demi-mètre, pour
« les autres arbres ou haies vives. »

L'article 672 ajoute : « le voisin peut exiger que
« les arbres et haies, plantés à une moindre distance,
« soient arrachés. »

Par arbres de haute tige, on entend ceux dont
l'élévation doit être assez considérable, et dont le
tronc ne projette de branches qu'à une certaine distance du sol ; tels sont, en France, les chênes et les
tilleuls ; tels étaient, dans l'Attique, les oliviers et
les figuiers (1).

Quant aux distances requises, il faut, avant tout,
recourir aux anciennes coutumes, aux arrêts de règlement, aux anciens usages attestés par les vieil-
lards de chaque localité (2).

Au reste, selon la judicieuse remarque de Fournel (3), « le principe le plus précieux, en cette matière, est de tenir les arbres à telle distance du fonds
voisin, qu'ils soient hors d'état de lui nuire.

« C'est cette considération que les tribunaux ont
« sans cesse prise pour base de leurs règlements
« et de leurs décisions.

---

(1) *Sciendum est, in actione finium regundorum illud ob-
servandum esse, quod ad exemplum quodammodò ejus legis
scriptum est, quam Athenis Solon dicitur tulisse.... At verò*
OLEUM *aut* FICUM *ab alieno, ad novem pedes plantato, cœteras
arbores, ad pedes quinque.*—Loi 13, ff. *Finium regundorum.*

(2) Pardessus, *Traité des servitudes*, n°s 339 et 340, et Merlin,
Répertoire, au mot : *Notoriété*, n° 1.

(3) *Traité du voisinage*, tom. 1er, page 126.

« De là, il résulte qu'ils n'ont pas dû s'asservir à
« une règle commune, et qu'au contraire, les distan-
« ces ont dû varier suivant les localités (1) et les cir-
« constances.

Quant à la diversité des circonstances requises
pour les arbres de haute tige et les simples haies,
« il faut remarquer, dit Curasson (2), que la moin-
« dre distance ne s'applique qu'aux haies d'épines et
« d'arbustes ; car, si l'héritage est borné par une
« haie d'arbres à haute tige, ainsi que cela se prati-
« que dans plusieurs pays, alors, c'est la distance
« voulue pour les arbres qu'il faut observer... »

Deuxième distinction.

Pour les plantations le long des cours d'eau.

La prohibition de toute plantation, en deça d'une
certaine distance, souffre exception, le long des cours
d'eau, lorque, n'étant pas renfermés dans des ouvrages d'art, ils ne doivent leur existence qu'à la seule nature. « On ne peut se dissimuler, dit Pardes-
« sus (3), que généralement les cours d'eau, presque
« toujours mitoyens, se trouvent bordés d'arbres
« plantés sur les bords mêmes de l'eau, encore bien
« que le lit ne soit pas d'une largeur double de l'es-

---

(1) Pour la Bourgogne, notamment, voyez notre *Synopsie du
Code civil annoté*, 35ᵉ Tableau, de la septième ligne, à la
dixième.

(2) *Traité de la compétence des juges de paix*, tom. II,
page 354.

(3) *Traité des servitudes*, page 330.

« pace déterminé par la loi : c'est probablement par-
« ce qu'on a pensé que la nature particulière des
« cours d'eau , la nécessité dans laquelle sont pres-
« que toujours les propriétaires d'en défendre les
« bords contre l'action des eaux , devrait permettre,
« à chaque riverain, de planter , sur son bord , en
« calculant la distance, à compter de la rive opposée.»

Troisième distinction.

Pour les plantations à la lisière des forêts.

Des expressions de l'article 671 du Code civil : *il
n'est permis de planter* , l'auteur du *Traité des droits
d'usufruit, d'usage, d'habitation et de superficie* (1) con-
« clut « qu'il ne s'agit , dans cet article , que des ar-
« bres plantés à main d'homme , et non de ceux qui
« croissent, soit dans l'intérieur , soit au bord des
« forêts, par l'effet de semis naturels.. »

Le même auteur va plus loin ; car, suivant lui,
« on doit appliquer cette disposition du Code aux
« arbres de toute nature qui seraient plantés, à main
« d'homme, d'*une manière éparse*, dans les clos,
« jardins ou autres héritages en culture, non aux
« semis effectués dans la vue d'obtenir une crue de
« bois en massif. »

Cette opinion du célèbre Proudon n'est point partagée par son docte annotateur (2) qui lui oppose

---

(1) Tom. vi, pages 361 et suiv., n° 2989.
(2) *Traité de la compétence des juges de paix*, tom. ii, pages
355 et suiv., n° 6.

l'article 176 de l'ordonnance règlementaire du Code forestier, lequel article, après avoir déclaré que les arbres de lisière, autres que ceux ayant plus de 30 ans, devront être élagués conformément à l'article 672 du Code civil, ajoute : « les plantations ou ré-« serves destinées à remplacer les arbres actuels de « lisière, seront effectuées en arrière de la ligne de « limitation des forêts, *à la distance prescrite par* « *l'article 671 du Code civil.* »

Fondé sur un texte aussi formel, l'argument de Curasson nous paraît sans réplique.

Distances requises, pour les plantations, dans le voisinage
des chemins publics.

Nous avons dit ailleurs (1) que, dans le voisinage des chemins publics, les plantations sont assujetties à des règlements particuliers.

N° 2.

Compétence.

En cas de dénégation, de la part du défendeur, l'action en arrachement, pour inobservation de la distance légale, exige la visite des lieux ; c'est donc devant le juge de paix de la situation qu'elle doit être portée (2).

---

(1) Voyez, plus haut, pages 155 et 156; voyez aussi *Commentaire raisonné de la loi du* 25 *mai* 1838, par **M.** Masson fils, page 199, n° 256.

(2) Voyez, même *Commentaire*, page 192, n° 246.

N° 3.

Prescription.

Première question.

Par quel laps de temps s'opère la prescription de l'action en arrachement d'une plantation, en deçà des distances légales ; et, à dater de quelle époque, commence-t-elle à courir ?

La prohibition de planter, est une servitude légale dont l'affranchissement s'opère par le non usage pendant 30 ans (1); or, en fait de servitude négative, le non usage date du jour où a été fait une acte contraire à la servitude (2); ce serait donc, dans l'espèce, du jour même de la plantation, « à moins toutefois, « comme le dit Curasson (3), que l'arbre n'eût été « caché derrière un mur..., cas auquel... la posses- « sion, loin d'être publique, ayant été équivoque, la « prescription n'aurait pu courir que du jour où la « hauteur de l'arbre aurait mis le voisin à même de « s'apercevoir de la plantation. »

Deuxième question.

Les arbres que l'on aurait acquis le droit de conserver à une distance moindre que la distance légale,

----

(1) *Code civil*, art. 706.
(2) *Ibid.*, art. 707.
(3) *Traité de la compétence des juges de paix*, tom. II, page 366.

venant à périr, ou étant arrachés, a-t-on le droit de les remplacer par d'autres?

Cette question est controversée entre les auteurs : Toullier (1), Favard de Langlade (2) et Pardessus (3) pensent que oui; Duranton (4), Masson fils (5), Bénech (6) et Curasson pensent que non.

La prescription, disent les premiers, fait supposer une convention par laquelle on aurait stipulé l'affranchissement de la servitude négative ; on en convient, répondent les autres, mais cet affranchissement n'a pour expression vivante que les arbres existants ; il ne peut donc s'étendre aux arbres par lesquels on voudrait les remplacer au moyen d'une contravention flagrante à la disposition de l'article 671 du Code civil.

Cette dernière opinion nous paraît la plus conforme à la maxime fondamentale, en matière de prescription : *tantum præscriptum quantum possessum*.

§ III.

Actions relatives aux constructions et travaux énoncés dans l'article 674 du Code civil.

Voici d'abord pourquoi, d'après M. Masson fils (7),

---

(1) Tom. III, page 377, n° 514.

(2) Dans son *Répertoire*, au mot : *Servitude*, sect. II, § v.

(3) Page 333 de la première édition.

(4) Tom. v, n° 291.

(5) *Commentaire raisonné de la loi du 25 mai* 1838, page 196, n° 252.

(6) *Traité des justices de paix*, page 282.

(7) *Commentaire raisonné de la loi du 25 mai* 1838, page 201, n° 258.

ces sortes d'actions ont été attribuées aux juges de
paix :

« La multiplicité des constructions... peut occa-
« sionner des difficultés sans nombre, rentrant dans
« les prévisions du Code civil; et, lorsque l'on se
« trouvait obligé de recourir aux tribunaux ordinai-
« res.., il arrivait souvent que l'importance des frais
« arrêtait le propriétaire lésé. Pour remédier à cet
« inconvénient, le législateur de 1838 a distrait, des
« tribunaux ordinaires, les actions que font naître
« les infractions à l'article 674, pour en attribuer la
« connaissance aux juges de paix. »

L'article 674 est ainsi conçu :

« Celui qui fait creuser un puits ou une fosse d'ai-
« sances près d'un mur mitoyen ou non; celui qui
« veut y construire cheminée ou âtre, forge, four ou
« fourneau; y adosser une étable; ou établir, contre
« ce mur, un magasin de sel ou amas de matières
« corrosives ,

« Est obligé à laisser la distance prescrite par les
« règlements et usages particuliers, sur ces objets,
« ou à faire les ouvrages prescrits, par les mêmes
« règlements ou usages, pour éviter de nuire au
« voisin. »

A la différence de l'article 671, qui, en l'absence
de *règlements actuellement existants*, ou *d'usages constants et reconnus*, prescrit une distance à laquelle on
est tenu de se conformer, l'article 674 renvoie, *aux
règlements et usages particuliers*, sans prescrire lui-
même aucune mesure, pour en tenir lieu.

La raison en est, comme l'a fort bien dit Treil-

lard, répondant à Berlier (1), « qu'ici on ne peut
« établir une règle uniforme ; parce qu'on ne cons-
« truit point, partout, avec les mêmes matériaux et
« d'après les mêmes procédés ; d'où la nécessité,
« pour le juge, de s'éclairer, dans le doute, par
« l'expérience des gens de l'art (2).

Il suit de là que l'article 674 n'est pas limitatif, et
qu'ainsi, 1° on doit placer, dans la même catégorie,
les puits, les citernes et tous autres réservoirs ou
conduites d'eau (3) ; 2° on doit soumettre, au juge de
paix, les difficultés mues au sujet de précautions qui
ne rentreraient qu'implicitement dans les prévisions
de l'article 674 (4).

Comme le précédent paragraphe, le paragraphe
troisième, de notre article, est terminé par ces expressions restrictives de la compétence du juge de paix :
*lorsque la propriété et la mitoyenneté du mur ne sont pas
contestées* ; expressions que M. Bénech (5) trouve sans
objet ; puisque, dit-il, la rédaction de l'article 674,
ainsi conçu : « Celui qui fait creuser un puits ou une
« fosse d'aisances près d'un mur *mitoyen ou non...* »
montre assez « que la question de *propriété* ou de
« mitoyenneté du mur est tout-à-fait indifférente, en
« cette matière... »

---

(1) Couseil d'État, séance du 4 brumaire an XII.

(2) *Traité des servitudes*, par M. Pardessus, n° 340, p. 580.

(3) *Traité de la compétence des juges de paix*, par Curasson, tom. II, page 379, n° 8.

(4) *Ibid.*

(5) *Traité des justices de paix*, pages 285 et suiv.

C'est avec raison que Curasson (1) relève une pareille méprise.

La question de savoir, si le demandeur a la propriété indivise ou esclusive, est indifférente, sans doute ; mais non pas celle de savoir s'il est ou non propriétaire.

§ IV.

Demandes en pension alimentaire formées en vertu des articles 205 à 207 du Code Civil, et n'excédant pas 150 francs.

Ces sortes de demandes sont d'une valeur indéterminée ;

Ne doivent être portées, devant le juge de paix, qu'autant qu'elles ne dépassent pas 150 francs , et qu'elles sont intentées à la requête de certaines personnes ;

Ont un caractère tout particulier de solidarité ;

Telles sont les réflexions qui vont faire l'objet des quatre numéros suivants.

Nº 1.

Les demandes en pension alimentaire sont d'une valeur indéterminée.

Bien que purement personnelle et mobilière, l'action en payement d'une pension, pour aliments , embrasse un nombre d'annuités qu'on ne peut jamais préciser avec certitude. Cette sorte d'action échappe

---

(1) *Traité de la compétence des juges de paix,* tom. **II**, page 380 et suiv., nº 9.

donc, par sa valeur, aux calculs humains ; elle échapperait donc aussi à la juridiction du juge de paix, si elle ne s'y rattachait par une disposition toute spéciale (1).

« La nouvelle attribution donnée, à ce sujet, aux « juges de paix sera unanimement approuvée, dit « M. Moureau de Vaucluse (2) ; elle produira peu « d'effets à Paris ; mais elle pourra être assez utile « dans les campagnes. Fréquemment, continue le « même auteur, dans notre vaste capitale, nous « avons déjà condamné des enfants à payer 5 ou 8 « francs, par mois, à leur père, dans le besoin, pen- « dant un an; pour ne pas franchir les bornes de « notre compétence, il ne nous était pas permis de « prononcer *semel pro semper*; mais ces enfants

---

(1) « Les juges de paix continueront-ils à rester entièrement « étrangers aux contestations qui s'élèvent sur les demandes « d'aliments, formées, entre proches parents, à raison de leur « qualité ? le gouvernement avait résolu affirmativement cette « question. Dans ces débats, en effet, la justice rappelle les « citoyens à l'exécution de leurs devoirs les plus essentiels , ou « elle les défend contre l'imputation injuste de les avoir mécon- « nus ; dans les deux cas, ses jugements servent d'exemple, et « influent sur les mœurs publiques. La société est donc inté- « ressée à conserver , à ses décisions, une autorité qui ne s'at- « tacherait pas suffisamment aux sentences rendues par un seul « magistrat, sans appareil, sans publicité réelle. La Chambre « des députés a partagé le même sentiment; puisqu'elle a cru « devoir ne proposer qu'une légère exception... » (Présentation à la Chambre des pairs, par M. Barthe , dans la séance du 8 mai 1837.)

(2) *Examen critique et commentaire de la loi du 25 mai 1838*, pages 125 et 126.

« étaient, en général, des ouvriers à la journée; la
« plupart mariés, et, à leur tour, ayant une famille :
« comment exécuter les jugements ?

« Il n'en est pas, il n'en sera pas de même dans
« les campagnes (1); parce que, là, en général, chacun
« a quelque petite propriété; l'exécution y sera pos-
« sible, et la crainte des dépens qu'elle pourrait en-
« traîner, la préviendra. »

<h2 style="text-align:center">N° 2.</h2>

*Les demandes en pension alimentaire ne peuvent être
portées, devant le juge de paix, qu'autant qu'elles ne
dépassent pas 150 francs.*

Il eut été indiscret de confier, à la juridiction d'un
seul juge, la connaissance de toutes les actions en
pension alimentaire, quelle qu'en pût être la valeur...

---

(1) « . . . Nos campagnes offrent trop souvent le douloureux
« spectacle de vieux parents, chassés par des enfants ingrats,
« lorsque la perte de leurs forces ne leur permet plus de con-
« tribuer aux dépenses communes ; ce scandale deviendra plus
« rare, si une comparution devant le juge de paix peut y mettre
« fin. » (Rapport fait, à la Chambre des députés, par M. Rénouard, dans la séance du 29 mars 1837.)

« . . . Le juge de paix a déjà reçu, de la loi, d'autres attribu-
« tions, qui souvent l'appellent dans l'intérieur des familles ;
« rapproché des parties, il a empire sur elles ; il peut faire
« agir la persuasion ; il connaît leur position, leurs besoins,
« leurs ressources, leur bonne ou mauvaise conduite ; il termi-
« nera, sans bruit, et, habituellement, par des transactions, des
« débats que la solennité des plaidoiries, devant un tribunal,
« envenime, agrandit, et change en haines irréconciliables. »
(*Ibid*).

dans la nécessité donc de s'arrêter à un taux, on a choisi celui de 150 francs, *minimum* de la pension d'admission dans un hospice (1) : Ainsi, « la loi « ouvre, aux juges de paix, un accès dans les famil- « les pauvres, afin que ces magistrats puissent préve- « nir des frais d'autant plus onéreux que, d'un côté, « se trouve une détresse avouée, et, de l'autre, « l'affirmation de ne pouvoir la secourir ; » ainsi, « la loi remplit le but qu'elle s'était proposé ; celui « de mettre à même de recourir, à une juridiction « paternelle et domestique, un vieillard pauvre et in- « firme, délaissé par sa famille et qui n'a, ni la force, « ni les moyens (2) d'aller réclamer l'autorité d'un « tribunal éloigné (3). »

---

(1) « Votre commission a adopté le chiffre de 150 francs, com- « me règle de compétence du juge de paix ; c'est le minimum « de la pension d'admission dans un hospice : le juge de paix « pourra d'ailleurs concilier cette mesure entre les divers co- « obligés à fournir la pension, et déterminer le lieu fixé pour « la retraite ; en un mot, toutes les combinaisons permises par « les lois et dictées par l'humanité, pourront se négocier, en sa « présence, et par ses soins. » (Rapport fait, à la Chambre des députés, par M. Amilhau, dans la séance du 6 avril 1838).

(2) *Commentaire raisonné de la loi du 25 mai* 1838, p. 214.

(3) « Les pensions alimentaires minimes... ont paru... devoir « trouver place, dans cet article. Nous avons l'espoir que cette « disposition mettra un terme au scandale de la dureté des en- « fants qui résistaient souvent aux justes demandes de leurs « parents ; parce qu'ils savaient que la pauvreté ne permettait « pas à, ceux-ci, d'entreprendre un procès coûteux. » (Rapport fait, à la Chambre des pairs, par M. Gasparin, dans la séance du 19 juin 1837).

N° 3.

Les demandes en pension alimentaire ne doivent être portées, devant le juge de paix, qu'antant qu'elles sont intentées par certaines personnes.

Art. 205. « Les enfants doivent des aliments à leurs « père et mère et autres ascendants qui sont dans le « besoin.

Art. 206. « Les gendres et belles-filles doivent « également, et dans les mêmes circonstances, des « aliments à leurs beau-père et belle-mère ; mais cette « obligation cesse, 1° lorsque la belle-mère a convolé « en secondes noces ; 2° lorsque celui des époux qui « produisait l'affinité et les enfants issus de son union « avec l'autre époux sont décédés.

Art. 207. « Les obligations résultant de ces dispo- « sitions, sont réciproques..

« Ainsi, dit Curasson (1), quoique l'article 349 as- « simile l'enfant adoptif à l'enfant légitime, quant à « l'obligation réciproque de fournir des aliments , « les demandes formées, en vertu de cet article, ne « seraient point de la compétence du juge de paix ; « et il en serait de même de la demande formée , « par un enfant naturel, contre son père ou sa mère, « ou, par ceux-ci, contre leurs enfants naturels.

Aussi, est-ce avec raison que le même auteur

---

(1) *Traité de la juridiction des juges de paix*, tom. ii, page 390, n° 11.

s'étonne de la doctrine contraire, professée par MM. Giraudeau (1) et Masson fils (2).

Par les expressions : *beau-père et belle-mère*, mises en corrélation avec les expressions : *gendres et belles-filles*, on doit entendre les *père et mère* du conjoint (*socer et socera*), non le second mari de la mère (*vitricus*), ni la seconde femme du père (*noverca*), que nos anciennes coutumes nommaient, respectivement, *parâtre et marâtre*.

Réciproquement, par les expressions *beaux-fils et belles-filles*, mises en corrélation avec les expressions *beau-père et belle-mère*, on doit entendre le mari de la fille (*gener*), non le fils que la femme aurait eu d'un premier mari (*prevignus*), et la femme du fils (*nurus*), non la fille que la femme aurait eue d'un premier mari (*previgna*).

Au reste, comparé à l'article 205, l'article 206 ne permet pas d'étendre la dette alimentaire, aux ascendants des beaux-pères et belles-mères, comme elle l'ordonne à l'égard des père et mère. Telle est l'opinion de Proudhon, qu'avec raison, selon nous, M. Masson fils (3) préfère ici à l'opinion contraire de Dalvincourt et de Duranton. Quelque favorable, en effet, que soit la dette alimentaire, c'est une obligation légale, qui, par conséquent, ne peut s'étendre au-delà des termes mêmes de la loi.

---

(1) *Commentaire de la loi du* 25 *mai* 1838, page 89, 2ᵉ col.

(2) *Commentaire raisonné de la loi du* 25 *mai* 1838, page 220, n° 280.

(3) *Commentaire raisonné de la loi du* 25 *mai* 1838, page 222, n° 283.

N° 4.

*Les demandes en pension alimentaire ont un caractère
tout particulier de solidarité.*

« Les aliments, dit Portalis (1), comprennent tout
« ce qui est nécessaire (2); mais il faut distinguer
« deux sortes de *nécessaires* : l'absolu, et le relatif.
« L'absolu est réglé par les besoins indispensables
« de la vie ; le relatif est réglé par l'état et les cir-
« constances. Le nécessaire relatif n'est donc pas
« égal pour tous les hommes ; l'absolu, même, ne
« l'est pas : la vieillesse a plus de besoins que l'en-
« fance ; le mariage, que le célibat ; la faiblesse, que la
« force ; la maladie, que la santé.

Le taux de la pension alimentaire qui peut être
réclamée, en justice de paix, montre assez que, devant cette justice, il ne peut être question que du
nécessaire absolu.

Or, le nécessaire absolu, bien plus véritablement
encore que le relatif, est quelque chose d'indivisible ;
il semblerait donc que la dette alimentaire pourrait
être solidairement réclamée et devrait être solidairement adjugée contre chacun de ceux qui la doivent;
car la solidarité est, comme on sait, une suite nécessaire, et *à fortiori*, de l'indivisibilité.

---

(1) **Exposé des motifs du Code civil**, sur l'article 205.
(2) *Verbo* VICTUS *continentur quæ esui , potuique, cultui-
que corporis , quæque ad vivendum necessaria sunt, vestem
quoque victûs habere vicem , Labeo ait. L. 43, ff. de verborum
significatione.*

Cependant, comme il y a cette différence, entre la dette alimentaire, et la dette résultant d'un contrat ; que celle-ci est fixe et déterminée, tandis que celle-là est subordonnée, quant à sa quotité, non-seulement aux besoins de celui qui la réclame, mais encore aux facultés de celui qui en est tenu ; il s'ensuit que la solidarité ne devra être prononcée que suivant les circonstances.

Donnons, pour développement, à cette vérité, la doctrine de l'immortel Pothier (1), qui, de l'aveu de Curasson (2), doit encore nous servir de guide, en pareille matière :

« Lorsqu'il y a plusieurs enfants, si chacun d'eux
« a le moyen de payer toute la pension, ils doivent
« être condamnés solidairement à la payer. Cette
« dette est solidaire...; car, chaque enfant, considéré
« seul, lorsqu'il en a le moyen, est obligé, par le
« droit naturel, de fournir, à son père, tout ce qui lui
« est nécessaire pour vivre, et non pas seulement
« une partie de ce qui lui est nécessaire. Le concours
« des autres enfants, qui ont le moyen, comme lui,
« lui donne bien un recours contre eux; mais ne le
« dispense pas, à l'égard de son père, de satisfaire,
« pour le tout, à cette obligation. Chaque enfant est
« donc, lorsqu'il en a le moyen, débiteur du total :
« *solidum à singulis debetur*; ce qui fait le caractère
« de la dette solidaire.

---

(1) *Traité du contrat de mariage*, n° 391.

(2) *Traité de la compétence des juges de paix*. tom. II, page 395.

« Mais, comme les enfants ne sont tenus, de cette
« dette, que jusqu'à concurrence des moyens qu'ils
« ont; lorsqu'ils n'ont pas chacun le moyen de payer
« toute la pension..., ils ne doivent être condamnés
« à la payer chacun que pour une partie.

« Enfin, lorsque, parmi les enfants, il y en a qui
« ne sont en état de contribuer en rien à la pension,
« ceux qui sont en état de la payer en doivent être
« seuls chargés.

ARTICLE SEPTIÈME.

Les juges de paix connaissent de toutes les
demandes réconventionnelles ou en compensation qui, par leur nature ou leur valeur,
sont dans les limites de leur compétence, alors
même que, dans les cas prévus par l'article
Ier, ces demandes, réunies à la demande principale, s'élèveraient au-dessus de deux cents
francs. Ils connaissent, en outre, à quelque somme qu'elles puissent monter, des demandes réconventionnelles, en dommages-intérêts, fondées exclusivement sur la demande principale
elle-même.

Commentaire.

Ce qu'on entend par réconvention ;

La compensation n'est pas toujours une réconvention ;

Conditions requises pour qu'une demande réconventionnelle soit recevable;

Tels sont les points qui vont être respectivement développés sous les trois paragraphes suivants.

§ 1er.

Ce qu'on entend par réconvention.

D'après Voët (1), la réconvention est une demande formée, par le défendeur, contre le demandeur, au sujet de la cause même qui fait l'objet de la demande originaire, ou au sujet de toute autre cause.

D'après le langage énergique de la Cour de cassation (2), c'est une *contre-prétention* (3) formée, par le défendeur, dans la même instance.

Enfin, d'après Carré, Duranton et Toullier, c'est une demande que, devant le juge saisi, le défendeur oppose, à l'action intentée, pour la repousser ou en atténuer les effets.

---

(1) *quod reus vicissìm quid ab actore petit , ex eâdem vel diversâ causâ.*

(2) Observations sur le projet du Code de procédure civile.

(3) **M.** Gasparin a senti toute la force de cette expression qu'il s'est appropriée, lorsqu'il a dit, dans son rapport à la Chambre des pairs, séance du 19 juin 1837 : « Les demandes « réconventionnelles ont lieu, lorsque le défendeur forme, dans « la même instance, une ou plusieurs contre-prétentions, pour « pouvoir introduire ainsi, pendant l'instance sur l'action « principale, une demande incidente. »

§ II.

La compensation n'est pas toujours une réconvention.

M. Rénouard nous laisse, dans une incertitude complète, sur ce point, lorsqu'à la Chambre des députés (1), il s'exprime ainsi :

« On sait que les demandes réconventionnelles « sont celles par lesquelles un défendeur, cité en « justice, se rend demandeur contre celui qui l'ac- « tionne ; et qu'une demande en compensation est « celle par laquelle on oppose une demande, à une « dette, afin que, les deux parties étant déclarées « réciproquement créancières et débitrices l'une de « l'autre, l'extinction des deux dettes se trouve « opérée... »

Mais Curasson (2) lève tous les doutes, et nous fixe, sur la valeur des termes de compensation et de ré- convention, lorsqu'il dit que la *compensation* n'est une véritable *réconvention* qu'autant que la demande, formée par le défendeur, porte sur une somme non liquide dont la nature ou le *quantum* est sujet à con- testation (3), et qu'il en est autrement, lorsque la compensation a pour objet deux sommes également liquides et exigibles ; car, cette sorte de compensa- tion, qui s'opère de plein droit, même à l'insu des

----

(1) Séance du 29 mars 1837.

(2) *Traité de la compétence des juges de paix*, tom. II. n° 3, pages 402 à 404.

(3) Comme au n° 547 du *Traité.*

parties, n'est pas l'œuvre du juge, qui ne fait que la déclarer.

§ III.

Conditions requises pour que la demande réconvention-
nelle soit recevable.

Dans l'ancien droit, ainsi qu'on l'a vu par la définition ci-dessus transcrite de Voët (1), on distinguait deux sortes de réconventions; celle qui se référait directement à la demande, et celle qui n'y avait aucune connexité.

Après de longs dissentiments (2), les auteurs sont enfin tombés d'accord que le juge, saisi de la connaissance d'une action principale, ne pouvait statuer, sur le mérite de la demande réconventionnelle, qu'autant qu'il y avait connexité (3); d'où la conséquence, que si la demande réconventionnelle n'a aucune connexité avec la demande originaire, si elle n'est d'aucune influence sur la solution de la question que soulève cette demande, le juge de paix doit, sans s'y arrêter, renvoyer le défendeur à former une instance

----

(1) Voyez, plus haut, page 211.

(2) « De graves difficultés ont divisé la jurisprudence et les « jurisconsultes, sur plusieurs des conditions d'admissibilité de « ces demandes... » (Rapport fait, à la Chambre des députés, par M. Rénouard, dans la séance du 29 mars 1837.)

(3) Voyez Pigeau, *Traité de la procédure,* et Toullier, tom. VII, n° 360; voyez aussi n° 112 du *Traité.*

ordinaire, comme dit Curasson (1), c'est-à-dire à intenter une action principale et séparée.

Aussi, dans son rapport à la Chambre des pairs (2), M. Gasparin, parlant de la demande réconventionnelle, avait-il dit : « il faut qu'elle soit connexe, et « même forme défense à l'action originaire ; qu'elle « ait une influence quelconque sur le sort de celle-ci ; « en un mot, qu'elle ait, pour objet, de l'anéantir ou « de la restreindre... Telle est l'idée que les juris- « consultes se forment de ce genre d'action. »

ARTICLE HUITIÈME.

Lorsque chacune des demandes principales, réconventionnelles ou en compensation, sera dans les limites de la compétence du juge de paix, en dernier ressort, il prononcera, sans qu'il y ait lieu à appel.

Si l'une de ces demandes n'est susceptible d'être jugée qu'à charge d'appel, le juge de paix ne prononcera, sur toutes, qu'en premier ressort.

Si la demande réconventionnelle ou en compensation excède les limites de sa compétence, il pourra, soit retenir le jugement de la demande principale, soit renvoyer, sur le

---

(1) *Traité de la compétence des juges de paix*, tom. II, page 401.

(2) Séance du 19 juin 1837.

tout, les parties à se pourvoir devant le tribunal de première instance, sans préliminaire de conciliation.

Commentaire.

Cet article a pour objet de nous retracer l'influence que doit exercer la demande réconventionnelle, sur le degré de la juridiction du juge de paix.

Dans le silence de la loi de 1790, sur ce point de droit, les jurisconsultes s'étaient partagés.

Les uns, du nombre desquels étaient Henrion de Pansey (1), et Merlin (2), attribuaient, à la réconvention, force de prorogation conventionnelle ; en sorte qu'ils n'avaient aucun égard à la valeur de la demande réconventionnelle, pour la fixation de la compétence du juge de paix, même sous le rapport du degré de juridiction. D'après eux, le juge de paix, saisi d'une demande n'excèdant pas sa compétence en dernier ressort, devait statuer également en dernier ressort, sur la demande réconventionnelle, quelque fût d'ailleurs le montant de cette demande.

Les autres, pour l'opinion desquels la Cour de cassation s'était prononcée, voulaient que la demande réconventionnelle entrât dans l'évaluation du litige (3), et, par conséquent, influât sur le degré de juridiction du juge de paix, en rendant susceptible

---

(1) *Compétence des juges de paix*, chap. VIII.
(2) *Questions de droit*, aux mots: *Dernier ressort*, § II.
(3) Voyez nᵒˢ 111 à 114 du *Traité*.

d'appel une décision qui, si la demande originaire fût demeurée seule, aurait été en dernier ressort; sans que d'ailleurs on pût jamais induire, d'une demande réconventionnelle quelconque, l'incompétence, même au premier degré, du juge de paix compétemment saisi de la demande originaire (1).

Entre ces deux doctrines, nos législateurs de 1838 ont choisi un moyen terme (2); ils ont voulu, 1° que, pour l'évaluation du litige, jamais la demande réconventionnelle ne fût réunie à la demande originaire (3), et que cependant le jugement à intervenir fût susceptible d'appel chaque fois que l'une de ces deux demandes, prise isolément (4), excéde-

---

(1) Voyez n°ˢ 498, 546 à 549 du *Traité*.

(2) « Délivrée des entraves de la légalité, la Cour de cassation, « ayant à se prononcer, par les seules lumières de la raison, « a approuvé le projet du gouvernement. » (Rapport fait, à la Chambre des pairs, par M. Gasparin, dans la séance du 19 juin 1837.)

(3) « Quant aux demandes réconventionnelles ou en com- « pensation, elles seront appréciées séparément de la deman- « de principale. Ici, nul concert ne peut être supposé entre les « deux plaideurs. Il existe véritablement deux causes plus ou « moins corrélatives entre-elles. Le juge connaîtra donc de « l'une comme de l'autre, si, considérées isolement, elles « n'excèdent pas sa compétence ; et il ne statuera qu'en pre- « mier ressort, sur le tout, si l'une des deux dépasse le taux du « dernier ressort. » (Présentation faite, à la Chambre des pairs, par M. Barthe, dans la séance du 8 mai 1837.)

(4) « Le projet de loi décide que l'attribution de compétence « résultera de l'appréciation distincte de chacune des deman- « des.

« Il jugera, par un seul et même jugement, et à la suite d'une

rait le taux de la compétence, en dernier ressort , du juge de paix (1);

2° Que si la demande réconventionnelle excédait le taux de la compétence , même au premier degré, du juge de paix, ce magistrat statuât, sur le tout, dans le cas où la demande réconventionnelle , en dommages-intérêts, serait exclusivement fondée sur la demande principale elle-même (2); et , dans tous

---

«même instance ; parce que deux procédures multiplieraient, « sans nécessité, les frais ; et , parce que , du conflit des pré- « tentions opposées, naît la nécessité de régler, entre les par- « ties, un compte dont la discussion et l'apurement s'opère- « ront plus facilement par un jugement unique. » (Rapport fait, à la Chambre des députés, par M. Rénouard, dans la séance du 29 mars 1837.)

(1) « . . . Il ne faut pas oublier que si, pour le règlement « de la compétence , l'appréciation de chacune de ces demandes « s'opère distinctement, elles n'en sont pas moins réunies, dans « une seule et même instance, comme faisant partie d'un seul « et même procès. Il suit de là que, si une seule de ces deman- « des est susceptible d'appel, le procès, tout entier, qui se « compose de toutes les demandes réunies, pourra être porté « en appel. On court peu le risque de multiplier les appels et « les procès, en soumettant, dans leur ensemble, à la faculté « de l'appel, des demandes connexes, dont l'une, par sa na- « ture, est placée sous cette condition. Le sort du jugement ne « peut pas être scindé ; on ne saurait lui donner un caractère « souverain, sur certains chefs ; tandis que, sur d'autres chefs , « il ne serait rendu qu'en premier ressort. Celui des chefs qui « a pour objet la somme la plus forte, et qui donne droit à « deux degrés de juridiction , doit régler le caractère général « du jugement pris dans son entier. (*Ibid.*)

(2) « Mais il est une espèce particulière de demandes ré- « conventionnelles qui ne constitue pas un procès nouveau , « annexé au premier procès, et qui, au contraire, n'est

les autres cas, eût l'option, soit de retenir le jugement de la demande principale, soit de renvoyer,
sur le tout, les parties à se pourvoir devant le
tribunal de première instance, sans préliminaire de
conciliation.

Dans le cas où la demande réconventionnelle, en
dommages-intérêts, est exclusivement fondée sur la
demande principale, le juge de paix doit-il y statuer,
sans appel, toutes les fois que la demande originaire n'excède pas cent francs ?

M. Duvergier professe la négative, M. Bénech l'affirmative, et Curasson (1) se range à ce dernier avis
qui nous paraît préférable ; parce qu'*une demande,
exclusivement fondée sur la demande principale elle-
même*, n'en est qu'un accessoire, et doit en suivre le
sort (2).

« autre chose que la dérivation et la conséquence de la
« première demande. C'est la réclamation de dommages-
« intérêts destinés à réparer le tort causé au défendeur par
« l'existence de la demande principale elle-même. Cette natu-
« re de demande, évidemment accessoire à la demande prin-
« cipale, doit en suivre le sort, et en demeurer inséparable. Le
« juge de paix en connaîtra, quel que puisse être le montant
« des dommages-intérêts réclamés. Décider autrement, ce se-
« rait mettre l'ordre et le choix des juridictions à la merci
« du défendeur, qui serait toujours le maître de se soustraire
« à la compétence du juge de paix, en demandant, à titre de
« dommages-intérêts, une somme supérieure à cette compé-
« tence. » (Rapport fait, à la Chambre des députés, par M.
Rénouard, dans la séance du 29 mars 1837.)

(1) *Traité de la compétence des juges de paix*, tom. II,
pages 410 et 411.

(2) « Le second paragraphe de l'article 7 donne, au juge de

Dans le cas où il s'agit de toute autre demande réconventionnelle, « si l'on tient, disait M. Rénouard (1),
« à ce qu'il soit toujours statué sur la demande prin-
« cipale et sur la demande réconventionnelle, par
« un seul et même jugement, il n'y aura que deux
« partis à prendre; où de laisser, au juge de paix, le
« jugement de la demande réconventionnelle qui
« excède sa compétence, où de porter, devant le tri-
« bunal civil, toutes les demandes réunies. »

« Le premier de ces deux partis renverserait
« toutes les précautions que la loi croit devoir pren-
« dre pour restreindre, dans de certaines limites,
« la juridiction des juges de paix desquels on éten-
« drait indéfiniment les pouvoirs. »

« La seconde solution est celle à laquelle s'était
« arrêté l'ancien projet d'organisation judiciaire; elle
« donne prise aux plus graves objections : c'est
« laisser le choix de la juridiction à l'entière discré-
« tion du défendeur, qui, devenu le maître de des-

« paix, le droit de connaître des demandes réconvention_
« nelles, en dommages-intérêts, fondées exclusivement sur la
« demande principale, à quelque somme qu'elles puissent mon-
« ter. De pareilles demandes ne sont évidemment qu'un ac-
« cessoire de la demande principale, et doivent en suivre le
« sort. En décidant autrement, on remettrait, à l'arbitraire
« des plaideurs, le choix des juridictions; puisqu'il leur suffirait
« d'élever des prétentions à des dommages-intérêts excessifs,
« pour se soustraire à la compétence des tribunaux de paix. »
(Rapport fait, à la Chambre des pairs, par M. Gasparin, dans
la séance du 19 juin 1837.)

(1) Rapport fait, à la Chambre des députés, dans la séance
du 29 mars 1837.

« saisir son juge, pourra entraîner son adversaire
« devant un autre tribunal. »

« On ne peut sortir de la difficulté qu'en disjoi-
« gnant les divers chefs... »

« Il y aurait des inconvénients manifestes à une
« disjonction forcée qui, laissant au juge de paix la
« demande principale dont il est saisi, obligerait de
« ne porter que devant le tribunal de première ins-
« tance la demande réconventionnelle. Ce serait
« multiplier les procès, les lenteurs et les frais, sans
« y être conduit par aucune nécessité, et sans profit
pour personne. »

« Il a paru, à votre commission, que le projet
« donnait la meilleure solution de cette difficulté, en
« autorisant la disjonction facultative. Le juge de
« paix, saisi compétemment de l'action principale,
« appréciera les motifs de la demande réconvention-
« nelle, formée par le défendeur ; si cette seconde
« demande ne lui paraît, ni sérieuse, ni sincère ; s'il
« croit que, fondée ou non, elle a surtout pour but
« de gagner du temps ; s'il s'oupçonne un débiteur
« riche de chercher à fatiguer, par des frais, un
« demandeur pauvre ; alors il opérera la disjonction
« des causes.... Si, au contraire, il croit préférable
« de ne pas séparer les causes, il renverra les par-
« ties à se pourvoir... »

« Cette disposition donne, au juge de paix, un pou-
« voir discrétionnaire ; mais c'est là un des cas nom-
« breux où l'arbitraire du juge est préférable à une
« infléxibilité uniforme de la loi, appliquée à des cas
dissemblables... »

ARTICLE NEUVIÈME.

Lorsque plusieurs demandes formées, par la même partie, seront réunies dans une même instance, le juge de paix ne prononcera qu'en premier ressort, si leur valeur totale s'élève au-dessus de cent frans, lors même que quelqu'une de ces demandes serait inférieure à cette somme. Il sera incompétent, sur le tout, si ces demandes excèdent, par leur réunion, les limites de sa juridiction.

Commentaire.

On l'a vu sous l'article premier (1) ; c'est, par les conclusions prises à l'audience, que se détermine la compétence du juge devant lequel l'action est portée ; et ce principe n'est pas moins applicable à l'hypothèse où plusieurs demandes sont à la fois soumises au juge de paix (2), qu'à celle où une seule demande lui serait déférée.

----

(1) Voyez, plus haut, pages 107 à 110.

(2) « L'article 9 ne parlant que des demandes formées, par « une seule partie, dans la même instance, n'est point appli- « cable au cas où plusieurs personnes, ayant un intérêt dis- « tinct, se réunissent pour former, chacune, sa demande, « par le même exploit. Nous persistons à croire, qu'en ce cas, la « demande de chaque partie doit être appréciée isolément, et « que l'on ne doit point s'attacher à leur réunion, pour fixer la « compétence, soit en premier, soit en dernier ressort. » (Cu-

On l'a pareillement vu, sous l'article septième ; lorsque deux demandes sont respectivement formées, l'une par le demandeur, et l'autre par le défendeur originaires, chacune de ces demandes doit être considérée isolément, pour fixer la compétence.

Pourquoi ce second principe, applicable à l'hypothèse où les demandes émanent des deux parties, respectivement, ne l'est-il pas également à celle où elles émaneraient, d'une seule et même partie?

Comme Curasson (1), nous avons peine à concevoir cette divergence, et le projet primitif du gouvernement, qui prohibait la cumulation des demandes réunies et provenant de causes différentes (2), nous paraissait beaucoup plus rationnel.

Déjà Foucher, dans ses notes sur Carré (3), avait dit : « Ou les divers chefs de demande, ont pour « objet une cause commune, un titre commun, ou « ces chefs de demande s'appuyent sur des droits, « des titres, des causes distincts ; dans le premier « cas, toutes les réclamations du demandeur, ayant

---

rasson, *Traité de la compétence des juges de paix*, tom. II, page 416.)

Telle est aussi la doctrine que nous avons professée au n° 108 *du Traité.*

(1) *Traité de la compétence des juges de paix*, tom. II, page 413.

(2) « Quelle que soit, portait ce projet, la valeur à laquelle « plusieurs demandes réunies, et provenant de causes différen- « tes, pourront s'élever, le juge de paix en connaîtra, en der- « nier ressort, lorsque chacune d'elles n'excédera pas... et, à « charge d'appel, jusqu'à... »

(3) Tom. IV, page 30.)

« une source commune...., le jugement sera rendu,
« en premier ou en dernier ressort, suivant que le
« comportera la demande envisagée dans toutes ses
« parties réunies ; dans le second cas, chacun des
« chefs de demande, formant autant de demandes
« dictinctes, on n'a pu modifier la compétence du
« tribunal, à l'égard de chacune, par leur réunion,
« dans un même exploit, ou par leur jonction pen-
« dant l'instance ; » et c'est le cas d'appliquer l'adage :
tot capita, tot sententiæ (1).

Déjà aussi, dans le *Code de compétence* de M.
Jourdain, on lisait : « Plusieurs sommes, provenant
« de causes différentes, sont réunies dans la même
« demande ; si le demandeur en avait fait autant
« d'instances séparées, chacune d'elles aurait été
« jugée, en dernier ressort ; les ayant réunies, dans
« la seule vue d'économiser les frais, perd-il cet
« avantage ? non ; la divisibilité le lui conserve. »

A vrai dire, la jurisprudence, conforme en cela
à l'opinion de Carré et d'Henrion de Pansey, s'était
prononcée pour le système contraire ; mais ce système, appuyé sur l'article 1345 du Code civil (2), n'a

---

(1) « A ne juger la question que par les principes généraux
« du droit, il paraîtrait logique de décider que chaque chef
« de demande constitue une demande distincte ; que la nature
« n'en peut pas être modifiée par leur réunion fortuite, dans un
« acte de procédure, surtout si l'on considère qu'il dépendra de
« la volonté du demandeur, ou de réunir les demandes dans un
« seul et même procès, ou d'en faire l'objet de plusieurs procès
« séparés. » (Rapport fait, à la Chambre des députés, par M.
Rénouard, dans la séance du 29 mars 1837.)

(2) «... Il existe d'ailleurs, dans l'article 1345 du Code civil ,

rien de relevant pour nous servir ici des expressions de Curasson (1) . Car on a vu plus haut (2) qu'il n'y avait nulle analogie entre les principes reçus en matière de preuve testimoniale, et les principes admissibles en matière de compétence.

Avec plus de raison, on a cherché la justification du système proclamé, par la loi nouvelle, dans la difficulté de s'assurer, en certains cas, si les divers chefs de la même demande procèdent ou non d'une même cause (3).

Il est cependant une hypothèse où , nonobstant la

« une frappante analogie avec le cas qui nous occupe. Cet « article interdit la preuve testimoniale, si, dans une même « instance, une partie fait plusieurs demandes qui , jointes « ensemble, excéderaient cent cinquante francs, encore bien « qu'on allégue que ces créances proviennent de différentes « causes, et qu'elles se sont formées en différents temps. » (Rapport fait, à la Chambre des députés, par M. Rénouard, dans la séance du 29 mars 1837.)

(1) *Traité de la compétence des juges de paix*, tom. II, page 414.

(2) Voyez , plus haut, page 105.

(3) « ... Tous les chefs de demande que la même partie for« me simultanément, constituant la valeur du litige, il im« portera peu qu'elle les présente distinctement. Ce sera, par le « chiffre des conclusions réunies, que se déterminera le point de « savoir si le jugement sera de premier, ou de dernier ressort , « ou même si le juge de paix n'est pas incompétent sur le « tout. L'opinion contraire aurait produit de fréquents débats, « afin de savoir si les divers chefs de demande procédaient de « la même cause ou de causes différentes; il en serait résulté « aussi un moyen facile, par la division de l'action, d'appeler « le juge à prononcer sur des intérêts qui dépasseraient la

disposition du présent article, on reconnaîtra la nécessité d'envisager séparément chacun des chefs de la demande, pour s'assurer, d'après des principes analogues à ceux qui ont dicté l'article 7, de la compétence du juge de paix devant lequel l'action est portée ; et cette hypothèse, prévue par Curasson (1), est celle où les divers chefs se référeraient à des attributions de nature différente : l'une, par exemple, aux actions d'une valeur déterminée ; l'autre, aux actions d'une valeur indéterminée.

ARTICLE DIXIÈME.

Dans les cas où la saisie-gagerie ne peut avoir lieu qu'en vertu de permission de justice, cette permission sera accordée, par le juge de paix du lieu où la saisie devra être faite, toutes les fois que les causes rentreront dans sa compétence.

S'il y a opposition de la part des tiers, pour des causes et pour des sommes qui, réunies, excéderaient cette compétence, le jugement en sera déféré aux tribunaux de première instance.

« destination ordinaire de sa juridiction. » (Présentation faite, à la Chambre des pairs, par M. Barthe, dans la séance du 8 mai 1837.)

(1) *Traité de la compétence des juges de paix*, tom. II, page 415.

Commentaire.

Cet article se compose de deux parties , qui , respectivement, feront l'objet des deux sections suivantes.

SECTION PREMIÈRE.

La première partie de notre article est le complément de l'article troisième ;

L'application de cette même partie, de notre article, n'est pas limitée à l'article troisième ;

Formes de la saisie-gagerie ;

A moins d'indices de fraude , la saisie-gagerie ne peut avoir pour objet des loyers ou fermages non échus ;

Toujours, la saisie-gagerie peut avoir pour objet des dommages-intérêts, même non liquidés ;

Chacune de ces cinq propositions va faire l'objet d'un paragraphe.

§ Ier.

Le premier alinéa de notre article est le complément de l'article troisième.

La première partie du présent article est une suite naturelle, ou plutôt un complément indispensable de l'attribution conférée, aux juges de paix, par l'article 3 de la présente loi.

Et, en effet, dit M. Masson fils (1), « dès que le

____

(1) *Commentaire raisonné de la loi du 2.) mai 1838*, page 24.).

« juge de paix peut , dans les limites de sa compé-
« tence , prononcer la résiliation d'un bail , à dé-
« faut de payement des loyers et fermages échus ,
« ordonner l'expulsion du locataire (1), et statuer,
« sur la validité des saisies-gageries (2), qui ne sont
« qu'un moyen d'assurer le payement, il était in-
« dispensable de le rendre, en même temps, juge de
« la question de savoir si ces sortes de saisies de-
« vraient être autorisées. Créer, pour ces deux objets,
« deux compétences et deux juridictions, c'eût été
« entraver... le libre exercice du droit du proprié-
« taire qui, pour ne pas perdre le gage de sa créan-
« ce, est obligé d'agir avec célérité. »

---

(1) « ... Le droit d'autoriser les saisies-gageries a paru, à
« votre commission, une conséquence nécessaire de celui de
« statuer sur les demandes en payement de loyer, et sur les
« expulsions de lieux. Le leur refuser, ce serait, en effet,
« créer deux compétences pour l'exécution d'un même acte. »
(Rapport fait, à la Chambre des pairs, par M. Gasparin, dans
la séance du 19 juin 1837.)

(2) « La validité des saisies-gageries étant une conséquence
« de l'action en payement des loyers, elles seront presque tou-
« jours portées simultanément devant le juge, et il y sera pro-
« noncé, par une seule et même décision. Cette mesure a pour
« but d'empêcher la soustraction du mobilier, qui est le gage
« du propriétaire: elle évite les luttes et les voies de fait. Nous
« avons écarté tout ce qui pourrait la compliquer, en éloi-
« gnant les demandes en revendication , et les oppositions
« qui seraient formées par des tiers. » (Rapport fait, à la
Chambre des députés, par M. Amilhau, dans la séance du 6
avril 1838.)

§ II.

L'application de la première partie de notre article n'est pas limitée à l'article troisième.

De ce que l'article troisième rendait nécessaire l'article dixième, il ne faut pas en conclure que ce dernier article doive exclusivement se référer au premier.

Toutes les fois que les causes rentreront dans sa compétence ; ces expressions prouvent évidemment, d'après Curasson, que la première partie de notre article ne saurait être restreinte à la saisie-gagerie, pour loyers et fermages ; mais qu'elle doit s'étendre à toute espèce de saisie dont l'objet rentre dans la compétence du juge de paix (1); notamment, à la *saisie-gagerie* pratiquée, par un aubergiste, sur les effets d'un voyageur, pour avoir payement de la dépense faite, dans son auberge, sans dépasser les limites fixées par l'article 2 (2), et, pareillement à la *saisie-foraine* d'effets appartenant à un colporteur (3), pour avoir payement d'une obligation ne dépassant pas les limites fixées par l'article Ier (4).

---

(1) *Traité de la compétence des juges de paix,* tom. II, pages 419 à 421.

(2) *Ibid,* tom. Ier, page 323.

(3) *Ibid,* tom. II, page 421, et *Supplément* au tom. II, page 127.

(4) Si l'obligation dépassait les limites de la compétence du juge de paix, ce magistrat aurait caractère pour permettre la saisie *(Code de procédure civile,* art. 822.), non pour prononcer sur la validité.

Il y a plus, la *saisie-revendication*, prévue par le troisième alinéa de l'article 819 du Code de procédure civile, pour meubles frauduleusement déplacés de la maison ou de la ferme, étant une véritable *saisie-gagerie*, devrait y être complétement assimilée quant à la compétence du juge de paix (1).

Notez bien que, pour un aubergiste, comme pour un propriétaire de maison louée ou de ferme (2), la voie de saisie-gagerie est le seul moyen de conférer compétence au juge de paix de la situation, supposé que ce juge de paix fût distinct de celui du domicile du défendeur.

§ III.

Formes de la saisie-gagerie.

La saisie-gagerie est réglée par le titre II de la seconde partie du Code de procédure civile, d'où les auteurs tirent la conséquence que, dans le cas où la saisie-gagerie comprend des fruits (3), il n'est pas nécessaire d'attendre, ainsi que le veut l'article 626 de ce Code, les six semaines qui précèdent l'époque ordinaire de la maturité des fruits (4).

---

(1) *Traité de la compétence des juges de paix*, par Curasson, tom. I⁰ʳ, pages 315 et 321.

(2) Voyez, plus haut, page 136.

(3) *Code de procédure civile*, art. 819, premier alinéa.

(4) *Traité de la compétence des juges de paix*, tom. I⁰ʳ, page 320.

§ IV.

A moins d'indices de fraude, la saisie-gagerie ne peut avoir pour objet les loyers ou fermages à échoir.

Se fondant sur ces expressions de l'article 819 du Code de procédure civile : *pour loyers et fermages échus*, M. Giraudeau (1) blâme Carré d'avoir enseigné qu'on peut saisir-gager, *pour loyers et fermages à échoir*. La jurisprudence n'a pas confirmé la décision de Carré à laquelle Curasson (2) n'adhère que dans un cas tout-à-fait exceptionnel : « S'il était « démontré, dit cet auteur, que, par un déplace- « ment frauduleux, le fermier cherche à soustraire, « peu à peu, son mobilier, aux poursuites du pro- « priétaire ; alors on ne voit pas pourquoi il serait « interdit, à celui-ci, d'assurer, par une saisie- « gagerie, l'exercice de son privilége, pour les ter- « mes à échoir. »

On ne peut qu'applaudir à cette sage extension ; la fraude, partout où elle se montre, place, hors du droit commun, l'individu qui s'en est rendu coupable.

§ V.

Toujours la saisie-gagerie peut avoir pour objet des dommages-intérêts, même non liquidés.

Ici (3) nous ne sommes plus enchaînés par les ex-

---

(1) *Commentaire de la loi du 25 mai* 1838, page 96, I^ro col.

(2) *Traité de la compétence des juges de paix*, tom. Ier, page 316, n°. 70.

(3) Code civil, art. 2102, 1° 3e alinéa.

pressions restrictives (*pour loyers et fermages* ÉCHUS) de l'article 819 du Code de procédure civile, et, puisque la voie de saisie-gagerie est accordée, par notre article, pour tous les cas où elle peut être utile dans les causes de la compétence du juge de de paix, nous n'hésitons pas à regarder, comme bien fondée, la critique qu'a faite Curasson (1) de plusieurs arrêts qui avaient décidé la question par la négative : « La saisie-gagerie, dit-il, n'est qu'une « mesure conservatoire que le bailleur a droit d'em- « ployer, pour assurer l'exercice de son privilége. « Dès l'instant donc que la loi applique ce privilége « aux réparations locatives et à tout ce qui concerne « l'exécution du bail, pourquoi le propriétaire ne « pourrait-il pas saisir-gager, pour cet objet, sauf « à faire liquider la créance qui lui en résulte, sur « la demande en validité de la saisie-gagerie? »

SECTION SECONDE.

Quel serait l'effet de l'opposition formée, soit par le débiteur saisi, soit par ses créanciers ?

De quels *tiers* le législateur a-t-il entendu parler au second paragraphe de notre article ?

Telles sont les deux questions qui vont faire l'objet respectif des deux paragraphes suivants.

---

(1) *Traité de la compétence des juges de paix*, tom. Ier, page 316, n° 70.

§ Ier.

Quel serait l'effet de l'opposition formée, soit par le débiteur saisi, soit par ses créanciers ?

Cette question se subdivise en deux parties qu'il convient d'examiner séparément.

N° 1.

De l'opposition formée par le débiteur saisi.

La loi dit : *S'il y a opposition de la part des tiers ;* elle ne s'occupe donc pas de l'opposition qui aurait lieu de la part du saisi ; cette opposition, en effet, ne constitue qu'un mode facultatif (1), ou plutôt frustratoire (2), d'une défense qui sera nécessairement présentée, lors de la demande en validité, devant le juge compétemment saisi.

N° 2.

De l'opposition formée par les créanciers du débiteur saisi.

L'article 609 du Code de procédure civile renvoie les créanciers du saisi à former opposition, sur le prix de la vente.

D'où l'on doit conclure, avec Curasson (3), que

----

(1) *Traité de la compétence des juges de paix*, par Curasson, tom. 1er, page 325.

(2) *Supplément* au *Traité de la compétence des juges de paix*, tom. II, page 132.

(3) *Ibid*, tom. Ier, page 325 et *Supplément* au tom. II, page 132.

D'où l'on doit conclure, avec Curasson, (1), que leur opposition ne saurait empêcher qu'il fût donné suite, soit à la saisie, soit à la vente des meubles, et qu'ainsi, malgré cette circonstance, le juge de paix demeurât compétent pour statuer sur la validité de la saisie-gagerie, laquelle ne peut, en rien, préjudicier aux droits et priviléges des créanciers, sur le prix, qui, en cas d'insuffisance, se distribue sous les auspices d'une juridiction autre que celle des juges de paix.

C'est à quoi paraît n'avoir pas réfléchi M. Masson fils (2), lorsqu'après s'être exprimé ainsi :

« Trop souvent un locataire, un fermier de mau-
« vaise foi, pour se soustraire aux poursuites de
« son créancier, ou pour les rendre illusoires, in-
« vente des moyens de chicane ; il n'est pas rare, en
« effet, au moment où un huissier se présente pour
« pratiquer une saisie, qu'un tiers complaisant ne
« vienne s'y opposer, en se prétendant propriétaire
« des meubles qui en font l'objet... »

Cet auteur ajoute :

« ... D'un autre côté, le créancier qui veut assu-
« rer, par la voie de la saisie-gagerie, le privilége
« que la loi lui accorde, peut se trouver en concours
« avec d'autres créanciers aussi privilégiés. »

Le juge de paix reste complétement étranger à ces sortes de questions de préférence.

____

(1) *Traité de la compétence des juges de paix*, tom. Ier, page 325, et *Supplément* au tom. II, page 132.

(2) *Commentaire raisonné de la loi du 25 mai* 1838. page 246, n° 301.

§ II.

De quels TIERS *le législateur a-t-il entendu parler ici ?*

Puisqu'ainsi qu'on vient de s'en convaincre, au paragraphe précédent, la dénomination de *tiers* ne peut s'appliquer ici aux créanciers du débiteur saisi, on se trouve dans la nécessité d'en restreindre l'application aux *tiers* qui se prétendraient propriétaires des objets saisis, soit au domicile du fermier ou locataire, soit au lieu où auraient été transportés les effets déplacés de la ferme ou de la maison louée (1); et, d'après cette observation, il devient évident que le mot *compétence* ne comporte point la même latitude dans la seconde partie de notre article que dans la première.

Et, en effet, nous avons vu que, dans la première partie, le mot *compétence* était pris dans toute la latitude que peut comporter, en justice de paix, l'utilité de la saisie-gagerie (2) ; nonobstant la précession de l'adjectif démonstratif *cette*, qui gramma-

---

(1) Car il est bien entendu que la *saisie*, pratiquée, aux termes du troisième alinéa de l'article 819 du Code de procédure civile, sur les meubles garnissant la maison ou la ferme, lorsqu'ils ont été déplacés, est une véritable *saisie gagerie*, ainsi que l'a surabondamment démontré Curasson (pages 134 à 137 du *Supplément* au tome II de son *Traité de la compétence des juges de paix*) réfutant l'étrange assertion de M. Julhe de Foulan, qui n'hésite pas à qualifier une telle *saisie*, de *saisie-revendication* ; et, par conséquent, à la déclarer hors du cercle des attributions des juges de paix.

(2) Voyez, plus haut, page 228.

ticalement est un signe d'identité ; tandis que, dans la seconde, il ne peut être pris que dans les limites de l'exercice, en justice de paix, d'une action purement personnelle et mobilière ; telle que l'action en revendication d'effets mobiliers.

Au surplus, cette seconde partie de l'article, n'avait été appréciée, ni, lors de la discussion de la loi, par le rapporteur de la commission (1), ni, depuis sa sanction, par M. Bénech, ainsi que l'a très-judicieusement fait remarquer Curasson (2).

---

(1) « Le projet défère, aux tribunaux de première instance, le « jugement des oppositions formées par les tiers.

« Votre commission a pensé que cette disposition pourrait « souvent rendre illusoire l'attribution, des saisies-gageries, aux « juges de paix, la moindre revendication, pour l'objet de la « plus mince valeur, le rendrait incompétent ; ce n'est pas que « la connaissance des oppositions puisse être indéfiniment « laissée au juge de paix ; il ne s'agit plus, en effet, entre « l'opposant et le saisissant, d'une question de loyer ; il s'agit, « tantôt de propriété, tantôt de privilége : l'opposition peut « se rattacher à des créances considérables, à des appréciations « de titres, à de graves difficultés de droit.

« Il se peut aussi que les opposants soient nombreux ; c'est « contre eux tous que le propriétaire est obligé de lutter ; c'est « la réunion de ces oppositions qui constitue, relativement à « lui, la quotité du litige.

« . . . Votre commission vous propose de laisser cette juri- « diction au juge de paix, si la réunion des oppositions n'excè- « de pas sa compétence, en faisant un tout de leurs sommes et « de leurs causes. » (Rapport fait, à la Chambre des députés, par M. Rénouard, dans la séance du 29 mars 1837.)

(2) *Traité de la compétence des juges de paix*, tom. Ier pages 322 à 324, et *Supplément* au tom. II, pages 128 à 134.

ARTICLE ONZIÈME.

L'exécution provisoire des jugements sera ordonnée dans tous les cas où il y a titre authentique, promesse reconnue, ou condamnation précédente dont il n'y a point eu appel.

Dans tous les autres cas, le juge pourra ordonner l'exécution provisoire, nonobstant appel, sans caution, lorsqu'il s'agira de pension alimentaire, ou lorsque la somme n'excédera pas trois cents francs, et, avec caution, au-dessus de cette somme.

La caution sera reçue par le juge de paix.

Commentaire.

Motifs ;

Législation antérieure et comparée ;

Les deux premiers paragraphes de notre article s'interprètent l'un par l'autre ;

L'exécution provisoire ne doit jamais être prononcée nonobstant opposition ;

La réception de caution n'est pas un acte d'exécution ;

Au développement de chacun de ces points, vont être consacrés autant de paragraphes.

§ Ier.

Motifs.

« En étendant la compétence des juges de paix,
« le gouvernement n'a pas pensé... qu'il fût néces-

« saire d'étendre aussi leurs pouvoirs, relativement à
« l'exécution (1); » bien loin de là, il a puisé, dans
l'extension même apportée, par la loi nouvelle, aux
attributions des juges de paix, une raison suffisante
pour restreindre les effets d'une exécution souvent
précipitée, d'une exécution dont les suites seraient
presque toujours irréparables (2), et, pour nous
servir ici des expressions de M. Rénouard (3) :
« On a cru prudent de compenser les extensions...
« à la compétence des juges de paix, par une réser-
« ve plus grande dans l'exécution de leurs juge-
« ments. »

------

(1) rapport fait, à la Chambre des pairs, par M. Gasparin,
dans la séance du 19 juin 1837.

(2) « La Chambre des députés, d'après sa commission, a in-
« troduit d'heureuses modifications dans la première partie
« de l'article. L'exécution provisoire, de plein droit et sans cau-
« tion, établie, comme règle générale, dans les jugements des
« tribunaux de paix, est un principe facile à justifier en l'état
« de la compétence très-réduite de ces tribunaux. Aujourd'hui
« que leur juridiction civile doit recevoir un accroissement, et
« qu'il faut s'attendre à de plus fréquents appels; puisqu'il
« existera souvent un intérêt plus élevé pour recourir à une
« juridiction supérieure; aujourd'hui, si la même règle était
« maintenue, l'appel pourrait fréquemment arriver lorsque le
« préjudice serait devenu irréparable, par l'effet d'une exécu-
« tion précipitée qu'il aurait été impossible d'arrêter... » (Présentation, à la Chambre des pairs, par M. Barthe, dans la
séance du 8 mai 1837).

(3) Rapport fait, à la Chambre des députés, dans la séance
du 29 mars 1837.

§ II.

Législation antérieure et comparée.

Après avoir déterminé la compétence du juge de paix, en matière personnelle et mobilière, soit sans appel, soit à charge d'appel, l'art. 9 du titre iii de la loi des 16-24 août 1790, ajoutait : « En ce dernier « cas, ses jugements seront exécutoires, par provision, « nonobstant l'appel, en donnant caution. » Cette disposition avait été remplacée par celle de l'article 17 du Code de procédure civile, ainsi conçu :

« Les jugements des justices de paix, jusqu'à « concurrence de trois cents francs, seront exécu- « toires , par provision, nonobstant l'appel, et sans « qu'il soit besoin de fournir caution; les juges de « paix pourront, dans les autres cas, ordonner l'exé- « cution provisoire de leurs jugements, mais à « charge de donner caution. »

Ainsi, comparé à la loi de 1790, l'art. 17 du Code de procédure civile était, tout à la fois, plus restreint dans ses termes, et cependant plus général dans son application.

Plus restreint dans ses termes ; en ce qu'il ne déclarait exécutoires les jugements des juges de paix, que jusqu'à trois cents francs, valeur au-dessus de laquelle il se bornait à permettre, aux juges de paix , d'ordonner l'exécution provisoire de leurs jugements.

Plus général dans son application ; en ce qu'il réglait le sort non seulement des jugements rendus en matière personnelle et mobilière, mais bien de tout jugement émanant des juges de paix.

Comparés au paragraphe premier de notre article, les articles précités de la loi de 1790, et du Code de procédure civile, étaient plus impératifs; sous leur empire, les jugements auxquels ils s'appliquaient étaient de plein droit exécutoires, sans que le juge eût besoin de rien ordonner à cet égard; au contraire, sous l'empire du paragraphe premier de notre article, l'exécution provisoire, non seulement n'a pas lieu de plein droit, mais ne peut même être prononcée d'office; car telle est l'interprétation que donnent les commentateurs (1) à l'art. 135 du Code de procédure civile dont il a été tiré.

§ III.

Les deux premiers paragraphes de notre article s'interprètent l'un par l'autre.

Le paragraphe premier du présent article, est littéralement emprunté à l'article 135 du Code de procédure civile, jusque-là, exclusivement applicable aux jugements des tribunaux ordinaires.

Toutefois, on y remarque une légère différence de rédaction.

L'article 135 commence par ces mots: l'exécution provisoire, *sans caution*, sera ordonnée.

Au contraire, le paragraphe Ier de notre article commence par ceux-ci: « l'exécution provisoire des jugements sera ordonnée.

---

(1) Pigeau, tom. 1er, page 501, et Carré, *Les lois de la procédure civile*, tom. 1er, page 327.

Évidemment, l'expression *des jugements*, insérée dans le premier paragraphe de notre article, est sous-entendue dans l'art. 135 du Code de procédure civile.

Mais, réciproquement, l'expression : *sans caution*, insérée dans l'article 135 du Code de procédure civile, doit-elle être sous-entendue dans le premier paragraphe de notre article?

On ne peut en douter, lorsqu'on voit qu'au paragraphe deuxième, placé par opposition au paragraphe premier, cette même expression se trouve consignée.

Curasson en donne une autre raison également plausible :

« Puisque, dit cet auteur (1), d'après le § 2, de l'art.
« 11 ; l'exécution provisoire, en l'absence même d'un
« titre, peut avoir lieu, *sans caution*, jusqu'à concur-
« rence de 300 fr., il doit en être ainsi, à plus forte
« raison, dans le cas du § 1er, où le jugement, repo-
« sant sur un titre, présente plus de garantie. »

Les deux premiers paragraphes du présent article sont donc appelés à se compléter mutuellement; ainsi, non seulement l'expression *sans caution*, mais encore celle *nonobstant appel*, qui se trouvaient, soit dans la loi de 1790, soit dans l'article 17 du Code de procédure civile, et, qui n'a été insérée que dans le deuxième paragraphe de notre article, est sous-entendue dans le premier.

---

(1) *Traité de la compétence des juges de paix*, tom. ii, page 25.

§ IV.

L'exécution provisoire ne doit jamais être prononcée nonobstant opposition.

Remarquons, avec Curasson (1), qu'à la différence des jugements des tribunaux ordinaires, jugements auxquels s'applique l'article 155 du Code de procédure civile, jamais les jugements des juges de paix ne peuvent être déclarés provisoirement exécutoires *nonobstant opposition*; parce qu'ainsi que le fait observer Carré (2) : « Les délais, pour former et « juger l'opposition, étant extrêmement abrégés, en « justice de paix, on n'a pas à craindre que la sus- « pension ou l'exécution porte préjudice aux parties.»

C'est dans ce sens que M. Augier a eu raison de dire (3) : « Nous ne pensons pas que l'exécution pro- « visoire d'un jugement par défaut puisse être or- « donnée. »

§ V.

La réception de caution n'est pas un acte d'exécution.

« Cette disposition du paragraphe dernier de no- « tre article, dit M. Giraudeau (4), est une excep-

---

(1) *Traité de la compétence des juges de paix*, tom. II, page 432.

(2) *Le Droit Français, dans ses rapports avec la juridiction des justices de paix*, tom. IV, page 56 , n° 2750.

(3) *Supplément à l'Encyclopédie des juges de paix*, page 39, n° 6.

(4) *Commentaire de la loi du 25 mai 1838*, page 100, Iʳᵉ col.

« tion à ce principe que le juge de paix ne peut con-
« naître de l'exécution de ses jugements (1). »

Pour que la proposition de M. Giraudeau fût vraie, il faudrait que la réception de caution fût un acte d'exécution.

Or, ainsi que le fait observer Curasson (2), ce n'est que le complément nécessaire pour mettre la sentence à même d'être exécutée.

Aussi, sous l'empire de l'article 17 du Code de procédure civile, qui n'investissait pas formellement le juge de paix du droit de recevoir la caution, Berriat-Saint-Prix ; Carré et M. Augier l'en déclaraient déjà investi.

La disposition de notre paragraphe n'est donc pas une exception au principe que le juge de paix ne peut connaître de l'exécution de ses jugements; mais elle a eu, pour utile résultat, de dissiper une erreur qui était partagée par plusieurs jurisconsultes et notamment par le rapporteur de la commission (3).

---

(1) Voyez, sur ce principe, une dissertation de Curasson, insérée dans le *Supplément* au second tome de son *Traité de la compétence des juges de paix*, pages 137 à 145.

(2) *Traité de la compétence des juges de paix*, tom. II, page 432.

(3) « . . . La nouvelle loi, en attribuant au juge de paix, la « faculté de recevoir lui-même la caution, dispense avec rai- « son les parties du ministère des avoués et des frais de greffe « du tribunal de première instance, la simplicité d'un pareil « acte n'exigeant pas ce grand appareil de formes. » (Rapport fait, à la Chambre des pairs, par M. Gasparin, dans la séance du 19 juin 1837.)

ARTICLE DOUXIÈME.

S'il y a péril en la demeure, l'exécution provisoire pourra être ordonnée, sur la minute du jugement, avec ou sans caution, conformément aux dispositions de l'article précédent.

Commentaire.

Le *péril en la demeure* est-il synonyme de *l'absolue nécessité ?*

L'exécution peut-elle précéder l'enregistrement sur minute ?

Comme dépositaire de la minute, le greffier doit-il assister à l'exécution ?

Telles sont les trois questions qui vont faire l'objet des trois paragraphes suivants.

§ Ier.

Le péril en la demeure est-il synonyme de l'absolue
nécessité ?

La première de ces deux expressions, empruntée à l'article 155 du Code de procédure civile, a été substituée à la seconde, lorsque nos législateurs ont pris l'article 811 du même Code, pour en faire le présent article de la loi du 25 mai 1838.

L'une et l'autre présente l'idée d'urgence (1) ; mais

______

(1) « Il se présente des cas où l'exécution des jugements ne « peut être assurée que par sa rapidité, et, où le moindre délai « la rendrait impossible. La loi (Code de procéeure, art. 811)

l'urgence de la première espèce nous paraît moins pressante que celle de la seconde.

Et, en effet, lorsqu'il y a simple *péril en la demeure*, la prudence conseille l'action, mais rien ne la commande aussi impérieusement que lorsqu'il y a *nécessité absolue*.

Ainsi Curasson (1) nous paraît s'être fait une idée plus juste du vrai sens de ces mots que M. Masson fils (2).

§ II.

L'exécution peut-elle précéder l'enregistrement sur minute ?

« Pour exécuter le jugement, sur la minute, il
« n'est pas nécessaire de signifier le jugement, ni
« de faire un commandement préalable : dispensé de
« prendre une expédition, le poursuivant doit, à
« plus forte raison, être exempt de tous actes pré-
« paratoires. Une décision ministérielle, à la date

« permet alors, au président du tribunal de première instance,
« d'ordonner l'exécution, sur la minute même du jugement. Si
« l'on considère le caractère d'urgence d'un grand nombre de
« causes qui sont remises à l'appréciation des juges de paix, on
« concevra qu'une pareille faculté ne pouvait leur être refusée.»
(Rapport fait, à la Chambre des pairs, par M. Gasparin, dans
la séance du 19 juin 1837.)

(1) *Traité de la compétence des juges de paix*, tom. II, page 428, n° 5.

(2) *Commentaire raisonné de la loi du 25 mai* 1838, page 257.

« du 13 juin 1809 (1), déclare même, qu'en ce cas,
« le jugement peut être exécuté avant l'enregistre-
« ment de la minute; il suffit que cette formalité soit
« remplie au moment où l'huissier fait enregistrer le
« procès-verbal d'exécution (2).

Contre une telle décision, nous ne voyons pas
comment pourrait se soutenir celle de MM. Bioche
et Goujet, rapportée par M. Augier (3), et, posant
en principe que « le jugement ne peut être exécuté...
« qu'après avoir reçu la formalité de l'enregistre-
« ment. »

§ III.

Comme dépositaire de la minute, le greffier doit-il
assister à l'exécution ?

Quoique dépositaire de la minute, le greffier ne
doit pas assister à l'exécution; l'usage veut que le
juge de paix commette l'huissier qui doit instrumenter, et que, sur la responsabilité personnelle de
celui-ci, le greffier lui remette la minute du jugement, à charge, par lui, de la rétablir, au greffe, dès
que son opération sera terminée.

______

(1) Il s'agissait, bien entendu, de l'exécution de l'article
811 du Code de procédure civile, dont est tiré l'article 12 de la
présente loi du 25 mai 1838.

(2) *Traité de la compétence des juges de paix*, tom. II, pages
428 et 429.

(3) *Supplément à l'Encyclopédie des juges de paix*, page
39, n° IX.

ARTICLE TREIZIÈME.

L'appel des jugements des juges de paix ne sera recevable, ni avant les trois jours qui suivront celui de la prononciation des jugements, à moins qu'il n'y ait lieu à exécution provisoire, ni après les trente jours qui suivront la signification, à l'égard des personnes domiciliées dans le canton.

Les personnes domiciliées hors du canton auront, pour interjeter appel, outre le délai de trente jours, le délai réglé par les art. 73 et 1033 du Code de procédure civile.

Commentaire.

Jugements susceptibles d'appel ;
Délai d'appel ;
Délai d'opposition est suspensif du délai d'appel ;
Prorogation du délai d'appel ;
Tels sont les points que nous allons développer, en autant de paragraphes.

§ Ier.

Jugements susceptibles d'appel.

L'appel est une voie légale de réformation ouverte, à la partie condamnée, par jugement rendu en premier ressort.

Or, le juge de paix n'a reçu mission de statuer qu'en premier ressort, savoir :

Par la présente loi du 25 mai 1838,

1° Sur les actions dont le genre est relaté à l'article premier, lorsqu'il s'agit d'une valeur excédant cent francs et ne dépassant pas deux cents francs ;

2° Sur les actions dont l'espèce est mentionnée ,

Soit aux articles deuxième et quatrième, lorsqu'il s'agit d'une valeur excédant cent francs et ne dépassant pas quinze cents francs ;

Soit aux articles troisième et cinquième, lorsqu'il s'agit d'une valeur excédant cent francs ;

Soit à l'article sixième, quelle qu'en puisse être la valeur ;

Par toute autre loi attributive de juridiction civile-judiciaire au juge de paix (1), lorsqu'il s'agit d'une valeur,

> Ou excédant cent francs ,
> Ou indéterminée.

§ II.

Délai d'appel.

Sous la première impression que lui fait éprouver la perte d'un procès, le plaideur souvent ne prendrait conseil que de sa propre irritation, pour trancher un appel téméraire ; aussi, la loi a-t-elle fixé un délai pendant lequel la raison pût reprendre son empire.

Ce délai avait été fixé, à huit jours, par l'article

---

(1) C'est aussi l'avis de Curasson, *Traité de la compétence des juges de paix*, tom. II , page 439.

449 du Code de procédure civile, car on tient pour constant (1), qu'à moins d'une dérogation formellement exprimée, toutes les dispositions du titre de l'appel et de l'instruction sur l'appel, sont applicables aux jugements rendus par les juges de paix.

Il a été réduit à trois jours ; parce que les trois mois, autrefois accordés pour interjeter appel, ayant eux-mêmes été réduits à trente jours, l'une des restrictions a commandé l'autre (2).

Ainsi que l'a fait remarquer M. Barthe, lors de la présentation du projet de loi (3), « l'assimilation « établie, par les articles 16 et 443 du Code de pro- « cédure civile, entre les délais des appels qui se « portent devant les cours royales et ceux des ap- « pels qui se portent... devant les tribunaux d'ar- « rondissement, réclamait d'autant plus une réfor- « me, qu'en ce point, il y avait contradiction avec la « briéveté des autres délais observés dans la procé- «·dure en justice de paix (4). »

---

(1) *Traité de la compétence des juges de paix* , par Curasson, tom. II, page 438, nº 1, et pages 446 à 447.

(2) « L'article 449, dit M. Rénouard (Rapport fait, à la « Chambre des députés, dans la séance du 29 mars 1837), défend, « avant l'expiration de la huitaine qui suit le jugement, d'in- « terjeter appel des jugements des tribunaux de première ins- « tance, non exécutoires par provision... le délai d'appel étant « borné à un mois, l'interdiction de huitaine... serait un terme « trop étendu et restreindrait trop le temps accordé pour inter- « jeter appel. »

(3) Chambre des pairs, séance du 8 mai 1837.

(4) « Evidemment , avait déjà dit le prédécesseur de M. Bar- « the, M. Persil, dans la séance de la Chambre des députés du

« C'est la Cour de Besançon qui a proposé le délai
« de *trente jours* au lieu de celui d'*un mois*, fixé, dans
« le projet; le délai devra donc se compter par
« jour... »

Des expressions de notre article, *l'appel ne sera
pas recevable* APRÈS LES TRENTE JOURS *qui suivront la
signification*, MM. Giraudeau (1) et Masson fils (2)
ont conclu que l'appel interjeté le trente-unième
jour serait non recevable.

Curasson (3) trouve cette opinion trop servilement
appuyée, sur un texte dans lequel il ne voit rien
d'assez précis pour motiver une infraction à la disposition générale de l'article 1033 du Code de procédure civile.

Nous ne pouvons partager cette opinion; rien de
plus précis que le texte de l'article 13 : *ni après les
trente jours*, et, bien loin que la disposition de l'article 1033 soit l'expression du droit commun, en ce
qui touche le jour *ad quem*, c'est qu'au contraire, en
statuant que LE JOUR DE L'ÉCHÉANCE *n'est jamais
compté dans* LE DÉLAI GÉNÉRAL *fixé pour les ajourne-*

« 6 janvier 1837, trois mois ne sont pas nécessaires pour délibé-
« rer sur la sentence du juge, et donner le temps, à la partie
« condamnée, de prendre une détermination réfléchie. Ce ter-
« me est réduit à trente jours. C'est encore ici l'une des innova-
« tions du premier projet dont le principe n'a pas éprouvé de
« contradiction. »

(1) *Commentaire de la loi du 25 mai* 1838, page 102, 2ᵉ col.

(2) *Commentaire raisonné de la loi du 25 mai* 1838, page 262,
n° 318.

(3) *Traité de la compétence des juges de paix*, tom. II, page
447.

15

ments , les citations, sommations et autres actes faits à personne ou domicile, elle déroge à la maxime : *dies termini computatur in termino* ; maxime qui doit recevoir son application dans tous les cas où il n'y a pas été formellement dérogé.

§ III.

Délai d'opposition est suspensif du délai d'appel.

L'article 16 du Code de procédure civile avait statué que le délai d'appel des jugements émanés de la justice de paix serait calculé à dater du jour de la signification, sans distinguer entre les jugements contradictoires et ceux par défaut.

Mais déjà, ainsi que nous l'apprend Curasson (1), la jurisprudence avait appliqué la distinction consignée à l'article 443 du même Code ; se fondant sur ce que la voie d'opposition , plus simple que la voie d'appel , et moins injurieuse pour la magistrature, doit être préférée tant qu'elle est praticable.

Ainsi donc , bien qu'à l'exemple de l'article 16 du Code de procédure civile, l'article 13 de la loi nouvelle ne distingue pas entre les jugements contradictoires et ceux par défaut, on doit tenir pour constant que les trente jours, auxquels maintenant se réduit le délai pour interjeter appel des jugements rendus en justice de paix, ne se comptent, si le ju-

---

(1) *Traité de la compétence des juges de paix*, tom. II, pages 448 à 450.

gement est par défaut, qu'à dater *du jour où l'opposition n'est plus recevable.*

§ IV.

Prorogation du délai d'appel.

« Il est à remarquer, dit M. Masson fils (1), que
« la loi nouvelle établit une dérogation à la loi an-
« cienne. Car, d'après l'article 445 du Code de pro-
« cédure civile, qui s'applique également aux tribu-
« naux de paix (2), il n'y avait jamais augmentation
« du délai, à raison des distances, pour les personnes
« domiciliées sur le territoire continental de la
« France. »

Et, en effet, cet article ne renvoyait à l'article 73
qu'en faveur de *ceux qui demeurent hors de la France
continentale*; tandis que notre article 13 y renvoie,
même en faveur de *toutes les personnes domiciliées
hors du canton.*

« Cette dérogation est due, continue le même au-
« teur, à la réduction du délai d'appel. »

Telle est la conséquence du renvoi à l'article 73.

Quant au renvoi à l'article 1033, on ne voit pas
trop, d'après ce que nous avons dit au précédent
paragraphe, où en était l'utilité.

Un renvoi qui eut été véritablement utile, c'est,
d'après les explications données à la tribune (3), celui
à l'article 446.

---

(1) *Commentaire raisonné de la loi du 25 mai* 1838, p. 263.
(2) Voyez, plus haut, page 248.
(3) « Je proposerais, dit M. Martin (de l'Isère), un amen-
« dement qui consisterait à dire : *néanmoins les personnes*

ARTICLE QUATORZIÈME.

Ne sera pas recevable l'appel des jugements mal à propos qualifiés en premier ressort, ou qui, étant en dernier ressort, n'auraient point été qualifiés.

Seront sujets à l'appel les jugements qualifiés en dernier ressort, s'ils ont statué, soit sur des questions de compétence, soit sur des matières dont le juge de paix ne pouvait connaître qu'en premier ressort.

Néanmoins, si le juge de paix s'est déclaré compétent, l'appel ne pourra être interjeté qu'après le jugement définitif.

Commentaire.

Les trois paragraphes du présent article vont être respectivement développés dans les trois paragraphes qui suivent.

« *qui sont absentes du territoire européen, pour le service* « *de terre ou de mer, ou qui seront employées dans les né-* « *gociations extérieures de l'État, continueront à jouir du* « *délai d'un an fixé par l'article* 446 *du Code de procédure* « *civile.*

« L'amendement est inutile, répondit M. le rapporteur, « nous nous en sommes tenus aux termes du droit commun ; « nous avons voulu seulement que le délai des distances fût « indiqué, pour éviter des discussions ; mais, dans les inten- « tions de la commission, l'article 446 du Code de procédure « civile doit recevoir son exécution de même que toutes les « autres dispositions du droit commun. »

§ 1er.

Le premier paragraphe consacre les principes , de droit commun, que déjà la jurisprudence avait appliqués aux justices de paix (1), bien qu'ils ne fussent littéralement écrits, dans l'article 453 du Code de procédure civile, que pour la juridiction ordinaire.

La compétence, étant d'ordre public, il ne peut dépendre d'un tribunal, de l'étendre ou de la restreindre.

Les termes dans lesquels une décision est conçue ne sauraient donc lui donner une force qu'elle ne tiendrait pas de la loi.

§ II.

De même que le paragraphe premier de notre article applique, aux jugements émanés des justices de paix, le principe sanctionné par l'art. 453 du Code de procédure civile ; de même le deuxième paragraphe leur applique le principe sanctionné par l'art. 454 du même Code (2).

---

(1) Voyez, plus haut, page 248.

(2) « Par l'article 14 le projet résout.., conformément au « Code de procédure civile, plusieurs questions qui, auparavant, avaient été controversées, c'est-à-dire que la qualification, donnée au jugement, n'exerce aucune influence sur la « question de savoir s'il est ou s'il n'est pas susceptible d'appel.

« Mais l'observation des juridictions est d'ordre public. « Quand il s'agit de faire décider si l'on aura tel juge plutôt « que tel autre, le litige ne porte pas sur un point qui , en lui-« même, puisse être évalué. Le jugement, sur la compétence, « sera donc susceptible d'appel, quand même, au fond, la « contestation devrait être jugée en dernier ressort. Telle est

Et, de ce que la compétence, appartenant à l'ordre public, ne peut être à la libre disposition du juge, il s'en suit que toujours la décision du juge est, à cet égard, susseptible d'appel.

« Le déclinatoire, dit Henrion de Pansey, n'est
« pas un incident du procès ; c'est bien réellement
« une demande principale, et le droit d'avoir tel juge
« plutôt que tel autre, ne tombe pas en évaluation. »

Aussi, tous les auteurs (1) qui, avant la loi du 25 mai 1838, avaient commenté l'article 454 du Code de procédure civile, ne faisaient-ils aucun doute qu'il ne s'appliquât aux justices de paix, comme aux tribunaux de première instance.

§ III.

Nous venons de voir que les deux premiers paragraphes de notre article n'étaient autre chose que l'application, aux justices de paix, déjà faite par la jurisprudence, des articles 453 et 454 du Code de procédure civile.

Il en est tout autrement du troisième paragraphe

« la règle que le projet emprunte, et du Code de procédure,
« qui le pose ainsi relativement aux jugements de première
« instance (art. 454), et de la jurisprudence, qui a étendu l'ap-
« plication du même principe. » (Présentation faite, à la Chambre des pairs, par M. Barthe, dans la séance du 8 mai 1837.)

(1) Voyez notamment Carré...

de ce même article ; c'est une innovation , (1) et de
la plus haute importance (2).

Jusqu'à la loi du 5 mai 1838, tout jugement, statuant sur la compétence, pouvait être, à l'instant,
frappé d'appel ; il n'en sera plus de même des jugements émanés des juges de paix. Chaque fois que
ces magistrats se seront déclarés compétents, force
sera, au plaideur qui avait décliné leur compétence,
d'attendre le jugement du fond. Or, il se gardera
bien d'attaquer ce jugement s'il lui est favorable ; ce
sera une chance de plus contre un appel, qui, lorsque de graves intérêts ne sont pas en jeu, est une
sorte de calamité.

Si , dit la loi, *le juge de paix s'est déclaré compétent* ,
*l'appel ne pourra être interjeté qu'*APRÈS LE JUGE-
MENT DÉFINITIF,

Quel est le sens précis de ces dernières expressions?

Supposé, qu'en se déclarant compétent, le juge de
paix ait ordonné une expertise, son jugement sera

---

(1) « C'est une sage innovation que l'on pourrait, avec gran-
« de utilité , rendre plus générale. » (Rapport fait, à la Chambre des députés, par M. Rénouard, dans la séance du 29
mars 1857.)

(2) « Cet article consacre , pour les justices de paix , des prin-
« cipes de droit commun pour les autres juridictions (Code de
« procédure, articles 453 et 454) ; mais aussi il défère, aux
« tribunaux de première instance, les questions de compéten-
« ce qui étaient dans les attributions de la Cour de cassation. »
(Rapport fait, à la Chambre des pairs, par M. Gasparin, dans
la séance du 19 juin 1837.)

interlocutoire, quand au chef qui ordonne l'expertise, et, comme tel, susceptible d'appel avant le jugement définitif (1). N'en sera-t-il pas moins non susceptible d'appel jusqu'APRÈS LE JUGEMENT DÉFINITIF, quand au chef qui statue sur la compétence?

Entendu ainsi, l'article 14 de la loi du 25 mai 1838, présenterait une singulière anomalie; l'interlocutoire pourrait être confirmé, sur l'appel, et le tout, plus tard, réduit à néant, lorsqu'après l'interlocutoire exécuté, on viendrait à reconnaître que le juge de paix n'avait pas compétence!

Telles sont les considérations d'après lesquelles Curasson (2) est d'avis que, dans une pareille hypothèse, les dernières expressions de notre paragraphe ne sauraient être prises à la lettre.

Nous ne pouvons partager cet avis de Curasson.

Nous conviendrons volontiers qu'il y aurait de la bizarrerie à ce que, des deux chefs d'un même jugement, l'un ordonnant une expertise, l'autre déclararant la compétence, celui-ci ne fût pas susceptible d'appel avant le jugement définitif, tandisque celui-là le serait; où, réciproquement.

Mais, pour faire cesser cette bizarrerie, n'y a-t-il donc d'autre moyen que de déclarer alors l'appel recevable pour l'un comme pour l'autre des deux

---

(1) *Code de procédure civile*, art. 31.

(2) *Traité de la compétence des juges de paix*, tom. II, page 444, n° 10.

chefs, avant le jugement définitif, et de donner ainsi un démenti formel, à ce texte non moins précis qu'impérieux : *Si le juge de paix s'est déclaré compétent, l'appel ne pourra être interjeté qu'après le jugement définitif?*

On peut également la faire cesser en déclarant alors l'appel non recevable, pour l'un comme pour l'autre des deux chefs, avant le jugement définitif; et c'est à ce dernier moyen que nous nous arrêtons.

Mais, de quel droit, nous dira-t-on peut-être, faites-vous, par rapport au chef ordonnant l'expertise, une défense contraire au second paragraphe de l'article 451 du Code de procédure civile, qui permet d'en appeler avant le jugement définitif?

Et, dequel droit, répondons-nous, accordez-vous, par rapport au chef déclarant la compétence, une permission contraire au troisième paragraphe de l'article 14 de la loi du 25 mai 1838, qui défend d'en appeler avant le jugement définitif?

La règle qui veut que les jugements interlocutoires soient susceptibles d'appel, même avant le jugement définitif, serait-elle donc plus inviolable que celle qui veut, qu'avant le jugement définitif, on ne puisse appeler du jugement par lequel le juge s'est déclaré compétent?

Nous ne faisons aucun doute que la proposition inverse ne doive être adoptée, et nous nous fondons sur ce que la seconde règle est écrite dans la loi qui est la plus récente et qui porte, article 21 : *Toutes les dispositions des lois antérieures, contraires à la présente loi, sont abrogées.*

ARTICLE QUINZIÈME.

Les jugements rendus par les juges de paix ne pourront être attaqués, par la voie du recours en cassation, que pour excès de pouvoir.

Commentaire.

Le présent article apporte un très notable changement à notre législation;

L'excès de pouvoir est difficile à distinguer de l'incompétence;

Telles sont les deux propositions au développement desquelles seront respectivement consacrés les deux paragraphes qui suivent.

§ 1er.

Le présent article apporte un très notable changement à notre législation.

D'après l'article précédent, les décisions des juges de paix, sur leur compétence, sont toujours susceptibles d'appel.

Le législateur en a conclu, au présent article, que *les jugements rendus par les juges de paix, ne pourront être attaquées par la voie de recours en cassation, que pour excès de pouvoir.*

Ce texte, on ne peut en douter, ne s'applique qu'*aux jugements en dernier ressort*; car il est restrictif de la loi du 27 ventôse an VIII (1), dont l'art. 77,

____

(1) « L'article 77 de la loi du 27 ventôse an VIII, donne ou-
« verture en cassation contre les jugements en dernier ressort

déjà restrictif du droit commun à l'égard des justices de paix (1), est ainsi conçu : « Il n'y a ouverture à « cassation, ni contre les *jugements en dernier ressort* « des juges de paix, si ce n'est pour cause d'incom- « pétence ou d'excès de pouvoir... » Et tel est le sens dans lequel a été présenté notre article, ainsi que le prononce suffisamment le passage suivant du rapport de M. Rénouard (2).

« Lorsqu'on déclare qu'il y a eu excès de pouvoir, on « prononce, non seulement sur le jugement, mais « presque sur le juge lui même. C'est là un droit de « censure qui s'exercera très rarement, mais qui doit « pouvoir s'exercer quelquefois, et qui ne serait nulle « part aussi bien placé que dans la Cour de cas- « sation. »

« Quant à la difficulté de distinguer l'excès de « pouvoir de l'incompétence, on aurait tort de s'en

---

« des juges de paix ; seulement en cas d'incompétence et d'ex- « cès de pouvoir.

« Le projet de loi actuel renvoie, devant les tribunaux civils, « l'appel des questions de compétence ; il ne réserve, à la Cour « de cassation , que les cas d'excès de pouvoir. » (Rapport fait , à la Chambre des pairs, par M. Gasparin , dans la séance du 19 juin 1837.)

(1) « Le caractère arbitral et transactionnel des décisions que « rend le juge de paix, en matière civile, et la modicité des « intérêts qui en sont l'objet, ont déterminé la loi du 27 ven- « tôse an VIII (art. 77), à ne permettre , contre ces jugements, « le pourvoi en cassation que pour cause *d'incompétence* et *d'excès de pouvoir.* » (Présentation, à la Chambre des pairs , par M. Barthe, dans la séance du 8 mai 1837.)

(2) Chambre des députés, séance du 27 mars 1837.)

« préoccuper ; elle ne se présentera que dans les
« jugements en dernier ressort ; car les jugements en
« premier ressort seront toujours suceptibles d'appel
« pour toute espèce de grief.... »

« Quant aux jugements en premier ressort, ils ne
« sont pas, d'après les règles du droit commun,
« susceptibles de recours en cassation, sauf toutefois
« les pourvois dans l'intérêt de la loi, qui n'ont lieu
« que sur le réquisitoire du procureur-général, en
« vertu d'ordre exprès du gouvernement. Si la partie
« qui se plaint du jugement à négligé de se pourvoir
« par appel, elle ne peut s'en prendre, qu'à elle seule,
« du préjudice qu'elle éprouve. »

§ II.

L'excès de pouvoir est difficile à distinguer de l'incom-
pétence.

Quoiqu'en dise M. Rénouard, dans le passage que
nous venons de rapporter, au précédent paragraphe,
on ne saurait trop se préoccuper de la distinction à
établir entre l'incompétence et l'excès de pouvoir ;
puisqu'à *l'excès de pouvoir,* il est exclusivement
réservé, d'après la loi nouvelle, de donner ouverture
au pourvoi en cassation contre les jugements rendus,
en dernier ressort, par les juges de paix.

Or cette distinction est très difficile à saisir (1).

---

(1) « La distinction entre l'*incompétence,* qui donne lieu à
« l'appel, et l'*excès de pouvoir,* malgré lequel le juge de paix
« peut aujourd'hui statuer en dernier ressort, est effectivement
« difficile à saisir. » (*Traité de la compétence des juges de paix,*
par Curasson, tom. II, page 162, n° 3.)

N'excède-t-il pas ses pouvoirs, le juge qui statue hors des limites de sa compétence? Et, n'est il pas essentiellement incompétent, le juge qui excède ses pouvoirs (1)?

C'eût donc été rendre service aux justiciables que d'adopter la proposition faite par la commission de la chambre des députés, en 1835, et renouvelée par plusieurs membres de la commission, en 1838, et d'assimiler l'excès de pouvoir à l'incompétence, dans le deuxième paragraphe de l'article précédent, pour en faire une simple cause d'appel; et si des raisons de haute convenance (2) ne permettaient pas que l'on en agit de la sorte, pour l'excès de pouvoir, qu'elle nécessité y avait-il de dépouiller la Cour de cassation du pourvoi pour cause d'incompétence, et de créer ainsi une distinction qui pourra jeter les

---

(1) « Toutes les fois que le juge excède les bornes de sa juri- « diction, l'excès de pouvoir est évident; l'incompétence est « donc un excès de pouvoir, et l'excès de pouvoir lui-même, « une incompétence. » (*Traité de la compétence des juges de paix*, par Curasson, tom. II, page 462, n° 3.)

(2) «. . . . Ces actes dans lesquels le juge sort, non seulement « des limites de sa dompétence, mais de celles mêmes du pou- « voir judiciaire auquel il appartient, où il prononce, par « exemple, par voie règlementaire, où il s'immisce dans l'ad- « ministration. On conçoit qu'une autorité supérieure et régu- « latrice peut seule avoir droit de les casser, pour faire rentrer « le juge dans le cercle de ses attributions, et, qu'il y aurait « péril si les nombreux tribunaux, répartis sur tous les points « de la France, pouvaient, par un jugement, atténuer les bases « mêmes de la constitution. » (Rapport fait, à la Chambre des « députés, par M. Gasparin, dans la séance du 19 juin 1837

plaideurs dans un étrange embarras? La législation de l'an VIII, avait-elle donc soulevé de bien graves réclamations?

S'il est regrettable que la loi nouvelle ait renvoyé, devant deux juridictions différentes, l'incompétence et l'excès de pouvoir, il n'en devient que plus indispensable de chercher, dans les motifs développés au sein des Chambres, quelques lumières à l'aide desquelles on puisse éclairer une distinction sur laquelle les jurisconsultes étaient loin de s'entendre (1).

Or, de tous les orateurs qui se sont succédés à la tribune législative, (2) M. Barthe, (3) est le seul qui ait su porter, dans cette distinction, toute la clarté désirable; écoutons le:

« Quant aux excès de pouvoir, en les distinguant
« des cas d'incompétence, ils consistent, non dans
« les actes par lesquels le juge de paix aurait empiété
« sur les attributions d'une autre juridiction, mais
« dans ceux par lesquels il aurait fait ce qui ne
« serait permis à aucune juridiction établie; comme,
« par exemple, s'il avait disposé, par voie réglemen-
« taire; fait un statut de police; taxé les denrées;
« défendu l'exécution d'une loi, ou d'un jugement;
« contrarié des mesures prises par l'administration;
« dans ces circonstances, toujours rares, mais im-

---

(1) *Traité de la compétence des juges de paix*, par Curasson, tom. II, page 462, n° 3.

(2) *Ibid.* tom. II, page 453, n° 4.

(3) Chambre des pairs, séance du 3 mai 1837.

« portantes, l'ordre général est troublé, l'annulation
« de l'acte illégal ne peut être demandée à une
« autorité trop élevée, le pourvoi doit d'autant
« mieux rester ouvert, que l'appel ne serait pas
« permis à la partie publique qui n'est pas représentée
« auprès du tribunal de paix, jugeant civilement, et
« que c'est, dans un intérêt public, que sont deman-
« dées ordinairement les cassations pour excès de
« pouvoir, en vertu d'un droit constitutionnel dont
« le principe est écrit dans l'art. 80 de la loi du 27
« ventôse an VIII, (1). »

« Ainsi, poursuit Curasson (2), après avoir rapporté
« ce passage, que le juge de paix statue sur une
« matière exclusivement attribuée aux tribunaux
« ordinaires, ou même à l'administration, par des
« lois spéciales, ce sera bien un excès de pouvoir
« dans l'acception générale de ce terme; le magistrat
« ayant excédé, d'une manière évidente, les bornes
« de ses attributions; mais, dans le sens de la loi,
« sa décision, frappée d'incompétence, sera suscep-
« tible d'appel, et non de pourvoi en cassation. Si,
« au contraire, il statue par voie réglementaire, ou,

---

(1) Cet article est ainsi conçu :
« Le gouvernement, par la voie de son commissaire, et sans
« préjudice du droit des parties intéressées, dénoncera, au tri-
« bunal de cassation, section des requêtes, les actes par lesquels
« les juges auront excédé leurs pouvoirs.. ; la section des requê-
« tes annulera ces actes, s'il y a lieu, et dénoncera les juges à
« la section civile. »
(2) *Traité de la compétence des juges de paix*, tom. II, page
464, n° 5.

« qu'au lieu de se borner à juger le fait qui lui
« est soumis, il ajoute, à son jugement, des injonc-
« tions, des dispositions de police pour tous autres
« cas ; c'est alors que l'excès de pouvoir devra être
« déféré à la censure de la Cour de cassation. »

Envisagé, sous ce point de vue, l'excès de pouvoir
sera plus facilement distingué de l'incompétence
avec laquelle il est bien important, aujourd'hui, de
ne plus le confondre.

Mais aussi, il faut bien en convenir, on ne sera
que rarement recevable à s'en plaindre dans un
intérêt purement privé ; car la plupart des causes
qui le caractérisent, sont une atteinte portée aux
grands principes conservateurs des sociétés, plutôt
qu'au bien-être matériel des particuliers.

ARTICLE SEIZIÈME.

Tous les huissiers d'un même canton auront
le droit de donner toutes les citations et de
faire tous les actes devant la justice de paix.
Dans les villes où il y a plusieurs justices de
paix, les huissiers exploitent concurrement
dans le ressort de la juridiction assignée à
leur résidence. Tous les huissiers du même
canton seront tenus de faire le service des audiences et d'assister le juge de paix toutes les
fois qu'ils en seront requis ; les juges de paix
choisiront leurs huissiers audienciers.

Commentaire.

Chacun des trois paragraghes du présent article, fera ici l'objet d'un paragraphe séparé.

§ 1er.

D'après les articles comparés, **24** et **28** du décret du **14 juin 1813**, une distinction bien tranchée avait été établie, dans le service des huissiers, selon que les actes de leur ministère se rattachaient aux procès instruits devant les tribunaux civils de première instance, ou qu'ils avaient trait aux instances liées en justice de paix.

« Toutes citations (porte l'art. **24**), notifications et
« significations requises pour l'instruction des procès,
« ainsi que tous actes et exploits nécessaires pour
« l'exécution des ordonnances de justice, jugements
« et arrêts, seront faits, *concurremment, par les huissiers*
« *audienciers et les huissiers ordinaires*, chacun dans
« l'étendue du ressort du tribunal civil de première
« instance de sa résidence...... »

« Tous exploits et actes (porte l'art. **28**) du minis-
« tère d'huissier, près les justices de paix... seront
« faits par les huissiers ordinaires *employés au service*
« *des audiences* (1). »

---

(1) Le décret du **19 vendémiaire an IV**, article 27, en fixait le nombre à un seul; la loi du **28 floréal an II**, article 5, portait ce nombre à un, au moins, et à deux, au plus; la nouvelle loi (art. 16, § III), confirme, aux juges de paix, le droit de choisir leurs huissiers audienciers, sans fixer le chiffre dans lequel ils seront tenus de se renfermer.

On voit donc que, posée en principe pour les tribunaux civils de première instance, par le décret de 1813, la libre concurrence, pour les actes de leur ministère, entre les huissiers audienciers et les huissiers ordinaires, souffrait exception, pour les justices de paix, devant lesquelles les huissiers audienciers exerçaient un véritable monopole (1), qui déjà avait soulevé de vives réclamations (2).

C'est ce monopole que la nouvelle loi devait faire disparaître, sous peine de le rendre encore plus intolérable (3).

----

(1) Ce monopole remontait à l'article 13 de la loi des 6-27 mars 1791 ; il se réduira aujourd'hui au droit d'appel des causes (article 94 du décret du 14 juin 1813), et au choix probable que fera, de l'huissier audiencier, le juge de paix, pour certaines significations. (*Commentaire de la loi du 25 mai* 1838, par **M.** Giraudeau, page 169, 2° col., et rapport fait, à la Chambre des députés, par **M.** Rénouard, dans la séance du 29 mars 1837.)

(2) « . . . Le décret du 16 juin 1813 attache, des huissiers « audienciers, aux justices de paix . . . ; ces officiers ministé- « riels tiennent, du même décret, le privilége de faire tous les « actes et exploits de leur ministère près la justice de paix et « le tribunal de police. De là, des réclamations générales, de la « part des huissiers de canton qui ne sont pas audienciers ; ils « demandent la libre concurrence. Placés à côté de collègues « vivant d'un monopole qui ne les empêche pas de participer « aux actes autres que ceux de la justice de paix, ces huissiers « représentent l'extrême différence de leur position ; ils disent, « qu'entre personnes exerçant la même profession, la confian- « ce doit rester libre dans ses choix ; que l'officier ministériel « qui craint de la perdre se montre d'autant plus jaloux de la « justifier... » (Motifs présentés, à la Chambre des députés, par **M.** Barthe, dans la séance du 6 janvier 1837.)

(3) « . . . Avant le projet de loi, il avait pu être question de

« Dans l'état actuel de la législation, a dit M.
« Rénouard (1), les juges de paix désignent ceux
« des huissiers de leur canton qui sont chargés du
« service de leurs audiences. »

« Ces huissiers ont seuls le droit de donner les
citations devant eux. »

« Des réclamations nombreuses ont protesté contre
« ce privilége, qui, contre des officiers ministériels
« pourvus du même titre, astreints au même cau-
« tionnement, à la même discipline, crée une diffé-
« rence de position destinée à assurer, à l'un d'eux,
« au détriment des autres, de notables avantages. »

« On a fait remarquer que si le maintien de ce
« monopole était consacré, il deviendrait, sous
« l'empire de la loi proposée, beaucoup plus pré-
« judiciable aux huissiers que dans l'état actuel ;
« puisque la nouvelle loi augmentera notablement,
« avec la compétence des justices de paix, le nombre
« des citations à donner. »

« savoir si le privilége devrait continuer ; mais, depuis que les
« attributions ont été multipliées, il est impossible de soutenir
« une pareille prétention ; l'intérêt des juridictions et celui de
« la justice, que l'on doit consulter avant tout, exigent que les
« plaideurs puissent placer librement leur confiance ; sans
« doute ce cercle doit être restreint, dans l'intérêt public, mais
« non pas au point que l'on soit forcé de se servir de celui dont
« on suspecte l'intelligence ou la loyauté ; il implique que le
« choix des huissiers soit forcé, et qu'on n'ait pas le droit de
« choisir ; il ne faut pas que les justiciables soient exposés à
« avoir un huissier différent, pour chaque juridiction. » (Rap-
« port fait, à la Chambre des députés, par M. Amilhau, dans la
« séance du 6 avril 1838.)

(1) Chambre des députés, séance du 29 mars 1837.)

§ II.

D'après l'art. 19 du décret précité du 14 juin 1813 :

« Dans les communes divisées en deux arrondis-
« sements de justice de paix, ou plus, chaque
« huissier ordinaire est tenu de fixer sa demeure
« dans le quartier que le tribunal de première ins-
« tance aura jugé convenable de lui indiquer, à cet
« effet. » D'où Curasson conclut que, la concurrence
ne peut exister qu'entre les huissiers d'un même
canton (1).

En effet, dit cet auteur, le mot *résidence*, employé
dans la loi nouvelle, fait allusion à l'obligation imposée, à chaque huissier, par l'article précité du
décret du 14 juin **1813**, *de fixer sa demeure dans le
quartier que le tribunal de première instance aura
jugé convenable de lui indiquer*; il n'est donc pas vrai
de dire que *tous les huissiers , qui résident dans ces
villes , auront le droit d'y exploiter concurremment,
auprès des divers juges de paix*, et cependant tels
sont les termes de la circulaire du garde des sceaux
à la date du 6 juin 1838.

« En administration, poursuit Curasson (2), les
« circulaires ministérielles servent de guide, de règle
« de conduite aux subordonnés; mais... le magistrat
« ne voit que la loi. »

Voici ce qu'à notre avis, ou peut objecter à
Curasson :

---

(1) *Traité de la compétence des juges de paix*, tom. II,
page 473.

(2) *Ibid*, page 472.

La question n'est pas de savoir si, dans les villes où un quartier a été assigné à chaque huissier, chacun d'eux peut exercer, devant l'une des justices de paix dont ce quartier ne forme pas une dépendance ; la négative ne saurait être contestée.

Mais la question est de savoir si les expressions du deuxième paragraphe de notre article ont fait, aux tribunaux de première instance, une impérieuse nécessité d'assigner le quartier où sera tenu de résider chaque huissier habitant une ville divisée en plusieurs justices de paix.

Car, d'abord, cette nécessité ne résulte, en aucune manière, du décret de 1813, dont l'article 19 est impératif, à l'égard des huissiers, nullement à l'égard du tribunal : « Chaque huissier ordinaire « *sera tenu* de fixer sa demeure dans le quartier que « le tribunal de première instance jugera convena-« ble de lui indiquer. »

Maintenant, une telle nécessité résulte-t-elle davantage du paragraphe deuxième de notre article XVI ?

Ce paragraphe suppose, à vrai dire, que l'assignation de résidence a été faite ; mais c'est là une pure hypothèse qui peut ne pas se réaliser ; et, pour soutenir que, dans l'hypothèse opposée, le monopole aboli dût revivre, il faudrait quelque chose de plus que le simple silence de la loi ; silence qui ne peut s'interpréter autrement que ne l'a interprété le garde-des-sceaux, en disant qu'alors « tous les huissiers, « qui résident dans ces villes, auront le droit d'y « exploiter concurremment, auprès des divers juges « de paix. »

Le défaut d'indication spéciale et expresse de

résidence à certain quartier, doit se traduire par une permission générale et tacite de résidence dans tous les quartiers; car, de ce que le tribunal n'a pas jugé à propos de circonscrire, dans les limites d'un certain quartier, les pouvoirs de tel huissier, la conséquence naturelle est, qu'il n'a vu nul inconvénient à permettre qu'ils s'étendissent à tous.

Voici d'ailleurs ce qui nous paraît de plus décisif, touchant la question.

Le paragraphe II, de notre article, parle de la *juridiction assignée à la résidence de l'huissier*, non de la *résidence assignée à l'huissier*.

Or, bien qu'il n'y ait de *résidence assignée à l'huissier* qu'autant que le tribunal juge à propos d'en assigner une, il y a toujours juridiction assignée à une résidence quelle qu'elle soit, volontaire, ou forcée; ainsi, bien qu'il ait pu être libre, à un huissier, de fixer sa résidence dans l'un des quartiers quelconque d'une même ville, il n'a pu lui être loisible de la fixer dans un quartier ne ressortissant d'aucune des juridictions cantonales qui se partagent la même ville, et dès lors cet huissier n'a pu acquérir de concurrence que dans la juridiction assignée au quartier qu'il s'est choisi.

On peut faire une dernière objection :

Si, dans une ville réunissant deux justices de paix, aucuns quartiers n'ayant été spécialement assignés pour résidence aux huissiers de chacune de ces deux justices, tous s'étaient fixés dans les quartiers assignés à la juridiction de l'une des deux, quels huissiers exerceraient devant l'autre?

Nous répondons que, dans cette hypothèse, il ne

saurait y avoir aucune difficulté à ce que tous les huissiers, ayant leur résidence dans les quartiers appartenant à l'une des deux justices, exerçassent concurremment devant chacune d'elles.

Tous les huissiers, en effet, ont également caractère dans tout le ressort du même tribunal ; il ne peut donc leur être interdit d'exercer auprès d'une justice de paix, ressortissant du même arrondissement, qu'autant que d'autres huissiers en auraient reçu la mission exclusive.

§ III.

Ici la loi a eu pour but de compenser (1), par un devoir qu'elle impose au corps des huissiers, l'abro-

____

(1) Les juges de paix ont besoin d'avoir, sur leurs huis-
« siers, une grande autorité ; les avantages que le choix de
« ce magistrat procure aux huissiers de justice de paix,
« sont une garantie de leur bon service, et les placent dans
« des dispositions d'obéissance et de bonne discipline, qui
« tournent au profit de la justice et des justiciables.
Ces considérations sont fortes et vraies ; mais elles ne sau-
« raient prévaloir sur celles qui s'opposent à la conservation
« d'un monopole ; seulement, elles conduisent à fortifier le
« pouvoir placé dans la main du juge de paix, afin qu'il re-
« trouve une partie de l'autorité dont il cessera d'être le maître,
« en perdant le droit de désignation. » (Rapport fait, à la
Chambre des députés, par M. Rénouard, dans la séance du 29
mars 1837.)
« . . . Le projet s'est prononcé pour le principe de la
« libre concurrence.. ; Le pouvoir disciplinaire du juge est
« augmenté ; il en fera usage dans le cas où un huissier de
« canton refuserait, soit de faire le service de l'audience, soit
« d'assister le magistrat, s'il en était requis. Le juge demeure-

gation du monopole dont elle le relève ; or ce devoir pèse sur *tous les huissiers d'un même canton;* nouvelle preuve, dit Curasson, que la libre concurrence n'est rétablie qu'entre *les huissiers d'un même canton*, et qu'en conséquence, la circulaire dont il vient d'être parlé (1), ne doit point être prise à la lettre. Avec plus de raison, selon nous, le même auteur a critiqué cet autre passage de la même circulaire :

« Quoique les tribunaux de première instance « puissent, en exécution de l'art 19 du décret du « 19 juin 1813, distribuer les huissiers par quartier, « *il est d'usage* qu'ils n'aient pas recours à cette « mesure. . . . Une telle distribution entraînerait « l'inconvénient.... de créer des *défauts de qualité*, et « de donner lieu à *des moyens de nullité*, qu'il est « essentiel de prévenir. »

En effet, l'art. 1030 du Code de procédure civile, ne permet pas de suppléer une *nullité*, qu'en aucun lieu la loi na prononcée.

Les points vulnérables de la circulaire du 6 juin 1838, avaient échappé à la sagacité de M. Augier, qui la transcrite littéralement et sans observation aucune, dans son *supplément à l'encyclopédie des juges de paix* (2).

« ra d'ailleurs toujours libre de choisir un ou plusieurs au-« dienciers, ce qui continuera d'appeler, sur eux, une plus forte « clientelle, sans interdire, aux autres huissiers, de concourrir « pour les actes de la justice de paix. » (Présentation, à la Chambre des pairs, par M. Barthe, dans la séance du 8 mai 1837.)

(1) Voyez, plus haut, page 268.

(2) Au mot : *Huissiers*, § v.

M. Giraudeau (1) n'y avait pas regardé de plus près, et M. Moureau de Vaucluse (2), en avait pris la défense ; il était réservé, à M. Bénech (3), de donner l'éveil à Curasson, en fixant, sur cette circulaire, un regard investigateur.

ARTICLE DIX-SEPTIÈME.

Dans toutes les causes, excepté celles où il y aurait péril en la demeure et celles dans lesquelles le défendeur serait domicilié hors du canton ou des cantons de la même ville, le juge de paix, pourra interdire, aux huissiers de sa résidence, de donner aucune citation en justice, sans qu'au préalable il ait appelé, sans frais, les parties devant lui.

Commentaire.

Législation antérieure ;
Projet ;
Motifs ;
Questions à résoudre ;
Tels sont les quatre points sur lesquels doit porter notre commentaire, et qui vont faire l'objet des quatre paragraphes suivants.

---

(1) *Commentaire de la loi du 25 mai* 1838, pages 106 à 107.

(2) *Examen critique et commentaire de la loi du 25 mai* 1838, pages 149 et suiv.

(3) *Traité des justices de paix*, pages 432 et suiv.

§ Ier.

Législation antérieure.

Décret des **18–26** octobre **1790**, titre premier, article premier :

« Toute citation devant les juges de paix sera fai-
« te, en vertu d'une *cédule du juge*, qui énoncera som-
« mairement l'objet de la demande et désignera le
« jour et l'heure de la comparution. »

La cédule, œuvre *du juge*, totalement distincte de
la *citation*, œuvre de l'huissier, fut supprimée par
le Code de procédure civile :

« Nous avons supprimé, dit Treillard, la cédule
« qu'il fallait demander au juge de paix, pour faire
« donner une citation devant lui. Cette cédule, qui
« pouvait présenter quelques avantages, sous cer-
« tains points de vue, était devenue une affaire de
« pure forme... »

L'usage d'un avertissement préalable à la citation
ne s'introduisit pas moins, dans bon nombre de justices de paix ; mais, la preuve qu'il n'avait rien d'o-
bligatoire, pour les huissiers, et que ceux-ci ne pouvaient, sans s'exposer à des dommages-intérêts, refuser d'obtempérer à la réquisition directe des parties, se lit dans un arrêt de la Cour de cassation du
7 juillet 1817 (1).

---

(1) *Journal du palais*, 3ᵉ édition, tom. **xiv**, page 335.

§ II.

Projet.

La commission nommée pour l'examen du projet de loi, avait présenté, en **1835**, un article commençant identiquement comme celui dont nous nous occupons, et finissant par ces mots : *Il ne pourra être donné aucune citation, sans qu'au préalable il ait été expédié,* par le *greffier, au défendeur, un avertissement timbré, pour une audience ultérieure.*

L'intention de la commission était, comme on le voit, de rendre obligatoire l'usage introduit (1).

Notre article, tel qu'il a été adopté, veut qu'il n'en soit ainsi, pour chaque canton, que lorsque le juge de paix l'aura préalablement décidé (**2**), et, en

----

(1) « La commission a demandé, sous un nom différent, le « rétablissement des cédules de citation ou permis d'assigner « qu'avait introduits la loi du 26 octobre 1790, et qu'a suppri- « més, comme inutiles, l'article premier du Code de procédu- « re civile ; elle voudrait qu'aucune citation ne fût donnée, si « elle n'était précédée d'un avertissement de la part du juge « de paix. Nous ne doutons pas que ce magistrat ne continue « l'usage de ces avertissements presque généralement établis « et que les instructions ministérielles ne tendent sans cesse « à la maintenir ; mais, en faire une règle absolue, établirait des « causes de nullité, et il ne serait pas sans inconvénient de « donner place, dans la loi, au vœu qu'elle a exprimé. » (Motifs présentés, à la Chambre des députés, par **M. Barthe**, dans la séance du 6 janvier 1837.)

(2) « . . . Personne ne conteste l'utilité des avertissements ; « lorsqu'un usage, que l'on reconnaît bon, s'est introduit de lui- « même, et sans que la loi l'ait commandé, c'est au législateur « à recueillir l'enseignement que les faits lui donnent. Les bon-

cela, on a eu égard à cette considération présentée par la Chambre des pairs : qu'en rendant les avertissements obligatoires, on courait risque de les dénaturer ; parce que, du moment où ils cesseraient d'être un acte spontané et paternel du juge de paix, il y aurait à craindre que toute leur efficacité ne fût compromise (1).

Au reste, c'est seulement de la part du juge de paix, que l'avertissement, dont il sagit ici, peut-être

---

« nes lois sont celles qui sont ainsi écrites sous la dictée de « l'expérience... » (Rapport fait, à la Chambre des députés, par M. Renouard, dans la séance du 29 mars 1837.)

(1) « Ce n'est pas sans de plausibles motifs que le gouver-« nement a cru ne pas devoir écrire, dans la loi, la nécessité de « ce préalable. La loi du 14 octobre 1790 voulait qu'aucune as-« signation ne fût remise, afin de comparaître en justice de « paix, sans la faire précéder d'une cédule ou permis d'assi-« gner, qui devait être donné par le juge. Cette prescription, « conçue dans la vue de lui fournir le moyen d'essayer une « conciliation, avait manqué son but, et le Code de procédure « l'a supprimée. Exigée dans tous les cas, la cédule était ré-« putée une formalité à laquelle le magistrat, comme les par-« ties, n'attachaient aucune importance. Il est à craindre qu'il « n'en puisse être de même de l'avertissement. Il n'est pas non « plus sans inconvénients d'exiger toujours, des parties, un dou-« ble déplacement. Des juges de paix, en grand nombre, ont « introduit, dans leurs cantons, l'usage de ces avertissements. « Donnés avec discernement, comme une mesure à laquelle le « juge tient d'autant plus qu'elle est due à son initiative, et « qu'il s'en dispense quand il l'a croit inutile, ces avis produi-« sent d'excellents effets. On peut douter qu'il en fût toujours « ainsi, s'ils étaient devenus une formule toujours obligatoire.» (Présentation, à la Chambre des pairs, par M. Barthe, dans la séance du 8 mai 1837.)

qualifié de facultatif; car , lorsque ce magistrat l'a
une fois ordonné, l'avertissement devient obligatoire
pour les huissiers auxquels il est intimé.

§ III.

Motifs.

Nous les trouvons on ne peut mieux développés
dans ce court passage de l'ouvrage de M. Masson
fils (1).

« L'avertissement a pour objet de prévenir les
« procès minimes qu'engage souvent l'amour propre;
« d'amener à une conciliation, et d'empêcher surtout
« que l'huissier ne spécule sur la mauvaise humeur
« d'un client, pour l'engager à former une action
« qui ne présenterait aucun intérêt réel. Dans cette
« position, on conçoit combien il est utile que le juge
« de paix emploie son influence toute paternelle,
« afin d'arrêter, à leur source, des contestations
« injustes, des dissensions qui n'entraîneraient à leur
« suite que le mécontentement et la haine. »

§ IV.

Questions à résoudre.

N° I.

Première question.

De quelle manière le juge de paix doit-il intimer
l'ordre d'un avertissement préalable ?

---

(1) *Commentaire raisonné de la loi du 25 mai* 1838 , page
281, n° 329.

Ce ne peut être par autant d'ordonnances spéciales qu'il se présente d'affaires ; un tel mode serait incompatible avec la célérité qu'exigent de pareils avertissements.

Ce doit donc être par forme *d'ordonnances réglementaires*, seule compatible, d'ailleurs, avec le texte et l'esprit de notre article, ainsi que le fait remarquer Curasson (1) critiquant la proposition contraire soutenue par MM. Bénech (2) et Masson fils (3).

« Vainement, dirait-on, avec ce dernier : si un juge « de paix, interdit, en général, à ses huissiers, de « donner aucune citation, sans un avertissement préa- « lable de sa part ; s'il établit cette mesure comme une « règle irrévocable, on tombe précisément dans « l'inconvénient que signalaient les rapporteurs de « la loi, en combattant la proposition de rendre « l'avertissement obligatoire ; on saura bientôt, dans « tout le canton, qu'aucune action en justice ne « pourra être introduite qu'avec la permission du « juge, et les débiteurs rétardataires ne manqueront « pas d'exploiter, à leur bénéfice, une mesure de « laquelle ils profiteront pour gagner du temps, et, « quelquefois, pour lasser la patience du créancier ; « peu-à-peu on s'habituera à considérer l'invitation « des juges de paix, comme une simple formalité ; « on oubliera même qu'il y a inconvenance, en ne

---

(1) *Traité de la compétence des juges de paix*, tom. II, page 481.

(2) *Traité des justices de paix*, pages 452 à 461.

(3) *Commentaire raisonné de la loi du 25 mai 1838*, page 285, n° 33 0.

« répondant pas à son bienveillant appel, et l'usage
« des avertissements finira par tomber en désuétude,
« soit parce que les justiciables n'y verront, de la part
« du magistrat, qu'un devoir que la loi lui impose,
« et non un acte de complaisance, soit parce que le
« juge, n'y trouvant aucun avantage, refusera d'em-
« ployer un moyen qui sera devenu inutile. »

Cette objection ne prouve autre chose sinon,
qu'indiscrètement prodigués, les avertissements préa-
lables pourraient ne pas atteindre les heureux résultats que l'on doit s'en promettre, et qu'ils son entièrement abandonnés à la prudence du juge.

« Si j'étais appelé, dit Curasson (1), à remplir les
« honorables fonctions de juge de paix, je me borne-
« rais à annoncer aux justiciables que tous ceux qui,
« avant de citer devant moi, désireront employer ma
« médiation, peuvent se présenter, afin d'obtenir un
« avertissement qu'ils feront parvenir à leur partie
« adverse. »

Selon nous, un tel avertissement, aux seuls justiciables, n'intimant aucun ordre aux huissiers de
la résidence du juge de paix, ne caractériserait pas
l'entier développement du pouvoir discrétionnaire
dont la loi a investi ce magistrat.

---

(2) *Traité de la compétence des juges de paix*, tom. II,
page 485.

N° II.

Deuxième question.

Pour quels huissiers la défense de citer, sans un avertissement préalable, est-elle obligatoire?

Pour les seuls huissiers de la résidence du juge de paix, non pour tous autres, même appartenant au canton, s'il faut en croire Curasson (1).

En faveur de cette opinion, on peut dire que toute dérogation à la règle générale, toute exception au droit commun, doit être interprétée rigoureusement, et par conséquent réduite à sa moindre portée.

En faveur de l'opinion contraire, soutenue par M. Bénech (2), on peut dire que le mot *résidence* est employé ici par opposition aux expressions : *domicilié hors du canton*, et que par conséquent il s'applique à tout huissier ne résidant pas hors du canton.

Cette dernière manière d'envisager la loi nous paraît plus conforme à son esprit. Quelle apparence y a-t-il, en effet, que le bienfait d'une pareille mesure, prise dans l'intérêt général des justiciables, ne doive profiter à aucun de ceux que viendraient toucher des citations émanées de tout huissier n'habitant pas la commune où le juge de paix aurait fixé sa résidence?

---

(1) *Traité de la compétence des juges de paix*, tom. II, pages 481 et suiv.

(2) *Traité des justices de paix*, pages 447 et suiv.

N° 3.

Troisième question.

Dans quelle circonstance le juge de paix peut-il intimer la défense de citer sans avertissement préalable?

La loi a pris soin de le dire:

« Dans toutes les causes, excepté celles où il y
« aurait péril en la demeure, et celles dans lesquel-
« les le défendeur serait domicilié hors du canton. »

Dans toutes les causes; expressions qui, pour nous en tenir au sentiment de Curasson (1), contraire, en cela, à celui de MM. Bénech (2) et Moureau de Vaucluse (3), doivent s'entendre des causes déférées au juge de paix comme juge, non de celles où l'on ne comparaît devant lui que pour tenter le préliminaire de conciliation; car ces sortes de préliminaires ne peuvent se cumuler, et la mesure dont il s'agit ici n'est elle-même qu'un véritable préliminaire de conciliation (4).

____

(1) *Traité de la compétence des juges de paix*, tom. II, pages 483 à 485.

(2) *Traité des justices de paix*, page 454.

(3) *Examen critique et commentaire de la loi du 25 mai 1838*, page 153.

(4) « L'amour des juges de paix pour la justice, et leur zèle
« pour la conciliation, a introduit très-généralement un ex-
« cellent usage. Beaucoup font précéder toute citation devant
« eux d'une invitation de comparaître amiablement. Le nom-
« bre des procès prévenus par ce procédé d'une justice pater-
« nelle est considérable. C'est un véritable préliminaire de con-
« ciliation appliqué aux affaires dont les juges de paix ont à

Péril en la demeure; mais, qui en sera juge? Il serait convenable que ce fût le juge de paix, et le juge de paix lui seul; toutefois, dans la circulaire précitée (1) du 6 juin 1838, le Garde-des-Sceaux s'est exprimé ainsi :

« Tantôt le magistrat lui-même en sera juge, si « l'huissier a eu le temps de le consulter ; tantôt, si « le temps a manqué à l'officier ministériel, la justi-« fication de celui-ci sera dans les faits mêmes qui « caractérisent l'urgence. » Le silence de la loi laisse ici, il faut l'avouer, une large place à l'arbitraire (2), ce qui est un vice (3), mais qu'il eût été difficile de faire entièrement disparaître.

« connaître. » (Rapport fait, à la Chambre des députés, par M. Renouard, dans la séance du 29 mars 1837.)

« Nous resterons ainsi sous l'empire du Code de procédure ; « la citation seule sera obligatoire, et nous comptons assez sur « le bon esprit qui anime les juges de paix, pour espérer que « l'usage des avertissements, dans tous les cas où ils les croi-« ront utiles, se généralisera de plus en plus, et sera, entre « leurs mains, un moyen puissant pour amener les affaires à « une bonne *conciliation.* » (Rapport fait, à la Chambre des pairs, par M. Gasparin, dans la séance du 19 juin 1837.)

(1) Voyez, plus haut, page 268.

(2) Curasson, *Traité de la compétence des juges de paix,* tom. II, pages 481 et suiv..

(3) « L'article, par lui-même, tel qu'il est rédigé, isolé, tel « qu'il a été adopté par la Chambre des députés, sans discussion, « laisse la question intacte; la rédaction n'en est donc pas « bonne... » (*Examen critique et commentaire de la loi du 25 mai* 1838, par M. Moureau de Vaucluse, page 157.)

ARTICLE DIX-HUITIÈME.

Dans les causes portées devant la justice de paix, aucun huissier ne pourra, ni assister comme conseil, ni représenter les parties en qualité de procureur-fondé, à peine d'une amende de vingt-cinq à cinquante francs, qui sera prononcée, sans appel, par le juge de paix.

Ces dispositions ne seront pas applicables aux huissiers qui se trouveront dans l'un des cas prévus par l'article 86 du Code de procédure civile.

Commentaire.

Législation antérieure ;
Projet ;
Motifs ;
Questions ;
Exception ;
Tels sont les points sur lesquels doit porter notre commentaire, et qui vont faire l'objet des cinq paragraphes suivants.

§ 1er.

Législation antérieure.

Décret des 18-26 octobre 1790, titre III, art. 1er :
« Au jour fixé par la citation, ou convenu entre
« les parties.... Elles comparaîtront, en personne *ou*
« *par leurs fondés de pouvoir*, devant le juge de
« paix, sans qu'elles puissent fournir aucunes écri-

« tures, *ni se faire représenter ou assister par aucune*
« *des personnes qui, à quelque titre que ce soit, sont*
« *attachées à des fonctions relatives à l'ordre judi-*
« *ciaire.* »

Décret des 6-27 mars 1791, art. 16 :

« *Aucuns avoués, greffiers, huissiers et ci-devant*
« *hommes de loi ou procureurs, ne pourront représenter*
« *les parties aux bureaux de paix...* »

Arrêté du 18 Thermidor an II :

« *Il y a incompatibilité entre les fonctions d'huissier*
« *et celles de défenseur officieux;* nul ne pourra les
« exercer concurremment. »

Code de procédure civile, art. 9 :

« Au jour fixé par la citation, ou convenu entre
« les parties, elles comparaîtront, en personne *ou*
« *par leurs fondés de pouvoir,* sans qu'elles puissent
« faire signifier aucune défense. »

Art. 53, au titre de la conciliation :

« Les parties comparaîtront en personne; *en cas*
« *d'empêchement, par un fondé de pouvoir.* »

Art. 1041, aux dispositions générales :

« Le présent Code sera exécuté à dater du premier
« janvier 1807; en conséquence, tous procès qui
« seront intentés depuis cette époque, seront instruits
« conformément à ses dispositions; *toutes lois, coutu-*
« *mes, usages et règlements relatifs à la procédure*
« *civile, sont abrogés.* »

D'après les textes précités, on voit, 1° qu'à l'époque la plus voisine de l'institution des justices de
paix, l'accès, à titre de représentant ou de conseil,
en fut sévèrement prohibé aux hommes d'affaires.

2° Qu'après la tourmente révolutionnaire, et lors-

que l'institution des avoués eut été le prélude du retour, aux bonnes traditions, dans le sanctuaire de la
justice (1), la même prohibition fut renouvelée contre
les huissiers, auxquels furent interdites les fonctions
de *défenseurs officieux*, expression qui désignait alors
les avocats dont l'ordre n'avait point encore été
reconstitué.

3° Qu'enfin, à partir du premier janvier 1807,
époque où le Code de procédure civile devint obligatoire, toutes les prohibitions antérieures cessèrent,
et les huissiers, comme tous autres hommes d'affaires,
purent se présenter, devant les justices de paix, soit
comme mandataires, soit comme conseils (2).

---

(1) « Dans un accès, ou plutôt dans un délire de perfection,
« n'avait-on pas supprimé tous les avoués et toute la procédure?
« Qu'en est-il résulté? On n'a pas eu moins recours aux avoués;
« parce que l'ignorant et le paresseux seront toujours tributaires
« de l'homme laborieux et instruit; les avoués ne perdirent
« que leur titre; ils continuèrent de travailler, comme fondés
« de pouvoir; mais, toute la procédure étant supprimée, et
« l'avoué n'ayant plus d'action, en justice, pour des salaires
« légitimes, il se faisait payer arbitrairement, même avant
« d'avoir examiné l'affaire, beaucoup plus qu'il n'aurait ob-
« tenu par une taxe raisonnable de la procédure nécessaire qu'on
« avait supprimée, et jamais la justice ne fut plus chère.
  « C'est le plaideur qui en souffrit. J'observe, en passant, que
« la portion des droits qui aurait été acquise, au trésor public,
« sur les actes de la procédure, tourna au profit de l'avoué. »
(Exposé général du système du Code de procédure civile, fait
par Treilhard, dans la séance du 4 avril 1806, en exposant, au
corps législatif, les motifs des deux premiers livres de ce Code.
La législation civile, commerciale et criminelle de la France,
par Locré, tom. XXI, page 33).
  (2) « Lors de la discussion de l'article 53, identique à l'art. 9

§ II.

Projet.

Saisie du premier projet du gouvernement, la commission de la Chambre des députés avait proposé un article ainsi conçu :

« Aucun huissier ne pourra, à peine d'une inter-
« diction de quinze jours à trois mois, exercer les
« fonctions de procureur-fondé, ou de défenseur,
« dans les causes portées en justice. »

Le second projet du gouvernement s'appropria cet article, en fixant, à 50 fr., l'amende à laquelle pourrait être condamné l'huissier, en cas d'infraction. La commission à laquelle ce second projet fut soumis, n'adopta ce chiffre que comme *maximum*, et fixa le *minimum* à 25 fr.

Des réclamations s'élevèrent; il fut observé, non sans raison (1), que si, dans les villes, des hommes instruits consentent souvent à venir plaider devant la justice de paix, il n'en est pas de même dans les campagnes; que là, on est obligé de choisir entre deux classes d'hommes; les huissiers, et quelques

---

« du Code de procédure civile, au conseil d'Etat, le rapporteur
« y avait ajouté une disposition qui rentrait, en partie, dans
« l'esprit des décrets de 1790 et 1791 ; mais le paragraphe qui la
« contenait fut retranché, d'où la conséquence que la légis-
« lation nouvelle abrogeait l'ancienne. » (*Examen critique et commentaire de la loi du* 25 *mai* 1838, par M. Moureau de Vaucluse, page 7).

(1) Curasson, *Traité de la compétence des juges de paix*, tom. II, page 487.

mauvais praticiens, qui, n'ayant aucune considération, servent quelquefois de recors.

On conçoit, disait-on, que les huissiers, qui exploitent dans l'affaire, ne puissent se constituer en même temps défenseurs des parties ; mais, prononcer une exclusion générale et absolue contre tous les huissiers, ce serait signaler une classe d'officiers publics, comme indigne de la confiance des parties (1).

D'après ces considérations, la commission pensa qu'il suffisait de borner la prohibition aux huissiers *qui auraient exploité dans lu cause.*

Cet amendement fut rejeté.

§ III.

Motifs.

M. Masson fils (2), les a ainsi résumés de la discussion du projet de loi :

« Le rôle de l'huissier doit être celui de la neutra-
« lité ; il peut être appelé à instrumenter pour les
« deux parties ; il faut donc qu'il conserve son indé-
« pendance, afin qu'il ne se trouve pas dans la dure
« nécessité d'exécuter la partie dont il aurait été le
« défenseur (3). »

---

(1) Les mêmes considérations sont développées par **M.** Bénech, *Traité des justices de paix*, page 467.

(2) *Commentaire raisonné de la loi du 25 mai* 1838, pages 290 et suiv.

(3) « Le ministère de l'huissier le rend l'intermédiaire des « parties. Communément, il reçoit, des deux côtés, des actes à « signifier ; ce rôle suppose que l'officier ministériel ne prendra

« D'un autre côté il est placé sous la surveillance
« immédiate du juge de paix ; or, comment supposer
« qu'il plaidera devant lui sans blesser, en rien, ces
« sentiments de déférence et de discipline si néces-
« saires, dans cette juridiction ? Comme huissier, il
« doit obéir ; comme mandataire des parties, il
« voudra tracer, au juge, les décisions que celui-ci
« doit porter ; dans les développements de la
« défense, il prétendra lui expliquer la loi et lui
« indiquer ses devoirs ; ou il manquera alors de la
« liberté qui lui est nécessaire pour remplir son
« mandat, ou il sortira du respect qui fait le carac-
« tère d'un officier ministériel (1). »

Un point plus difficile que de rendre raison
d'une telle prohibition ; c'est de la concilier avec l'a-

« point parti, et restera étranger aux querelles des plaideurs ; il
« est donc contraire à cette mission de le voir se constituer
« procureur-fondé de l'un d'eux, pour le défendre contre l'autre,
« en justice de paix. Il n'est pas moins essentiel d'empêcher que,
« par l'acceptation de ce mandat, l'huissier donne lieu au repro-
« che ou même au simple soupçon d'avoir excité ou soutenu
« une contestation dans laquelle il aurait eu un double intérêt
« d'empêcher la conciliation. » (Présentation, à la Chambre des
pairs, par M. Barthe, dans la séance du 8 mai 1837).

(1) « Ce n'est pas tout ; le rôle de l'huissier est celui de la
« neutralité ; son ministère est forcé ; comment pourra-t-il
« l'exercer envers la partie dont il est le procureur-fondé, ou
« même envers la partie adverse, à moins, qu'après avoir cité
« une partie, il revienne plaider contre celle à la requête de la-
« quelle il aura lui-même été cité, ou qu'il n'exécute celle qu'il
« aura défendue... » (Rapport fait, à la Chambre des députés,
par M. Amilhau, dans la séance du 6 avril 1838).

mende encourue; car cette amende doit toujours être prononcée, et cependant il ne dépend que du juge de paix d'empêcher que la contravention ait aucun résultat; c'est donc un des cas où la simple tentative est punie à l'égal de l'infraction elle-même.

§ IV.

Questions.

N° 1.

Première question.

Est-il défendu, à tout huissier, sans distinction, de plaider devant une justice de paix?

« Il serait trop rigoureux, dit M. Masson fils (1),
« d'enlever, à ces officiers ministériels, le droit
« d'être mandataires; aussi tous les orateurs qui ont
« porté la parole, sur le projet de loi, ont-ils été
« d'avis que la prohibition, établie par l'art. 18, n'était
« applicable qu'aux seuls huissiers exerçant près
« la justice de paix, sans vouloir interdire, à tous
« autres qui seraient étrangers à ce tribunal, le droit
« d'y représenter les parties; l'expression *aucun*
« *huissier*, qui a passé dans la loi, ne doit donc pas
« être entendue d'une manière aussi générale, et il
« faut l'interpréter en ce sens que la défense n'est faite,
« aux huissiers, qu'auprès des tribunaux respectifs
« auxquels ils sont attachés. Ainsi rien ne s'oppose

---

(1) *Commentaire raisonné de la loi du* 25 *mai* 1838, page 191, n° 337.

« à ce que tel huissier de tel canton, n'aille plaider
« devant le juge de paix d'un autre canton ; il perd,
« devant ce magistrat, le caractère d'officier minis-
« tériel ; il est dépouillé, en quelque sorte, de sa
« qualité ; on n'a pas à redouter que, dans son inté-
« rêt, il excite son client à soutenir une contestation,
« souvent injuste ; on ne peut craindre, en un mot,
« les inconvénients que nous avons signalés, et qui
« ont déterminé le législateur à établir une prohi-
« bition tout-à-fait exceptionnelle. »

Cet avis de M. Masson fils, pourrait-être fortifié
de cette considération, qu'à l'art. 19, ainsi que nous
le verrons, le juge de paix est autorisé à prononcer,
contre l'huissier en contravention au présent article
18, une suspension qu'évidemment il serait sans pouvoir d'infliger à tout huissier étranger à son canton.

Quoi qu'il en soit, nous nous rangeons à l'avis
opposé, qui est celui de MM. Bénech (1), et Curasson (2) ; et cela, parce que, bien qu'il s'agisse ici d'une
prohibition, elle est tout à la fois si formelle et si
absolue, qu'en présence surtout des anciennes prohibitions dont elle est une réminiscence, on ne pourrait, sans témérité, y porter la moindre atteinte.

Au nombre des huissiers que l'on voudrait en
excepter, pourraient se rencontrer précisément
ceux intéressés à l'appel, et, quant à la considération
tirée de ce que l'huissier, étranger au canton, échap-

---

(1) *Traité des justices de paix*, page 468, 1°.

(2) *Traité de la compétence des juges de paix*, tom. 11, page
487, n° 20.

perait à la peine disciplinaire prononcée par l'article 19 de la loi du 25 mai 1838, nous verrons, en nous occupant de cet article (1), qu'il n'échapperait pas à un autre peine.

N° 2.

Seconde question.

La prohibition, ici formulée contre les huissiers, les atteint-elle devant le juge de paix tenant bureau de conciliation?

La même diversité d'opinions, qu'au paragraphe précédent, nous avons rencontrée entre MM. Masson fils, d'une part, Bénech et Curasson, d'autre part, se retrouve ici entre Curasson et M. Bénech.

« L'incapacité, dit M. Bénech (2), s'applique aux « affaires contentieuses comme aux citations en con-« ciliation; mais elle ne peut s'étendre aux affaires « de juridiction purement gracieuse, comme, par « exemple, la participation aux assemblées du conseil « de famille.... »

S'il faut subir les conséquences d'une prohibition, quelque large qu'elle soit, lorsqu'elle est formellement prononcée, rien n'oblige, pourrait-on objecter à M. Bénech, d'ajouter à la sévérité de la loi; c'est, au contraire alors, un devoir de donner le sens le moins étendu possible aux expressions qu'elle a employées.

---

(1) Voyez, plus bas, page 296.

(2) *Traité des justices de paix*, page 470, 2°

Or, bien qu'en 1791, la prohibition s'étendît même au simple bureau de conciliation, comme à la justice de paix proprement dite, aucune expression de la loi nouvelle n'autorise à lui donner une pareille latitude, et, au contraire, on ne peut raisonnablement entendre, par *causes portées devant la justice de paix*, celles dont le jugement appartient à une autre juridiction, celles dont le juge de paix ne peut connaître qu'en qualité de simple conciliateur; celles, enfin, au sujet desquelles ce magistrat exerce une juridiction tout aussi gracieuse qu'alors qu'il préside un conseil de famille.

On ne peut se dissimuler cependant qu'autre est la mission du juge de paix faisant l'office de conciliateur, autre la mission du juge de paix présidant un conseil de famille; ni l'une ni l'autre de ces deux missions n'est judiciaire; à la bonne heure; mais, dans la première seulement, il s'agit d'étouffer un procès sur le point de naître; il y a un demandeur et un défendeur; des intérêts, par conséquent, en présence; et, s'il est important d'écarter, de la justice de paix, des agents de discorde, nous osons dire que c'est surtout lorsque l'on courrerait le risque de paralyser les précieux effets d'une salutaire tentative; pourquoi les *causes* à concilier mériteraient-elles moins de faveur que les *causes* à juger?

Ces considérations nous portent à penser que, si

---

(1) *Traité de la compétence des juges de paix*, tom. 11, page 487, et suiv, n° 21.

Curasson à l'avantage, en droit strict, son adversaire, M. Bénech, a l'avantage, en raison et en équité.

§ V.

Exception.

L'incapacité légale dont est frappé tout huissier, pour assister, comme conseil, ou représenter les parties, en qualité de procureur-fondé, souffre exception, lorsque l'huissier se trouve dans l'un des cas prévus par l'article 86 du Code de procédure civile, ainsi conçu :

« Les parties ne pourront charger de leur défense,
« soit verbale, soit par écrit, même à titre de con-
« sultation, les juges en activité de service, procu-
« reurs-généraux, avocats-généraux, procureurs du
« Roi, substituts des procureurs-généraux et du Roi,
« même dans les tribunaux autres que ceux près
« desquels ils exercent leurs fonctions ; pourront
« néanmoins les juges, procureurs-généraux, avocats-
« généraux, procureurs du Roi, et substituts des
« procureurs-généraux et du Roi, plaider, dans tous
« les tribunaux, leurs causes personnelles et celles
« de leurs femmes, parents ou alliés en ligne directe,
« et de leurs pupilles. »

Les huissiers doivent se tenir honorés d'une prohibition qui les assimile aux magistrats ; puisqu'ils en sont relevés dans les mêmes circonstances.

A vrai dire, pour les huissiers, il existait une raison toute spéciale de leur faire l'application de l'article 86 du Code de procédure civile : la disposition de l'article 4, 2me alinéa du même Code, qui ne leur permet de dresser, à l'égard de ces sortes de personnes mentionnées en l'article 86, aucun acte de leur ministère.

ARTICLE DIX-NEUVIÈME.

En cas d'infraction aux dispositions des articles 16, 17 et 18, le juge de paix pourra défendre, aux huissiers du canton, de citer, devant lui, pendant un délai de quinze jours à trois mois, sans appel, et sans préjudice de l'action disciplinaire des tribunaux, et des dommages-intérêts des parties, s'il y a lieu.

Commentaire.

Cet article renfermant une disposition pénale que l'on peut regarder comme l'unique sanction des art. 16 et 17, et comme une nouvelle sanction de l'article 18, nous reviendrons, brièvement, sur chacun de ces trois articles, en autant de paragraphes, après en avoir consacré un premier au plus ample développement du présent article.

§ 1er.

Sur l'article XIX.

De citer devant lui. Cette suspension est très grave, sans doute ; mais elle l'est beaucoup moins que celle qui avait été proposée, par la commission : *d'exercer devant sa juridiction ;* « elle doit s'appliquer aux cita-
« tions à donner devant la justice de paix, sans placer

« l'huissier dans l'impossibilité d'instrumenter en
« aucune manière (1). »

« Il ne sagit pas là d'une suspension absolue.
« L'institution donnée, aux huissiers, par les ordon-
« nances royales qui les nomment, les place, non
« comme huissiers de canton, mais comme huissiers
« d'arrondissement; le droit de fixer leur résidence,
« appartient au tribunal d'arrondissement duquel
« ils relèvent; la suspension du caractère d'huissier,
« ne peut pas appartenir au juge de paix dont la
« la juridiction ne s'étend pas sur l'arrondissement
« tout entier (2). »

« Plus cette dérogation, à la loi génerale qui veut
« que les décisions disciplinaires ne soient pas défi-
« nitives, sans mon approbation (3), dit le Garde-

---

(1) *Commentaire raisonné de la loi du 25 mai* 1838, par M.
Masson fils, page 203.

(2) Rapport fait, à la Chambre des députés, par M. Renouard,
dans la séance du 29 mars 1887.

(3) « Les fautes contre la discipline, découvertes à l'audience,
« sont punies par des jugements susceptibles d'appel et dont
« les cours royales connaissent. Les autres fautes sont, suivant
« la gravité des circonstances, déférées, en chambre du conseil,
« au corps judiciaire auquel l'officier ministériel est attaché;
« elles sont, quand il s'agit d'huissiers, examinées par le tribu-
« nal d'arrondissement auprès duquel leur ordonnance de no-
« mination les institue. Ces arrêtés disciplinaires sont soumis,
« avant leur exécution, à la décision du ministre de la justice.
« Tel est le droit actuel qui, dans le cas d'infraction à la loi
« proposée, pourra recevoir la même application que pour
« toutes autres contraventions aux lois et règlements. Des pour-
« suites disciplinaires ne sont intentées, par le ministère pu-
« blic, que s'il juge l'infraction assez grave; et, s'il la juge

« des-Sceaux, dans sa circulaire précitée (1) du
« 6 juin 1838, plus les juges de paix comprendront
« qu'ils ne doivent en user qu'avec une juste réserve. »

Sans préjudice de l'action disciplinaire des tribunaux.

Cette action est organisée par les articles 13 du
décret des 6-27 mars 1791, 102 à 104 du décret du
30 mars 1808, 1030 du Code de procédure civile,
73 à 75 du décret du 14 juin 1813, que nous allons
transcrire.

Décret des 6-27 mars 1791.

« Art. 13. Les huissiers des juges de paix. . . . . .
« Les citations et jugements des juges de paix seront
« signifiés par eux, et non par autres huissiers, à
« peine d'amende de six livres qui sera prononcée,
« par le juge de paix, dont moitié sera applicable
« à son huissier, l'autre moitié sera versée dans la
« caisse du receveur des amendes... »

Décret du 30 mars 1808.

« Art. 102. Les officiers ministériels qui seront en
« contravention aux lois et règlements pourront,
« suivant la gravité des circonstances, être punis,
« par des injonctions, d'être plus exacts et circons-
« pects, par des défenses de récidives, par des
« condamnations de dépens, en leur nom personnel,
« par des suspensions à temps ; l'impression et
« même l'affiche des jugements à leurs frais pourront

« telle, elles auront lieu nonobstant l'application des articles
« précédents. » (Rapport fait, à la Chambre des députés, par
M. Renouard, dans la séance du 29 mars 1837.)

(1) Voyez, plus haut, page 268.

« aussi être ordonnées, et leur destitution pourra
« être provoquée, s'il y a lieu. »

« Art. 103. Dans les cours et dans les tribunaux
« de première instance, chaque chambre connaîtra
« des fautes de discipline qui auraient été commises
« ou découvertes à son audience.

« Les mesures de discipline à prendre, sur les
« plaintes des particuliers ou sur les réquisitions du
« ministère public, pour cause de faits qui ne se
« seraient point passés ou qui n'auraient pas été
» découverts à l'audience, seront arrêtés en assem-
« blée générale, à la chambre du conseil, après
« avoir appelé l'individu inculpé; ces mesures ne
« seront point sujettes à l'appel, ni au recours en
« Cassation, sauf le cas où la suspension serait l'effet
« d'une condamnation prononcée en jugement. »

« Notre procureur-général... rendra compte, de
« tous les actes de discipline, à notre grand juge
« ministre de la justice, en lui transmettant les
« arrêtés, avec ses observations, afin qu'il puisse
« être statué sur les réclamations, ou que la destitu-
« tion soit prononcée, s'il y a lieu. »

« Art. 104. Notre procureur... en chaque tribunal
« de première instance, sera tenu de rendre, sans
« délai, un pareil compte à notre procureur-général,
« en la Cour du ressort, afin que ce dernier l'adresse
« à notre grand-juge ministre de la justice, avec ses
« observations. »

Code de procédure civile.

« Art. 130. Aucun exploit ou acte de procédure

« ne pourra être déclaré nul, si la nullité n'en est
« pas formellement prononcée par la loi. »

« Dans les cas où la loi n'aurait pas prononcé la
« nullité, l'officier ministériel pourra, soit pour
« omission, soit pour contravention, être condamné à
« une amende qui ne sera pas moindre de cinq francs,
« et n'excédera pas cent frans. »

Décret du 14 juin 1813.

« Art. 73. Toute condamnation des huissiers à
« l'amende, à la restitution et aux dommages-intérêts.
« pour des faits relatifs à leurs fonctions, sera pro-
« noncée, par le tribunal de première instance du lieu
« de leur résidence, sauf les cas prévus par le troisième
« paragraphe de l'article 43 (1), à la poursuite des
« parties intéressées ou des syndics de la commu-
« nauté, au nom de la chambre de discipline; elle
« pourra l'être aussi à la requête du ministère
« public. »

---

(1) Art. 43 du décret du 14 juin 1813.

« Les copies à signifier par les huissiers seront correctes et
« lisibles, à peine de rejet de la taxe, ou de restitution des
« sommes reçues.

« Les papiers employés à ces copies ne pourront contenir;
« savoir : plus de quarante lignes par page de moyen papier, et
« plus de cinquante lignes par page de grand papier, à peine
« d'une amende de vingt-cinq francs, conformément à l'article
« 26 de la loi sur le timbre, du 13 brumaire an VII.

« Si la copie d'un arrêt ou d'un jugement en dernier ressort
« n'est point conforme à ce qui est prescrit par le présent
« article, l'huissier qui l'aura signée, sera de plus condamné
« à une amende de vingt-cinq francs, sur la seule provocation
« du ministère public, et par la cour ou le tribunal devant
« lequel cette copie aura été produite... »

« Art. 74. La suspension des huissiers ne pourra
« être prononcée que par les cours et tribunaux
« auxquels ils sont respectivement attachés. »

« Art. 75. Il n'est dérogé, par le présent titre,
« à aucune des dispositions des articles 102, 103 et
104 de notre décret du 30 mars 1808. »

De ces divers textes, Curasson (1) tire ces conséquences, suivant nous, très légitimes :

1° Que, s'il s'agit de prévarication ou de contravention poursuivie à requête des parties intéressées
ou du ministère public, le tribunal civil de la résidence de l'huissier est le seul compétent pour prononcer l'amende ou les dommages-intérêts.

2° Qu'au contraire, s'il s'agit d'omission ou de
contravention relative à une cause particulière dont
le juge de paix soit saisi, ce magistrat peut prenon-
cer, soit la nullité de l'exploit, lorsque cette peine
y est attachée par la loi, soit l'amende, lorsque la
peine de nullité n'est pas attachée à l'infraction.

3° Qu'enfin le juge de paix peut faire, à son huissier, des injonctions, le condamner aux dépens,
appliquer, en un mot, tout ce que permet l'article
102 du décret de 1808, sauf toutefois la suspension
générale (2), que, d'après l'art. 74 du décret de 1813,
les tribunaux ordinaires ont seuls le droit d'infliger
aux officiers ministériels de leur ressort.

---

(1) *Traité de la compétence des juges de paix*, supplément
au second volume, page 147, et suiv.

(2) Je la désigne ainsi, pour la distinguer de la suspension
partielle prévue par le présent art. XIX de la loi du 25
mai 1838.

§ II.

Sur l'article XVI.

N° 1.

Première considération.

Si l'huissier à refusé de faire le service des audiences, le juge de paix peut lui appliquer la suspension momentanée prévue par l'article XIX.

Cette suspension n'est donc pas encourue de plein droit; d'ailleurs, la durée en doit être fixée, dans les limites que la loi a prescrites; il faut donc que le juge prononce, et, s'il s'en abstient, il use d'une indulgence dont il ne doit pas plus compte que de la sévérité qu'il aurait cru devoir déployer.

N° 2.

Deuxième considération.

La citation qui émanerait d'un huissier appartenant à un canton voisin, ne serait pas nulle, et cependant l'huissier échapperait à la peine disciplinaire portée par l'article XIX; peine que le juge de paix ne peut appliquer qu'aux huissiers de sa justice; mais il n'échapperait pas à la peine portée par l'art. 13 du décret des 6-27 mars 1791, contre tout huissier qui instrumente hors de son canton (1), peine pour l'application de laquelle le juge de paix aurait caractère.

---

(1) *Commentaire de la loi du* 25 *mai* 1838, par M. Giraudeau, page 111, et *Traité de la compétence des juges de paix*, par Curasson, *supplément* au tom. II, page 145 et 146, n° 23.

N° 3.

Troisième considération.

L'inobservation de la disposition du présent article n'influerait en rien sur la validité de la citation ; car il eut été injuste de rendre la partie responsable d'une faute qui est tout entière imputable à l'huissier, et qui expose cet officier ministériel à la répression disciplinaire prévue par l'article XIX.

Tel est l'avis de M. Masson fils (1), conforme, en cela, à ce qu'enseignent tous les auteurs.

§ III.

Sur l'article XVII.

Sans frais.

Ainsi que le font observer MM. Bénech (2) et Curasson (3), ces expressions sont trop précises pour qu'on puisse s'arrêter à la thèse laborieusement soutenue par M. Giraudeau (4), dans le but de prouver qu'il faut en revenir à la taxe que le projet allouait, au greffier, pour de tels avertissements.

---

(1) *Commentaire raisonné de la loi du 25 mai* 1838, page 287, n° 333.

(2) *Traité des justices de paix*, pages 456 et 457.

(3) *Traité de la compétence des juges de paix*, tom. II, page 434, n° 16.

(4) *Commentaire de la loi du 25 mai* 1838, page 111, et suiv.

§ IV.

Sur l'article XVIII.

Nᵒ 1.

Première considération.

Nous avons dit que la disposition de cet article s'étendait à tout huissier, même exerçant hors du canton ; si donc un tel huissier avait contrevenu à la défense, il serait passible de l'amende prononcée par l'article XVIII, non, de la suspension prononcée par l'article XIX (1).

Nᵒ 2.

Seconde considération.

La loi prohibe l'assistance de l'huissier, non le simple conseil.

Ainsi, quoiqu'en ait dit l'un des membres de la Chambre, l'amende ne devrait pas être prononcée, alors meme *qu'il serait avéré, par une correspondance produite dans les débats d'audience, que l'huissier a donné des conseils à l'une des parties.* A n'en pas douter, il peut la diriger dans le libellé de sa citation, par exemple ; ce serait outrer l'esprit de la loi (2) que

---

(1)*Traité de la compétence des juges de paix*, par Curasson, tom. II, page 487, n° 20.

(2) « Il existait une disposition qui ne permettait pas, aux « huissiers, de devenir les fondés de pouvoir des parties, devant « la justice de paix ; un grand intérêt le voulait ainsi ; il fallait « éviter même le soupçon qu'ils pussent à la fois exciter les « parties à plaider pour obtenir quelques frais, et attaquer la

de le décidér autrement; MM. Bénech (1) et Curasson (2) en conviennent (3).

ARTICLE VINGTIÈME.

Les actions concernant les brevets d'invention seront portées, s'il s'agit de nullité ou de déchéance des brevets, devant les tribunaux civils de première instance; s'il s'agit de contrefaçon, devant les tribunaux correctionnels.

« décision du juge, pour pouvoir faire des traités personnels. » (Rapport fait, à la Chambre des députés, par M. Amilhau, dans la séance du 6 avril 1838).

(1) *Traité des justices de paix*, page 469.

(2) *Traité de la compétence des juges de paix*, tom. II, page 489.

(3) « Parmi les objections élevées contre le projet de loi, et « plus encore contre la partie de l'ancien projet relative aux « justices de paix, l'une des plus fortes est celle qui signale le « mal que peuvent faire, aux habitants des campagnes, les « conseils intéressés des praticiens dont les calculs de chicane « travailleront incessamment à neutraliser les effets conciliants « de la juridiction paternelle des juges de paix. »

« Il serait difficile de prendre, contre ce fléau, des dispositions « préventives complétement efficaces, sans porter la plus grave « atteinte à la liberté de la défense. Il faut, dans la plûpart des « cas, s'en rapporter, à l'habileté et au bon esprit des juges de « paix, du soin de le combattre. »

« Mais ce que, du moins, la loi peut faire, dès à présent, c'est « d'interdire, aux huissiers qui ont à bénéficier par la multiplicité « des procédures, le droit d'assister les parties comme conseils, « ou de les représenter comme procureurs-fondés. » (Rapport fait, à la Chambre des députés, par M. Renouard, dans la séance du 29 mars 1837).

Commentaire.

Cet article est l'unique qui, dans la loi du 25 mai 1838, enlève, au juge de paix, une juridiction que lui attribuait la législation préexistante (1).

En le comparant à tous les autres qui, indiscrétement peut-être, ont de beaucoup étendu les bornes de la compétence des juges de paix, M. Moureau de Vaucluse (2), le regarde comme une *sage, mais bien faible* compensation.

Curasson (3) l'envisage, sous son véritable jour, lorsqu'il dit que, *par un juste retour au droit commun,* cet article renvoye, aux tribunaux correctionnels, *un délit dont la loi de* 1791 *avait attribué la repression aux justices de paix.*

Et, en effet, le décret des 31 décembre 1790-7 janvier 1791, encore en vigueur, porte :

« Art. 7. Afin d'assurer, à tout inventeur, la « propriété et la jouissance temporaire, à son inven-« tion, il lui sera délivré un *titre* ou *patente*, selon « les formes indiquées dans le règlement qui sera « dressé pour l'exécution du présent décret.

« Art. 12. Le propriétaire d'une patente, jouira « privativement de l'exercice et des fruits des décou-« vertes, inventions ou perfections pour lesquelles

---

(1) *Commentaire raisonné de la loi du* 25 *mai* 1838, par M. Masson fils, page 294.

(2) *Examen critique et commentaire de la loi du* 25 *mai* 1838, page 168.

(3) *Traité de la compétence des juges de paix,* tom. II, page 495.

« la dite patente aurait été obtenue ; en conséquence,
« il pourra, en donnant bonne et suffisante caution ,
« requérir la saisie des objets contrefaits , et traduire
« les contrefacteurs devant les tribunaux. Lorsque
« les contrefacteurs seront convaincus, ils seront
« condamnés, en sus de la confiscation, à payer, à
« l'inventeur, des dommages-intérêts proportionnels
« à l'importance de la contrefaçon, et, en outre, à
« verser, dans la caisse des pauvres du distric, une
« amende fixée au quart desdits dommages-intérêts,
« *sans toutefois que la dite amende puisse excéder la*
« *somme de trois mille livres, et, au double, en cas de*
« *récidive.* »

Les articles, aujourd'hui abrogées, 10, 11 et 12
du titre II du décret des 14-25 mai 1791 portaient :

« Art. 10. Lorsque le propriétaire d'un brevet sera
« troublé (1) dans l'exercice de son droit privatif,
« il se pourvoira, *dans les formes prescrites pour les*

---

(1) « ... La législation en vigueur donne, au juge de paix, la
« connaissance des contestations sur les brevets, quand il y a
« trouble aux droits de l'inventeur ; on a considéré cela comme
« une sorte d'action possessoire. Mais, dans une matière
« difficile ; lorsque la décision peut compromettre les plus
« grands intérêts de l'industrie, avec l'essor et la rapidité qui
« entrainent aujourd'hui tous les esprits vers cette branche de
« la richesse publique ; lorsque, de la capitale , les inventeurs
« sont descendus dans les provinces où l'on est moins familier
« avec ses sortes de matières, il y aurait de l'imprudence à
« confier, à un seul magistrat, la solution de ces grands
« intérêts... » (Rapport fait, à la Chambre des députés, par
M. Amilhau, dans la séance du 6 avril 1838).

« *autres procédures civiles*, *devant le* JUGE DE PAIX,
« *pour faire condamner le contrefacteur aux peines pro-*
« *noncées par la loi....* »

Ainsi, en vertu de ce dernier texte, aujourd'hui remplacé par l'article XX de la loi du 25 mai 1838, le juge de paix était appelé à prononcer, contre tout contrefacteur, une *amende qui peut s'élever à trois mille francs et même au double*.

Certes! une pareille action n'avait, de possessoire, que le nom (1); mais était bien, en réalité, une véritable action correctionnelle doublement déplacée devant un *juge de paix*, siégeant comme *juge civil*.

Ce premier inconvénient en entrainait un second non moins grave; sous prétexte de défendre à la

---

(1) Partant de ces termes de l'art. 10, *troublé dans l'exercice de son droit privatif*, Henrion de Pansey, prétend que c'est là une action possessoire.

« Erreur évidente, dit Curasson; le possessoire étant une action réelle immobilière (*Traité de la compétence des juges de paix*, tom. II, page 493, n° 2).

« La disposition par laquelle le premier projet défère, aux
« tribunaux d'arrondissement, la connaissance exclusive des
« contestations sur les brevets d'invention, a été reçue avec une
« approbation générale. »

« Tout semble contradictoire, en effet, dans la législation
« sur cette matière; elle crée des actions possessoires au sujet
« d'intérêts relatifs à des choses mobilières; elle partage, entre
« deux juridictions de degrés différents, des discussions d'une
« solution également difficile; elle abandonne, au juge institué
« pour vider les contestations peu importantes, les intérêts les
« plus graves de l'industrie... » (Motifs présentés, à la Chambre des députés, par M. Barthe, dans la séance du 6 juin 1837.)

demande en contrefaçon, et, par ce qu'en thèse
générale, le juge de la demande l'est aussi de l'exception (1), on venait, devant le juge de paix, plaider

---

(1) « Si le projet confère nouvellement, aux juges de paix, la
« décision de certaines causes d'une valeur modique; c'est qu'il
« est dans leur institution de prononcer, en général, sur les
« différends de cette nature. Par la raison contraire, ils doivent
« cesser de connaître des actions sur *les brevets d'invention*;
« il est vrai qu'en leur déférant les actions relatives *aux contre-*
« *façons*, les lois des 7 janvier et 25 mai 1791 réservent, aux
« tribunaux d'arrondissement, les actions *en nullité et déché-*
« *ance de brevet*; mais ces demandes sont presque toujours
« formées incidemment à une poursuite en contre-façon, et la
« jurisprudence a décidé que c'est, dans ce cas, au juge de
« l'action qu'il appartient de statuer sur l'exception, (Nota. Un
« dernier arrêt, rapporté par Curasson, *Traité de la compétence*
« *des juges de paix*, tom. II, page 493, signalait le retour à une
« plus saine doctrine); il suit de là que les juges de paix sont
« appelés, en ce moment, à prononcer à peu-près sur toutes
« les contestations relatives aux brevets d'invention. »
« Il est peu de matières cependant d'une décision plus difficile,
« qui touchent davantage aux intérêts les plus précieux de
« l'industrie; il en est peu, par conséquent, qui soient moins
« en rapport avec les attributions de la justice de paix. »
« A l'exemple de la loi existante, le projet attribue les nullités
« et déchéances de brevet aux tribunaux d'arrondissement.
« Quant aux *contre-façons*, il les défère *aux tribunaux de police*
« *correctionnelle*; l'innovation n'existe donc *directement* que
« sur ce dernier point. Porter atteinte aux droits d'un breveté,
« c'est commettre une action de la nature de celles qui consistent
« à contrefaire *un écrit*, un dessin, une peinture. Le Code
« pénal (art. 425 et 427) classant ces faits au nombre des délits,
« la juridiction se trouve indiquée d'avance par le droit commun,
« la loi cessera ainsi de couvrir, d'une protection inégale des
« droits de même nature, dont la législation... qualifie pareille-
« ment la violation du nom de contrefaçon. »

des questions de nullité et de déchéance que la loi
ne lui ayant pas expressément déferées, avait, par là
même, implicitement réservées aux tribunaux ordinaires (1).

C'est encore devant eux, que, par forme d'exception préjudicielle (2), les questions de nullité et de
déchéance de brevets, devraient être renvoyées, si
elles venaient à être soulevées dans le cours de la
poursuite, aujourd'hui déférée au tribunal de police
correctionnelle; parce que ce tribunal, étant d'exception, serait imcompétent pour y statuer.

« Remarquons que cette attribution peut d'autant mieux
« recevoir une exécution actuelle, que la loi du 7 janvier 1791
« (art. 12) ordonne de punir le contrefacteur d'une *amende*
« qui ne peut excéder 3,000 livres ; qu'aux termes de l'article 10
« de la loi du 14 mai suivant (tit. II), les juges de paix doivent
« le condamner aux peines prononcées par la loi ; or, les tribu-
« naux de police correctionnelle appliquant la peine de l'amende,
« dès qu'elle dépasse 15 fr., la répression de cette sorte de contre-
« façon, rentre donc naturellement dans leur compétence, sans
« qu'il soit nécessaire de créer une pénalité qui se trouve établie,
« et qui, de plein droit, range ce fait au nombre des délits. »
(Présentation faite, à la Chambre des pairs, par M. Barthe,
dans la séance du 8 mai 1837).

(1) « Les brevets d'invention sont régis par les lois des 7
« janvier 1791 et 25 mai de la même année. »
« D'après ces lois, les actions en contrefaçon de brevets sont
« portées devant les juges de paix. »
« Les actions en nullité ou déchéance de brevets sont laissées
« dans la juridiction ordinaire des tribunaux de première ins-
« tance, et l'appel est porté devant la Cour royale. » — (*Voir la
suite de cette note, à la page* 312.)

(2) Curasson, *Traité de la compétence des juges de paix*,
tom. II, page 494, n° 3.

ARTICLE VINGT-UNIÈME.

Toutes les dispositions des lois antérieures, contraires à la présente loi, sont abrogées.

Commentaire.

L'article adopté, par la Chambre des députés, était ainsi conçu :

« Les dispositions des articles 9 et 10, titre III « de la loi des 16-24 août 1790, et les articles 16 et « 17 du Code de procédure civile sont abrogés.

« Les autres dispositions des lois en vigueur, sur « les attributions des juges de paix, auxquelles il « n'est pas dérogé par la présente loi, continueront « à être observées. »

La Chambre des pairs fit adopter la rédaction plus concise et plus usitée qui, en définitive, a été maintenue, par la Chambre des députés, lorsque, dans le cours de la session de 1838, le projet lui fut rapporté, en conséquence des amendements introduits par l'autre Chambre.

La rédaction de notre article n'est pas du goût de M. Moureau de Vaucluse (1); cet auteur la taxe de « locution ordinaire de nos législateurs, qui fait « que des lois promulguées depuis des siècles, vingt « fois retouchées depuis, doivent être connues des « jurisconsultes et des magistrats, comme si elles « n'avaient été scellées que de la veille... »

______

(1) *Examen critique et commentaire de la loi du 25 mai 1838*, page 169.

Cette objection un peu vive de M. Moureau, ne manquerait pas de justesse, si elle s'appliquait à la plupart de nos lois nouvelles; mais, appliquée à une loi qui, comme celle-ci, touche à une foule de dispositions législatives, elle se trouve déplacée.

Il y a toujours inconvénient dans les nomenclatures, a dit le rapporteur de la loi de 1838; et, en effet, quelque soit la science des assemblées délibérantes, une omission serait possible, et cette omission, résultat d'une pure inadvertance, aurait force de loi, et par conséquent pourrait entraîner les conséquences les plus facheuses.

« Ce qu'il y a de certain, dit Curasson (1), c'est « que toutes les attributions extraordinaires confé- « rées, aux juges de paix, par des lois spéciales, « n'ont rien de contraire à celle du 25 mai, et « demeurent conservées (2)... »

Autant une nomenclature pourrait-être déplacée, dangereuse même, dans une loi; autant peut-elle être utile dans un ouvrage dont les omissions ne sauraient avoir d'autre inconvénient que de le rendre moins complet; aussi avons-nous entrepris (3) une nomenclature des diverses attributions du juge de paix, tant civiles, que criminelles, tant judiciaires qu'extra-judiciaires; cette nomenclature sera intitulée: *Synopsie de la juridiction du juge de paix*, et composée sur le plan de notre *Synopsie du Code civil annoté*.

---

(1) *Traité de la compétence des juges de paix*, tom. II, page 497.

(2) *Ibid*, tom. 1ᵉʳ, page 19.

(3) Voyez, plus haut, page 91, à la note.

ARTICLE VINGT-DEUXIÈME.

Les dispositions de la présente loi ne s'appliqueront pas aux demandes introduites avant sa promulgation.

Commentaire.

Cet article est autre chose qu'une formule banale, et en quelque sorte obligée, comme il plait à M. Moureau (1), de le qualifier; ce n'est point une superfétation inutile (2); mais il ne faut pas croire qu'en consacrant le principe écrit au frontispice de notre Code civil (3), la loi du 25 mai 1838, soit devenue inapplicable aux obligations antérieures à sa promulgation (4).

L'engagement, en lui-même, est régi par la loi du temps où il s'est formé.

Quant aux conséquences que l'on veut en tirer, elles dépendent des formes de procédure sous lesquelles doit se produire l'action, et de la compé tence du tribunal devant qui cette action doit être portée.

Or, il est évident que ces formes de procédure,

---

(1) *Examen critique et commentaire de la loi du* 25 *mai* 1838, page 170.

(2) *Commentaire de la loi du* 25 *mai* 1838, par **M.** Giraud page 119.

(3) *Traité de la compétence des juges de paix*, par Curasson, tom. II, page 497.

(4) *Commentaire de la loi du* 25 *mai* 1838, par M. Giraud, page 120.

312

cette compétence, ne peuvent être régies que par la loi du temps où l'action est intentée.

Mais les formes de procédure sont un tout moral et indivisible, qui commence à la citation et qui finit au jugement; tellement, qu'en interprétation de l'article 1041 du Code de procédure civile, un Avis du Conseil d'Etat (1) a déclaré que l'appel était une procédure nouvelle, qui n'avait rien de commun avec celle de première instance.

C'est donc au jour de la citation donnée en justice de paix, ou de la signification du jugement, que l'on doit se reporter, pour savoir si la loi du 25 mai 1838 a dû être appliquée, soit quant à la compétence du juge, soit quant au délai de l'appel.

De telles questions, d'ailleurs, étant purement transitoires, n'ont pu se présenter que dans un temps voisin de la promulgation de la loi du 25 mai 1838; aussi, n'en avons-nous dit un mot, qu'à titre d'exposition des principes applicables à toute loi nouvellement promulguée.

---

(1) *Avis du Conseil d'Etat du 6 janvier*, *approuvé le 24 février* 1807. Sirey, tom VII, 2ᵉ part., pages 54 et 55.

(*Suite de la note* (1) *à la page* 308) « Lorsqu'il arrive que « le défendeur, inculpé de contre-façon, critique le titre du « breveté, les déchéances ou les nullités dont il excipe tombent sous la compétence des juges de paix, en vertu du principe de droit qui veut que le juge de l'action soit juge de « l'exception. »

« Il suit de là que presque toutes les déchéances ou nullités de « brevet sont portées devant les juges de paix; car l'expérience « démontre que rarement on les engage par voie principale. » (Rapport fait, à la Chambre des députés, par M. Renouard, dans la séance du 29 mars 1837.)

TITRE DEUXIÈME.

TABLE ALPHABÉTIQUE
De la loi du 25 mai 1838,

SUR LES JUSTICES DE PAIX.

Actes du ministère des huissiers (art. 16).
Action disciplinaire contre les huissiers (art. 19).

Actions civiles — *voyez* : { diffamation, injures, rixes, voies de fait.

Actions { possessoires (art. 6, 1°), purement personnelles ou mobilières (art. 1er), relatives { à certaines constructions (art. 6, 3°), à certaines distances (art. 6, 2°), à certains travaux (art. 6, 3°).

Amende contre les huissiers { conseils (art. 18), mandataires (art. 18).

Appel (art. 13 et 14).
Apprentis — *voyez* : contestations.
Arrosement des propriétés (art. 5, 1° et 6, 1°).
Assistance du juge par tout huissier requis (art. 16).
Aubergistes — *voyez* : contestations.
Autorité administrative (art. 6, 1°).

Avarie d'effets { accompagnant les voyageurs (art. 2, 3° alinéa), déposés dans { l'auberge l'hôtel . } (art. 2, 2° alinéa).

Avertissement préalable à la citation (art. 17).
Batelier — *voyez* : contestations.
Bornage (art. 6, 2°).
Brevet d'invention (art 20).

Bureaux des nourrices (art. 5, 4°).
Carrossiers – *voyez* : contestations.
Cassation (art. 15).
Citations (art. 16).

Compétence
  à charge d'appel (art. { 1 à 6), 8, 2° alinéa), 9);
  en dernier ressort (art { 1 à 5), 8, 1er alinéa), 9).

Complainte possessoire (art. 6, 1°).
Congés aux fermiers ou locataires (art. 3, 2° alinéa).

Contestations
  entre { aubergistes hôteliers . logeurs . } et { locataires en garni voyageurs . . . } (art. 2, 2° alinéa);
  voyageurs et { bateliers (art. 2, 3° alinéa), carrossiers ouvriers . } (art. 2, 4° alinéa), voituriers (art. 2, 3° alinéa) ;
  relatives { au payement des ouvriers . . . . . aux engagements des { apprentis . . . domestiques . . gens { de service de travail ouvriers . . } (art. 5, 3°)

Contrefaçon (art. 20).

Cours d'eau – *voyez* : { autorité administrative, curage, entreprise.

Curage { des canaux des fossés } (art. 5, 1°).

Déchéance de brevet d'invention (art. 20).

Défaut de jouissance { d'un fermier . d'un locataire } art. 4, 1°).

Dégradations à la charge du locataire (art. 4, 2°, 1er alinéa).

Demandes { principales { réunies (art. 8 et 9), séparées (art. 1 à 6); réconventionnelles (art. 7 et 8).

Dénonciation de nouvel œuvre (art. 6, 1°).
Diffamation verbale (art. 5, 5°).
Domestiques – *voyez* : contestations.

Dommages aux { champs fruits . récoltes } (art. 5, 1°).

Dommages — intérêts (art. 7 et 19).
Elagage des arbres ou haies (art. 5, 1°).
Entreprises sur les cours d'eau (art. 6, 1°).
Excès de pouvoir est ouverture à cassation (art. 15).

Exécution provisoire { facultative (art. 11 , 2° alinéa), / obligée (art. 11, 1er alinéa), / ordonnée (art. 12).

Expulsion de lieux (art. 3 , 2e alinéa).

Fournitures { des carrossiers / des ouvriers . } (art. 2 , 4° alinéa).

Frais de route occasionnés par { les bateliers . / les voituriers. } (art. 2 , 3e al.).

Gens { de service à gages / de travail . . . } – *voyez* : contestations.

Hôteliers – *voyez* : contestations.

Huissiers – *voyez* : { actes, / action disciplinaire, / amende, / assistance, / citations , / incapacités.

Incapacités des huissiers { comme conseils . . / comme mandataires } (art.18).

Indemnités réclamées { par le fermier. / par le locataire } (art. 4 , 1°).

Infraction aux incapacités prononcées contre les huissiers (art. 19).

Injures (art. 5 , 5°).

Irrigation des propriétés (art. { 5 , 1°), / 6 , 1°).

Jugement { de compétence (art. 14 , 2e et 3e alinéa), / mal qualifié (art. 14 , 1er et 2e alinéa), / non qualifié (art. 14 , 1er alinéa).

Juridiction { des prud'hommes (art. 5 , 3°), / du juge de paix – *voyez* : compétence.

Locataires – *voyez* : { contestations , / défaut de jouissance, / dégradations.

Locations n'excédant pas { à Paris , 400 f. . . / en province, 200 f. } (art. 3 , 2e al.).

Logeurs – *voyez* : contestations.
Maîtres – *voyez* : contestations.

Mouvement { des moulins / des usines . } (art. 6 , 1°).

Nourrices – voyez : bureaux des nourrices.
Opposition à saisie-gagerie (art. 10 , 2e alinéa).]
Ouvriers – *voyez* : contestations.

Payement { de fermages / de loyers / de nourrices (art. 5 , 4°). } (art. 3 , 2e alinéa),

Pension alimentaire (art. { 6, 4°),
{ 11 , 2ᵉ alinéa).
Péril en la demeure (art. 12 et 17).

Pertes { arrivées pendant la location (art. 4, 2°, 1ᵉʳ alinéa).
{ causées { par incendie } (art 4, 2°, 2ᵉ alinéa).
{ par inondation }

Pourvois contre les jugements (art. 13 à 15).

Pouvoir discrétionnaire (art. { 8, 3ᵉ alinéa),
{ 11 , 2ᵉ alinéa),
{ 17).

Prorogation à raison des distances (art. 13, 2ᵉ alinéa).
Réception de caution, pour exécution provisoire (art. 11 , 3ᵉ al.).
Réintégrande (art. 6 , 1°).

Réparations { des voitures de voyage (art. 2, 4ᵉ alinéa) ,
{ locatives { des fermes . } (art. 5, 2°).
{ des maisons }

Résiliation de bail (art. 3, 2ᵉ alinéa).
Rixes (art. 5, 5°).

Saisie-gagerie; { autorisation (art. 10, 1ᵉʳ alinéa),
{ opposition (art 10, 2ᵉ alinéa),
{ validité (art. 3 , 2ᵉ alinéa).

Service des audiences (art. 16).
Suspension des huissiers (art. 19).
Usines à faire mouvoir (art. 5, 1° et 6, 1°).

Valeur { déterminée , { de 100 f. (art. 1 à 5),
{ de 150 f. (art. 6, 4°).
{ de 200 f. (art. 1, et 4, 2°, 2ᵉ alinéa).
{ de 300 f. (art. 11 , 2ᵉ alinéa),
{ de 1500 f. (art. 2 et 4) ;
{ indéterminée (art. 3, 5 et 6).

Validité de saisie-gagerie (art. 3, 2ᵉ alinéa).
Voies de fait (art. 5, 5°).

Voituriers } – *voyez*: contestations.
Voyageurs }

SYNOPSIE
De la Loi du 25 mai 1838.

…res (art. 1ᵉʳ) ;

…t locataire et causées (art. 4. 2°, 2ᵉ alinéa) { par incendie, / par inondation ;

…e (art. 2, 1ᵉʳ alinéa) {
  les hôteliers, les aubergistes et les logeurs . . { les voyageurs, . . les locataires en garni, } pour (art. 2, 2ᵉ alinéa) { dépense d'hôtellerie, perte / avarie } d'effets déposés { dans l'hôtel, / dans l'auberge ;
  les voyageurs et {
    les voituriers, les bateliers, } pour (art. 2, 3ᵉ alinéa) { retards, frais de route, perte / avarie } d'effets accompagnant les voyageurs ;
    les carrossiers, les ouvriers, . } pour (art. 2, 4ᵉ alinéa) { fournitures, salaires, / réparations faites aux voitures de voyage ;
}

c…nées (art. 4, 1ᵉʳ alinéa) { par le locataire, / par le fermier, . } (art. 4. 1°), { pour non jouissance provenant du fait du propriétaire, / lorsque le droit à l'indemnité n'est pas contesté ;

a…ivées pendant la jouissance du locataire, (art. 4, 1ᵉʳ alinéa), { et qui sont à sa charge d'après les articles 1732 et 1735 du Code civil (art. 4, 2°, 2ᵉ alinéa), / et qui procèdent d'une cause autre que (art. 4, 2°, 2ᵉ alinéa) { l'incendie, / l'inondation ;

a…yement de loyers ou fermages
…ngé.
a…résiliation faute de payement { (art. 3, 1ᵉʳ al.), lorsque la location n'excède pas, { à Paris, 400 / ailleurs, 200 } francs, { en argent (art. 3, 2ᵉ alinéa), / en prestations { appréciables (art. 3, 3ᵉ alinéa) / non appréciables (art. 3, 4ᵉ alinéa) } au taux des mercuriales ;
…expulsion de lieux . . . .
…validité de saisie-gagerie

c…ommages faits, par { les hommes, / les animaux, } aux { champs . . / fruits . . / récoltes . . } (art. 5, 1ᵉʳ alinéa), lorsque les droits { de propriété / de servitude } ne sont pas contestés (art. 5, 1°) ;

…rage { des fossés / des canaux servant { à l'irrigation des propriétés / au mouvement des usines }

…réparations locatives des maisons ou fermes, mises, par la loi, à la charge du locataire (art. 5, 1ᵉʳ alinéa et 2°) ;

…ngagements respectifs (art. 5, 1ᵉʳ alinéa et 3°) {
  des gens de travail, { au jour, au mois, à l'année, } et de ceux qui les employent ;
  des maîtres et { des domestiques, des gens de service à gages, des ouvriers, des apprentis, } sauf l'exécution des lois et règlements relatifs à la juridiction des prud'hommes ;

…yement des nourrices, sauf ce qui est prescrit, par les lois et règlements d'administration publique, à l'égard des bureaux de nourrices (art. 5, 1ᵉʳ alinéa et 4°) ;
…diffamation verbale,
…injures { verbales, . . / écrites, / publiques, / non publiques, . . } autrement que par la voie de la presse, lorsque les parties ne se sont pas pourvues par la voie criminelle (art. 5, 1ᵉʳ alinéa et 5°) ;
…rixes ou voies de fait, ...

…{ d'une complainte, / d'une réintégrande, } fondée sur des faits commis dans l'année ;

…er, { d'une entreprise commise, dans l'année, { sur les cours d'eau servant { à l'irrigation des propriétés, / au mouvement des usines et moulins, } sans préjudice des attributions de l'autorité administrative ; / d'une dénonciation de nouvel œuvre fondée sur des faits commis dans l'année ;

…our la plantation { d'arbres, / de haies, } lorsque { ni la propriété / ni les titres . } ne sont contestés (art. 6, 2°) ;

…vil, lorsque { ni la propriété . / ni la mitoyenneté } du mur ne sont contestées (art. 6, 3°) ;

…3 et 207 du Code civil, lorsqu'ils n'excèdent pas 150 fr. par an (art. 6, 4°) ;

…r réunion, les limites de sa juridiction ;
…ale ne dépasse pas 100 fr. ;
…e dépasse 100 fr. ;
…ure, / …ur, } sinon, il peut (art. 8, 3ᵉ alinéa), { ou retenir le jugement de la demande principale seulement, / ou renvoyer, { sur le tout, / les parties, } à se pourvoir, { devant le tribunal de 1ʳᵉ instance, / sans préliminaire de conciliation ;

…unies à la demande principale, elles s'élèvent ensemble au-dessus de 200 francs ;
…de principale elle-même, à quelque somme qu'ils puissent monter ;
…ionnelles est dans les limites de sa compétence en dernier ressort (art. 8, 1ᵉʳ alinéa) ;
…lles n'est susceptible d'être par lui jugée qu'à charge d'appel (art. 8, 2ᵉ alinéa) ;

…'il s'agit de nullité ou de déchéance des brevets,
…ontrefaçon ;
…ique,
…connue,
…on dont il n'y a point eu d'appel ;
…e pension alimentaire,
…e somme n'excédant pas 300 francs ;
…ne pension alimentaire,
…une somme n'excédant pas 300 francs ;

…sort ;

…3 du code de procédure civile,
…miciliées hors du canton ;

…anton rural,
…cantons de la même ville ;

…2ᵉ alinéa) ;

…iplinaire des tribunaux,
…-intérêts des parties,

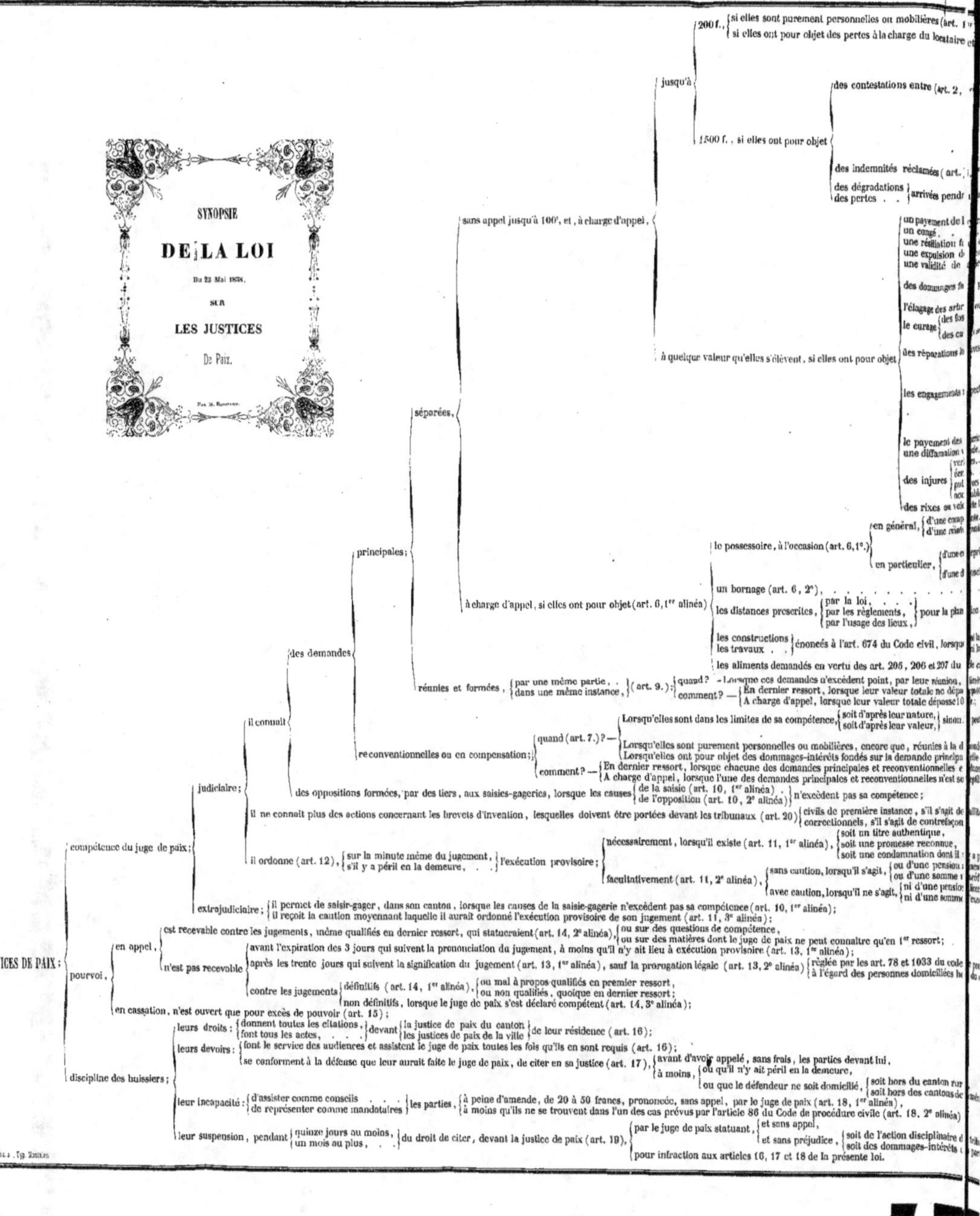

SYNOPSIE DE LA LOI
Du 25 Mai 1838,
sur
LES JUSTICES De Paix.
Par M. Rousseau.

JUSTICES DE PAIX ;

compétence du juge de paix ;

judiciaire ;

des demandes

séparées,

principales ;

sans appel jusqu'à 100', et, à charge d'appel,

jusqu'à 2001., si elles sont purement personnelles ou mobilières (art. 1
si elles ont pour objet des pertes à la charge du locataire

jusqu'à 1500 f., si elles ont pour objet
des contestations entre (art. 2,
des indemnités réclamées (art.
des dégradations
des pertes . . arrivées pendant

à quelque valeur qu'elles s'élèvent, si elles ont pour objet
un payement de l
un congé,
une résiliation
une expulsion d
une validité de
des dommages fa
l'élagage des arbr
le curage des fos / des ca
des réparations lo
les engagements
le payement des
une diffamation v
des injures
ver
écr
put
noc
des rixes ou vet

à charge d'appel, si elles ont pour objet (art. 6, 1er alinéa)
le possessoire, à l'occasion (art. 6, 1°.)
en général, d'une exap
d'une réint
en particulier, d'une e
d'une d
un bornage (art. 6, 2°),
les distances prescrites, par la loi, par les règlements, par l'usage des lieux, pour la plan
les constructions
les travaux . . énoncés à l'art. 674 du Code civil, lorsque
les aliments demandés en vertu des art. 205, 206 et 207 du

réunies et formées, par une même partie, dans une même instance, (art. 9.) ;
quand ? — Lorsque ces demandes n'excèdent point, par leur réunion,
comment ? — En dernier ressort, lorsque leur valeur totale ne dépa
A charge d'appel, lorsque leur valeur totale dépasse 10

reconventionnelles ou en compensation ;
quand (art. 7.) ? —
Lorsqu'elles sont dans les limites de sa compétence, soit d'après leur nature, soit d'après leur valeur, sinon
Lorsqu'elles sont purement personnelles ou mobilières, encore que, réunies à la d
Lorsqu'elles ont pour objet des dommages-intérêts fondés sur la demande princip
comment ? — En dernier ressort, lorsque chacune des demandes principales et reconventionnelles e
A charge d'appel, lorsque l'une des demandes principales et reconventionnelles n'est su

des oppositions formées, par des tiers, aux saisies-gageries, lorsque les causes de la saisie (art. 10, 1er alinéa)
de l'opposition (art. 10, 2e alinéa) n'excèdent pas sa compétence ;

il ne connaît plus des actions concernant les brevets d'invention, lesquelles doivent être portées devant les tribunaux (art. 20)
civils de première instance, s'il s'agit de
correctionnels, s'il s'agit de contrefaçon

il ordonne (art. 12), sur la minute même du jugement, s'il y a péril en la demeure, . . . l'exécution provisoire ;
nécessairement, lorsqu'il existe (art. 11, 1er alinéa), soit un titre authentique, soit une promesse reconnue, soit une condamnation dont il
facultativement (art. 11, 2e alinéa), sans caution, lorsqu'il s'agit, avec caution, lorsqu'il ne s'agit,

extrajudiciaire ;
il permet de saisir-gager, dans son canton, lorsque les causes de la saisie-gagerie n'excèdent pas sa compétence (art. 10, 1er alinéa) ;
il reçoit la caution moyennant laquelle il aurait ordonné l'exécution provisoire de son jugement (art. 11, 3e alinéa) ;

pourvoi,

en appel,
est recevable contre les jugements, même qualifiés en dernier ressort, qui statueraient (art. 14, 2e alinéa),
ou sur des questions de compétence,
ou sur des matières dont le juge de paix ne peut connaître qu'en 1er ressort ;
n'est pas recevable
avant l'expiration des 3 jours qui suivent la prononciation du jugement, à moins qu'il n'y ait lieu à exécution provisoire (art. 13, 1er alinéa) ;
après les trente jours qui suivent la signification du jugement (art. 13, 1er alinéa), sauf la prorogation légale (art. 13, 2e alinéa) réglée par les art. 78 et 1033 du code
à l'égard des personnes domiciliées h
contre les jugements
définitifs (art. 14, 1er alinéa), ou mal à propos qualifiés en premier ressort, ou non qualifiés, quoique en dernier ressort ;
non définitifs, lorsque le juge de paix s'est déclaré compétent (art. 14, 3e alinéa) ;

en cassation, n'est ouvert que pour excès de pouvoir (art. 15) ;

discipline des huissiers ;

leurs droits : donnent toutes les citations, font tous les actes, . . . devant la justice de paix du canton, les justices de paix de la ville de leur résidence (art. 16) ;
leurs devoirs : font le service des audiences et assistent le juge de paix toutes les fois qu'ils en sont requis (art. 16) ;
se conforment à la défense que leur aurait faite le juge de paix, de citer en sa justice (art. 17),
avant d'avoir appelé, sans frais, les parties devant lui,
à moins, ou qu'il n'y ait péril en la demeure, ou que le défendeur ne soit domicilié, soit hors du canton rur, soit hors des cantons ru

leur incapacité : d'assister comme conseils . . . de représenter comme mandataires les parties,
à peine d'amende, de 20 à 50 francs, prononcée, sans appel, par le juge de paix (art. 18, 1er alinéa),
à moins qu'ils ne se trouvent dans l'un des cas prévus par l'article 86 du Code de procédure civile (art. 18, 2e alinéa)

leur suspension, pendant quinze jours au moins, un mois au plus, . . . du droit de citer, devant la justice de paix (art. 19),
par le juge de paix statuant, et sans appel, et sans préjudice, soit de l'action disciplinaire d, soit des dommages-intérêts
pour infraction aux articles 16, 17 et 18 de la présente loi.

TABLES.

TABLE ALPHABÉTIQUE

Des Matières.

FIN DE LA TABLE ALPHABÉTIQUE DES MATIÈRES.

TABLE ALPHABÉTHIQUE

Des Auteurs et des Orateurs.

Amilhau (1), 21, 22, 83, 99, 111, 115, 125, 127, 128, 133, 152, 154, 205, 227, 267, 288, 303, 305.

Augier (2), 78, 110, 134, 142, 192, 241, 242, 245, 272.

Barbedette (3), 17.

Barthe (4), 84, 99, 126, 151, 203, 216, 225, 237, 254, 259, 262, 266, 172, 275, 276, 288, 306, 308.

Bénech (5), 10, 83, 84, 95 à 97, 112, 159, 163, 199, 201, 218, 235, 278, 280, 281, 287, 291 à 293, 301, 303.

Berlier (6), 201.

Berriat-St-Prix (7), 60 à 62, 242.

Bioche et Gouget (8), 245.

---

(1) Premier président de la Cour royale de Pau, membre de la Chambre des députés.

(2) *Encyclopédie des juges de paix.*

(3) *Traité des attributions des juges de paix, et de leurs différentes fonctions.*

(4) Ministre de la justice.

(5) Professeur à la faculté de droit de Toulouse.

(6) Conseiller d'Etat.

(7) *Cours de procédure civile.*

(8) *Dictionnaire de procédure civile et commerciale.*

---

(1) Juge de paix à la Rochelle.

(2) *Dissertation.*

(3) *Des fonctions du juge de paix en matière civile, non contentieuse.*

(4) *De la juridiction civile des juges de paix.*

Traité théorique et pratique des actions possessoires.

(5) *Analyse raisonnée et conférence des opinions des commentateurs, et des arrêts des Cours, sur le Code de procédure civile.*

Les lois de l'organisation et de la compétence des juridictions civiles.

Le droit français dans ses rapports avec la juridiction des juges de paix.

(6) Professeur à l'école de droit de Dijon.

(7) *Traité de la compétence des juges de paix.*

(8) *Dictionnaire général et raisonné de législation, de doctrine et de jurisprudence.*

Delvincourt (1), 207.

Devilleneuve (2), 187.

Duranton (3), 144, 145, 199, 207, 211.

Duvergier (4), 119, 120, 218.

Favard de Langlade (5), 199.

Foucher (6), 222.

Foulan (Julhe de) (7), 8, 13, 45, 224.

Fournel (8), 194.

Gasparin (9), 11, 100, 101, 114, 125, 128, 151, 152, 154, 205, 211, 214, 216, 219, 227, 237, 242, 244, 255, 259, 261, 288.

Giraudeau (10), 133, 145, 160, 161, 170, 171, 179, 183, 189, 207, 230, 241, 242, 249, 273, 300, 301, 311.

Gouget, Voyez : Bioche.

Guichard (11), 17.

---

(1) *Cours de Code civil.*

(2) Continuateur de Sirey.

(3) *Cours de droit français, suivant le Code civil.*

(4) *Traité du louage.*

(5) *Répertoire.*

(6) *Notes sur Carré.*

(7) *Journal spécial des justices de paix.*

(8) *Traité du voisinage.*

(9) Membre de la Chambre des Pairs.

(10) *Commentaire de la loi du 25 mai 1838.*

(11) *Questions possessoires, ou explication méthodique des lois et de la jurisprudence, concernant les actions possessoires.*

---

(1) *Compétence des juges de paix.*

(2) *Journal du palais.*

(3) *La législation civile, commerciale, et criminelle de la France.*

(4) Avocat-général à la Cour de Cassation.

(5) Membre de la Chambre des députés.

(6) *Commentaire raisonné de la loi du 25 mai* 1838.

(7) *Questions de droit.*

(8) *Examen critique et commentaire de la loi sur les justices de paix.*

(9) *Traité des servitudes.*

(10) Ministre de la justice.

(11) *Traité de la procédure.*

---

(1) **Membre de la Chambre des députés.**

(2) *Traité des actions.*

Traité des jugements.

(3) *Ad pandectas.*

Traité du contrat de louage.

Traité du contrat de vente.

(4) **Conseiller d'État.**

(5) *Traité des droits d'usufruit, d'usage, d'habitation et de superficie.*

(6) **Membre de la Chambre des députés.**

(7) **Ministre de la justice.**

(8) *Recueil général des lois et des arrêts.*

(9) **Membre de la Chambre des députés.**

(10) *Droit civil français suivant l'ordre du Code civil.*

(11) **Conseiller d'État.**

---

(1) *Commentaire de la vente.*

Commentaire de la prescription.

(2) Secrétaire général du ministère de la justice.

(3) *Commentarius ad pandectas.*

FIN DE LA TABLE ALPHABÉTIQUE DES AUTEURS, ETC.

Nº 3.

TABLE CHRONOLOGIQUE

des

Actes de législation et de jurisprudence.

—◦◦◦—

Digeste.

de varborum significatione (1), l. 43, p. 208.
finium regundorum (2), l. 13, p. 194.

Droit Français.

1789. — *4 août-3 novembre*, loi, art 2, p. 155.
1790. — *23-30 avril*, loi, p. 155.
      16-24 août, loi,
        Titre III, art. 9, p. 82, 91, 93, 94, 98, 238,
            239, 309.

---

(1) li. L, ti. 16.
(2) li. X, ti. 1.

An VIII.—22 frimaire (13 décembre 1799), constitution, tit. 1er, art. 5, 2e alinéa, p. 163, 168.

> 27 ventôse (18 mars 1800), loi,
> Art. 77, p. 91, 258.
> Art. 80, p. 263.

An XII. — 30 vent.-10 germ. (21-31 mars 1804).

Code civil.

> Art. 205 et 206, p. 202, 206, 207.
> Art. 349, p. 206.
> Art. 671, p. 193, 197, 199, 200.
> Art. 672, p. 194, 197.
> Art. 706, 707, p. 198.
> Art. 1345, p. 223.
> Art. 1385, p. 155.
> Art. 1719, 1721, p. 144.
> Art. 1732, p. 139, 142, 143.
> Art. 1733, 1734, p. 143.
> Art. 1735, p. 139.
> Art. 1745, 1746, p. 144.
> Art. 1769, p. 144.
> Art. 2102, p. 230.

> 23 fructidor (10 septembre 1804), arrêt, p. 144.

1806. — 25 mars-4 avril, décret, p. 171.
> 30 juin, décret, p. 171.

1807. — 1er janvier.

Code de procédure civile.

Art. 3, p. 146.
Art. 4, p. 293.
Art. 9, p. 91, 284.
Art. 16, p. 91, 248, 250, 309.
Art. 17, p. 91, 238, 239, 242, 309.
Art. 31, p. 256.
Art. 53, p. 91, 284.
Art. 59, p. 16, 35, 36.
Art. 73, p. 251.
Art. 86, p. 293, 294.
Art. 130, p. 297.
Art. 135, p. 239.
Art. 155, p. 241, 243.
Art. 443, p. 250.
Art. 445, p. 251.
Art. 446, p. 251, 252.
Art. 453, 454, p. 253, 254.
Art. 626, p. 229.
Art. 811, p. 243, 245.
Art. 819, p. 91, 229, 231.
Art. 1030, p. 272.
Art. 1033, p. 249, 251.
Art. 1041, p. 284, 312.

1808. — 30 mars, décret, art. 102, p. 296.
Art. 103, 104, p. 267.

1808. — Projet du **Code rurai**, art 40, 41, p. 191.

1809. — 11 juin, décret, p. 170.
          13 juin, décision ministérielle, p. 245.

1810. — 3 août, décret, art. 2, p. 170.
1811. — 1er janvier.

Code pénal.

Art. 367 à 376, p. 484.

1812. — 4 mai, décret, p. 155.
1813. — 14 juin, décret, art. 19, p. 268, 269, 272.
                    Art. 24, 28, p. 265.
                    Art. 43, 73, p. 298.
                    Art. 74, 75, p. 299.

          21 décembre, arrêt, p. 173.

1816. — 17-22 juillet, ordonnance, art. 25, p. 168.
1817. — 7 juillet, arrêt, p. 274.
1819. — 17-18 mai, loi, art. 13, p. 154, 174, 175.
                    Art. 20, p. 175.

          26 mai, loi, art. 13, p. 174.
1822. — 25 mars, loi, p. 174.
                    Arrêt, p. 174.
1824. — 23 avril, arrêt, p. 157.
1825. — 12-18 mai, loi,
                    Art. 1er, p. 156.
                    Art. 2. p. 157.
          21 novembre, arrêt, p. 173.
1827. — 21 mai-31 juillet, Code forestier, art. 182,
            p. 157, 158.
          1er-4 août, ordonnance, art. 176, p. 197.

FIN DE LA TABLE CHRONOLOGIQUE.

N° 4.

TABLE

Des parties, titres, chapitres, sections, paragraphes, numéros etc.

Nota : Pour unir plus intimement le *Supplément* et le *Traité* qui désormais sont appelés à se compléter l'un par l'autre, on a placé, en regard de l'indication des pages du *Supplément*, et entre parenthèses, l'indication des pages correspondantes du *Traité*.

FIN DE LA TABLE DES PARTIES.

ERRATA

Du Supplément à la première édition du Traité de la juridiction civile-judiciaire du juge de paix.

NOTA : On a fait précéder d'une astérique l'indication des fautes qu'il importe le plus de corriger.

Page XI, ligne 9, *au lieu de:* (2) ; *lisez :* (1).

Ibid. l. II, *au lieu de* : auditeur ; *lisez* : éditeur.

* p. 157, l. 2, *au lieu de*: 1835; *lisez:* 1825.

* Ibid. l. 27. *au lieu de*: 1830; *lisez:* 1839.

p. 158, l. 14, *au lieu de*: surcis; *lisez:* sursis.

p. 179, l. 10, *au lieu de*: juges; *lisez:* juge.

p. 182, l. 28, *au lieu de*: seules; *lisez:* seule.

p. 196, l. 24, *au lieu de*: Proudon; *lisez:* Proudhon.

p. 202, l. 4, *au lieu de*: esclusive; *lisez:* exclusive.

p. 207, l. 14, *au lieu de*: prevignus; *lisez:* privignus.

Ibid. l. 16, *au lieu de*: previgna *lisez:* privigna.

Ibid. l. 23, *au lieu de*: Dalvincourt; *lisez:* Delvincourt.

p. 219, l. 6 et 8, *au lieu de*: où; *lisez:* ou.

p. 220, l. 21, *au lieu de* : s'oupçonne; *lisez:* soupçonne.

p. 254, l. 4, *au lieu de*: susseptible; *lisez:* susceptible.

p. 261, l. 23, *au lieu* de: dompétence; *lisez:* compétence.

p. 279, l. 11, *au lieu de*: son; *lisez:* sont.

p. 291, l. 4, *au lieu de*: un; *lisez:* une.

p. 292, l, 23, *au lieu de*: courrerait; *lisez:* courrait.

p. 300, l. 5, *au lieu de*: à; *lisez:* a.

p. 304, l. 18, *au lieu de*: à; *lisez:* de.

p. 305, l. 9, *au lieu de*: distric; *lisez:* district.

Ibid. l. 14, *au lieu de*: abrogées; *lisez:* abrogés.

p. 311, l. 24, \
Ibid. l. 28, } *au lieu de*: M. Giraud; *lisez:* {M. Giraudeau.

p. 324, l. 23, *avant* : 94 ; *lisez* : 93.

* p. 325, l. 3, *au lieu de* : 76 ; *lisez* : 176.

* Ibid. l. avant-dernière, *au lieu de :* 151 ; *lisez :* 141.

p. 328, l. 14, \
Ibid. l. 15, } *avant* : 180 ; *lisez* : 150, 177.

* Ibid. l. 28, *au lieu de* : 151 ; *lisez* : 141.

* Ibid. l. dernière, *au lieu de* : 197 ; *lisez* : 195.

* p. 329, l. première, *au lieu de* : 264 ; *lisez* : 258.
Ibid. l. 6, *au lieu de* : previgna ; *lisez* : privigna.
Ibid. l. 7, *au lieu de* : prevignus : *lisez* : privignus.
Ibid. l. 27. *au lieu de* ; 157, 172 à 186 ; *lisez* : 172.

SUPPLÉMENT

A l'errata du Traité de la juridiction civile-judiciaire du juge de paix (1).

Nota. On a fait précéder d'une astérique l'indication des fautes qu'il importe le plus de corriger.

page XVIII, l. 21,}
  p. XIX, l. 7, } *au lieu de* : frères ; *lisez* : frères T. . . . . . .

* p. XXI, l. 11, *au lieu de* : indéterminée, *lisez* : déterminée.

* p. XXIII, l. 19, *au lieu de* : 151 ; *lisez* : 152.

* Ibid, l. 22, *au lieu de* : 163 ; *lisez* : 165.

  p. 22, l. 16, *au lieu de* : réelle ; *lisez* : purement réelle.

  p. 24. l. 18, *au lieu de* : personnelle ; *lisez* : purement personnelle.

* p. 51, l. 9,}
* p. 57, l. 4,} *au lieu de* : cent ; *lisez* : cinquante.
* p. 60,}

  p. 74, l. 16, *au lieu de* : pourrait ; *lisez* : paraît.

* p. 94, l. 13, *au lieu de* : destruction ; *lisez* : destination.

  p. 107, l. 3, *au lieu de* : § II ; *lisez* : § III.

  p. 123, l. 23, *au lieu de* : Dunud ; *lisez* : Dunod.

  p. 126, l. 5, *au lieu de* : subordonnée ; *lisez* : subordonné.

  p. 130 l. 3, *au lieu de* : sous ; *lisez* : sans.

* p. 133, l. 24, *au lieu de* : 153 ; *lisez* : 353.

* p. 162, l. 25, *au lieu de* : 384 ; *lisez* : 334.

* p. 165,}
* p. 170,} l. 4, *au lieu de* : cent ; *lisez* : cinquante.

  p. 174, lignes, 6 et 7, *au lieu de* : nu-propriétaire ; *lisez* : propriétaire.

* p. 177,}
* p. 184,} l. 4, *au lieu de* : cent ; *lisez* : cinquante.

---

(1) Le *Supplément* à la première édition du *Traité de la juridiction civile-judiciaire du juge de paix* s'adressant aux personnes qui déjà possèdent le *Traité*, on a cru leur être agréable en leur offrant ici un supplément à l'errata de ce *Traité*.

p.184, l.5, *au lieu de*: à chaque appel ; *lisez*: à charge d'appel.

p. 185, l. 15, *au lieu de*: dictu; *lisez:* dictum.

p. 191, l. 17, *au lieu de*: ne l'est plus; *lisez*: ne le peut plus.

p. 211, l. 3, *supprimez le mot*: pas.

* p. 213, l. 13, *au lieu de*: cent; *lisez*: cinquante.

p. 219, l. 22, *au lieu de*: fondre ; *lisez*: fonder.

p. 257, l. 3, *au lieu de*: M. Poncet; *lisez*: M. Pardessus.

p. 275, l. 1, *au lieu de*: la seconde; *lisez*: le second.

* p. 298, l. 15, *au lieu de*: 27; *lisez*: 22.

p. 326, l. 21, *supprimez le mot*: à.

Tableau Synoptique, l. 92, *au lieu de* : faciles ; *lisez* : taciles.